AF343839

LE PROBLÈME RELIGIEUX

DANS

LA FRANCE D'AUJOURD'HUI

OUVRAGES DU MÊME AUTEUR

Tertullien. Étude sur ses sentiments à l'égard de l'Empire et de la Société civile. Paris, Ernest Leroux, 1901, in-8°.

Manuel d'histoire ancienne du Christianisme. Les Origines. Paris, A. Picard et fils, 1907. *Épuisé.*

Modernisme et tradition catholique en France. Paris, *Collection de la Grande Revue*, s. d. (1908).

La Primauté de Pierre et la venue de Pierre à Rome Paris, Émile Nourry, 1909, in-8°.

L'Évolution des dogmes, Paris, Ernest Flammarion, 1910, in-18 (Bibliothèque de Philosophie scientifique).

Le Problème de Jésus. Paris, Ernest Flammarion, 1914, in-18 (Bibliothèque de culture générale).

Le Christianisme antique. Paris, Ernest Flammarion, 1921, in-18 (Bibliothèque de Philosophie scientifique).

La Vie cachée de Jésus. Paris, Ernest Flammarion, 1921, in-18 (Bibliothèque de culture générale).

Le Christianisme médiéval et moderne. Paris, Ernest Flammarion, 1922, in-18 (Bibliothèque de Philosophie scientifique).

BIBLIOTHÈQUE D'INFORMATION SOCIALE
Dirigée par C. BOUGLÉ, Professeur à la Sorbonne

CHARLES GUIGNEBERT

Professeur à la Sorbonne

LE PROBLÈME RELIGIEUX

DANS

LA FRANCE D'AUJOURD'HUI

PARIS
LIBRAIRIE GARNIER FRÈRES
6, Rue des Saints-Pères, 6

1922

INTRODUCTION

I

Les étrangers jugent que la France est un pays très religieux et très intolérant. — Cette opinion est partagée par certains Français. — Sur quoi elle s'appuie. — L'histoire seule peut dire si elle est fondée.

« Il est bien difficile de se familiariser avec les Français, écrivait naguère un Américain grand ami de la France [1], sans s'apercevoir qu'ils sont un peuple instinctivement et profondément religieux ». C'est là une opinion très répandue parmi les étrangers, qui inclinent à nous considérer, quant à la majorité d'entre nous, comme des catholiques convaincus et agressifs, ou des adversaires pugnaces du catholicisme. Ils s'expliquent à la fois notre religiosité et notre intolérance par une disposition naturelle de notre caractère na-

---

1. Barrett-Wendell. *La France d'aujourd'hui*, p. 243 de la traduction (Collection Nelson).

tional. Nous sommes à leurs yeux [1] des hommes dominés par l'esprit de systématisation et tout épris de logique rigoureuse, si bien que nous organisons nécessairement nos convictions religieuses, quel qu'en soit le sens, en systèmes, qui s'imposent à notre raison et qui ne manquent pas de se heurter aux systèmes adverses, tout d'une pièce. Comment, dans ces conditions, parler de tolérance, laquelle n'existe que là où l'on admet que, chacun demeurant libre d'affirmer et de pratiquer ce qu'il juge bon, la vérité spirituelle, la vérité vraie, celle qui ne dépend pas de l'opinion des hommes, finira par se dégager, de son seul effort et avec le temps, des contradictions et des hypothèses ?

Chacun de nous tiendrait donc à un système religieux, personnel ou collectif — habituellement collectif — et il y tiendrait d'une conviction si assurée, que seul le frein des lois l'empêcherait d'infliger à ses contradicteurs une persécution semblable à celle que les protestants subirent jadis du fait de Louis XIV. Nous nous imaginons que nous aimons la liberté, mais nous ne la comprenons certainement pas ; nous ne l'admettons pas là où il serait essentiel qu'elle fût souveraine.

A vrai dire, les étrangers qui posent sur nous ce jugement pesant ne manquent pas de répondants en France même. « *Nous n'avons pas encore*

---

1. Barrett-Wendell, *op. cit.*, p. 291.

en France, nous n'avons pas suffisamment du moins, le sens de la liberté, écrivait naguère le P. Maumus, dominicain fort libéral et ami de Waldeck-Rousseau ; *à droite comme à gauche, nous ne comprenons pas que la liberté pour tous est la meilleure garantie de notre propre liberté. Comme par instinct, nous nous appuyons sur le pouvoir pour restreindre la liberté des autres.* [1] » Et Emile Faguet, au temps où il commençait de prêcher diverses vertus, prononçait : « *La France est un des pays les moins libres du monde et les moins libéraux de l'univers* » ; un Français n'est jamais libéral parce qu'il est toujours de parti-pris, et il préfère l'écrasement de ses adversaires à sa propre liberté [2]. Je n'aurais aucune peine à multiplier les citations de même sens.

S'il y a quelque chose de vrai dans la conclusion qu'elles supposent, il en faut demander la preuve et la raison à l'histoire. Ne s'agit-il pas d'un fait d'histoire ? Si, par exemple, l'Église et l'État se sont souvent regardés de travers, si l'épithète de *jésuite* paraît ordinairement injurieuse, si le mot *clérical* fait d'abord se hérisser un « bon républicain », si l'action sociale du clergé excite les défiances et l'antipathie des milieux socialistes, si l'éducation d'Église inquiète si vite les milieux intellectuels, n'est-ce pas que des souvenirs du passé, souvenirs de batailles, ou, du

---

1. *La crise religieuse*, p. 317.
2. *Le libéralisme*, p. 306 et s.

moins, souvenirs de luttes, de contradictions, d'op-
positions, orientent comme d'avance l'opinion
d'aujourd'hui? Le présent, quel qu'il puisse être
dans son fonds, ne suffirait pas à créer cette *disposition d'esprit nationale*, que l'on dit invétérée,
alors même qu'une vague de foi, déferlant sur la
France, y soulèverait le tumulte des passions religieuses diverses. Si elles avaient pris l'habitude
de se supporter l'une l'autre, rien ne les empêcherait de se développer côte à côte au lieu de s'affronter. Les sentiments d'aujourd'hui sont des *ré-
sultantes* et l'analyse historique peut seule isoler
leurs *composantes*.

Or ceux qui nous jugent du dehors fondent leur
sentence sur des témoignages d'aujourd'hui : ils
lisent nos journaux où s'affirment nos désaccords ;
ils écoutent les harangues et suivent les discussions de nos Chambres, qui retentissent de nos
contradictions ; ils feuillettent nos lois qui, depuis 1870, sentent si souvent la poudre ; ils se
remémorent surtout les débats qui ont abouti à la
séparation des Églises et de l'État ; ils songent
aux tiraillements de tout genre, aux misères matérielles et morales sorties de cet acte qui, pourtant, semblait dans son principe si conforme aux
exigences de l'authentique liberté ; ils considèrent
la bataille engagée sur le terrain social entre les
œuvres cléricales et les organisations proprement
socialistes ; ils sont frappés de l'acharnement de
la lutte dont l'école est l'enjeu ; enfin ils consta-

tent que les églises sont, chaque dimanche, fré-
quentées par des fidèles nombreux et, comme ils
ne voient pas en même temps, à côté, les Français qui ne viennent pas aux offices, ils se rendent
mal compte du rapport numérique entre les uns
et les autres; le fait qu'aujourd'hui encore la plupart d'entre nous naissent, s'unissent et meurent
avec l'assistance d'un prêtre contribue aussi grandement à égarer leurs calculs. Ce qui, du reste,
donne de la force à leurs diverses observations
superficielles, c'est qu'elles semblent se consolider, se confirmer l'une l'autre. Mais, si elles s'organisent finalement en un système d'appréciation
assez bien lié, ne s'en suit pas qu'elles expriment ni surtout qu'elles expliquent la vérité. Il
nous faut, pour la saisir avec certitude et la comprendre avec clarté, sortir du présent et considérer le passé.

II

*La question religieuse en France, c'est la question
catholique. — Il n'y a pas de question protestante
ni, à proprement parler, de question juive. — Comment se pose la question catholique; sa complexité.
— Comment nous l'étudierons.*

La question religieuse en France, c'est essentiel_
lement la question catholique. Les protestants ne
constituent chez nous qu'une minorité et il ne

semble pas qu'elle grandisse ; elle maintient à
peu près ses positions, rien de plus. Si même le
prosélytisme huguenot prenait une ampleur qu'il
n'a certes point et se mettait à flamber d'une ardeur nouvelle, ses chances de provoquer dans le
peuple un de ces mouvements profonds qui font
les *revivals* religieux me paraîtraient bien faibles,
voire absolument nulles. L'heure est passée où
le peuple de France pouvait verser dans la Réforme et je serais bien surpris qu'elle sonnât de
nouveau. D'autre part, le protestantisme ne forme
pas une Église ; il se disperse — inégalement —
entre plusieurs et, dans chacune, la foi et la pratique subissent des adaptations personnelles qui
les nuancent à l'infini ; si bien que, pour la plupart des protestants, le mot *hérésie* s'est vidé de
sens. Et cette double dispersion, celle de l'Église
et celle de la croyance, rend à peu près impossible une action collective des Réformés. Ils ne
constituent point un parti ; ils n'ont point de politique confessionnelle ; ils ne portent ombrage
ni à l'État républicain, ni à la démocratie, ni au
socialisme, ni à la science, ni à l'esprit moderne
en général ; ou, du moins, s'ils le font, ce n'est
qu'en tant qu'individus et non pas pour obéir à
un mot d'ordre de leurs autorités religieuses,
pour réaliser un programme qu'elles auraient
fixé. C'est donc surtout parce que le protestantisme n'est qu'une religion et une religion, en fait
comme en droit, individuelle — je veux dire sou-

mise au libre examen de chacun de ses fidèles — qu'il n'y a pas en France de question protestante.

Il n'y a pas davantage de question juive, du moins sur le terrain religieux. Les Juifs qui demeurent attachés à leur religion ne sont pas assez nombreux pour donner de l'ombrage à qui que ce soit et leur culte garde toute la discrétion d'une pratique quasi adogmatique et surtout domestique. L'antisémitisme lui-même, qui s'est développé chez nous depuis 1882, ne se donne pas comme un *anti* religieux, mais bien comme un *anti* ethnique ; c'est une race qu'il exècre et non une croyance. Seuls les dévots ingénus et négligeables détestent encore dans les Juifs les petits-fils des bourreaux du Christ.

Nous n'avons donc à considérer que la question catholique. Dès qu'on cherche à la définir, on s'aperçoit qu'elle s'enferme toute, en fait, dans les limites, qu'elle s'exprime dans les termes, que l'Église catholique détermine de son plein gré, ou sous la contrainte des circonstances. Actuellement *le catholicisme s'identifie à l'Église et l'Église, c'est le Souverain Pontife* : il est son âme et sa volonté.

Mais cette âme a un corps et cette volonté des organes : c'est l'Église elle-même, en tant qu'elle constitue un gouvernement et une administration. Et voilà bien pourquoi il y a en France une question catholique : ce gouvernement a ses fins propres, qui sont, en principe, de maintenir et de promouvoir la foi catholique dans le pays, mais qui sont aussi d'y consolider et d'y étendre, s'il se peut, l'influence de l'Église, d'y grandir l'importance politique et sociale de la hiérarchie cléricale ; il a un programme, qui n'est pas tout religieux, mais qui est aussi, et qui paraît d'abord surtout, politique, social, intellectuel. Je veux dire qu'il exprime une certaine conception du gouvernement des hommes, de leur organisation sociale et de leur vie intellectuelle que l'Église juge favorable à ses desseins et que l'effort de tous ses organes d'action tend à réaliser. Or ce programme semble comme fait exprès pour contredire point par point celui que la Révolution de 1789 a posé sur le terrain politique et qui, parmi les agitations du xix⁰ siècle, s'y est développé depuis ; celui que les conditions économiques de la vie moderne et les réflexions systématisées qu'elles ont provoquées ont fondé sur le terrain social ; celui, enfin, que les progrès de la science et de l'esprit critique ont, de nos jours, établi sur le terrain intellectuel. La question catholique se présente donc comme un très vaste et très profond problème, dont les données intéressent tous les aspects de la vie française d'aujourd'hui et dont la solution peut déterminer, selon la direction qu'elle affectera, des orientations de cette vie tout à fait différentes.

Dans un très instructif *Catéchisme sur le devoir*

électoral, publié par Mgr Sévin, archevêque de Lyon, à la veille et en vue des élections de 1914, on voit très nettement établi l'antagonisme fondamental dont je parle. Il y a présentement face à face, dit l'éminent prélat, deux représentations de l'État et des institutions publiques, de la famille, de la propriété, du travail, du capital, de l'éducation, de la bienfaisance, des lettres, des arts, des plaisirs, c'est-à-dire — n'est-ce pas ? — deux représentations globales de la vie. L'une est la *catholique*, qui a dominé durant quatorze siècles, l'autre est la *laïque*, qui a dominé depuis la Révolution ; le devoir de l'Église et des catholiques est de renverser la seconde au bénéfice de la première, qu'il faudra restaurer « *conformément aux exigences de ce temps* » et progressivement. Hormis la petite phrase que j'ai soulignée et qui pourrait bien ne pas signifier grand'chose, le langage que voilà est clair et il ne fait d'ailleurs qu'exprimer avec brièveté et netteté des idées que les Pontifes romains, de Pie VI à Pie X, ont délayées en style de « saule pleureur » [1] dans de nombreuses encycliques, lettres ou allocutions.

De cet antagonisme on aperçoit tout de suite la redoutable conséquence : C'est au nom des intérêts essentiels et des droits imprescriptibles de la religion véritable que l'Église réclame cette restauration de la vie dans les formes du passé ;

---

[1]. Mot d'un prêtre à propos de l'Encyclique *Quanta cura* de Pie IX.

la religion se trouve donc liée par elle à ces formes mêmes, comme si elle était l'une d'entre elles,
ou, si l'on préfère, leur résultante totale. Si c'est
décidément l'autre représentation de la vie qui
triomphe, celle qui semble sortir de la poussée
profonde de l'esprit moderne, faudra-t-il donc
penser que le catholicisme n'y aura plus sa place
et ne s'y adaptera point ? Quoi qu'il en soit,
l'Église de France s'est comportée, depuis quelque
cent trente ans, dans son action politique, sociale
et intellectuelle, qui a constamment pris la forme
d'une obstruction au *progrès*, comme si elle se
croyait assurée que tel est bien le péril qui menace la foi catholique chez nous.

Le problème que nous abordons paraît, dès la
première analyse, fort complexe. Toutefois on connaît vite que, puisqu'il intéresse à la fois la vie
politique, la vie sociale et la vie intellectuelle de
notre pays, autant que sa vie proprement religieuse, il peut être considéré successivement sous
chacun des quatre aspects politique, social, intellectuel et religieux. Nous les étudierons l'un
après l'autre, mais je me contenterai, au regard
de la vie politique de l'Église, que je puis, sans
trop de risques, supposer généralement connue,
de rappeler les idées directrices et les faits essentiels.

PREMIÈRE PARTIE

L'ASPECT POLITIQUE

CHAPITRE PREMIER

L'Église et la Révolution. Le Concordat et la Séparation.

I

C'est d'abord l'Église qui s'impose à l'attention. — Ce qu'elle est, en droit et en fait ; son assimilation à la hiérarchie cléricale. — L'Église organisation politique et le catholicisme système de gouvernement. — Comment expliquer qu'il en soit ainsi ? 1° L'Église, puissance du passé, regrette le passé ; pourquoi. 2° Son évolution historique l'a conduite au pontificalisme et à l'ultramontanisme.

Lorsqu'on entreprend d'étudier le catholicisme en France, c'est l'organisation ecclésiastique, l'Église proprement dite, qu'il convient de considérer d'abord. Car, quoi qu'en aient pensé, à diverses reprises, des hommes très pieux et qui se croyaient sincèrement pénétrés du sentiment catholique, on n'est catholique qu'autant qu'on fait partie de l'Église catholique, apostolique et romaine, qu'on professe sa doctrine tout entière, qu'on accepte son magistère, qu'on obéit à sa hiérarchie. En théorie [1], l'Église c'est la société de tous les fidèles, clercs et laïques; et non pas seulement la société de ceux qui vivent, mais celle de ceux qui ont vécu et de ceux qui vivront, puisque l'Église est immortelle et permanente dans les siècles. Toutefois, cette définition, incontestable en droit, n'a plus de nos jours aucune importance dans la pratique : la distinction établie entre l'Église *enseignante*, qui se compose du clergé, et l'Église *enseignée*, qui comprend tout le reste des catholiques, suffit à la rendre illusoire. L'Église, c'est, en fait, la hiérarchie cléricale, qui descend, par degrés bien marqués, du Souverain Pontife au plus humble desservant de village et au plus chétif des réguliers. Pie X, dans son encyclique *Vehementer*, du 11 février 1906, a vigoureusement accentué cette vérité, en prononçant que « *dans le corps pastoral seul, résident le droit et l'autorité nécessaire pour promouvoir et diriger tous les membres vers la fin de la société ; quant à la multitude, elle n'a d'autre devoir que celui de se laisser conduire et, troupeau docile, de suivre ses pasteurs* ».

Assurément, la prétention qui s'exprime là n'emporte pas l'assentiment de tous les laïques ; il s'en trouve encore qui la disent abusive, la jugeant contraire aux plus authentiques traditions du passé chrétien. Historiquement ils ont raison, mais leur protestation, d'ailleurs mesurée et respectueuse,

---

1. A. Mater, *L'Église cathol.*, p. 77 et s.

tombe inutile sur l'indifférence de la masse, qui, elle, se réjouit d'être conduite comme un troupeau. Toute résistance scandalise et indigne les « bien pensants »; les zélateurs de l'orthodoxie, qui tremblent de ne pouvoir jamais assez obéir, comme ils redoutent de ne jamais assez croire, et qui ont fait de la passivité la suprême vertu de leur vie religieuse.

Sans nous attacher, pour le moment, à définir l'esprit confessionnel et les tendances proprement religieuses de l'Église, constatons que, vue du dehors, et considérée dans la vie publique, elle fait d'abord figure d'*organisation politique*. J'entends qu'au regard de toutes les grandes questions de la politique intérieure de notre pays et souvent aussi au regard des questions extérieures, elle a son opinion propre, son intérêt, son programme et, quand elle le peut, son action et son influence. Son organisation particulière joue conformément aux fins de sa politique. Il se rencontre naturellement, même dans le clergé, des catholiques qui souhaiteraient que l'Église se cantonnât dans le souci exclusif des choses spirituelles, plutôt que de s'aller compromettre dans les aventures de la politique. « *La religion*, écrivait Mgr Le Camus [1], deux ans avant la Séparation, *la religion doit tendre à se séparer de plus en plus de tout ce qui n'est pas elle et ne veut pas, disons plus, dans les temps présents ne peut plus être elle. Le jour où on verra que nous n'entendons être que*

---

1. Lettre à M. de Narfon, du 18 déc. 1903, ap. de Narfon, *Séparation*, p. 51.

prêtres et qu'évêques, renonçant comme tels à toute action politique, nous serons autrement puissants sur les âmes ». C'est là une opinion communément répandue aujourd'hui parmi les plus modernes et les plus libéraux des catholiques [1]; mais, si elle paraît logique et sage à qui ne considère que la religion, elle demeure utopique au regard de l'Église, qui gouverne la religion, qui s'est organisée pour le faire, qui a un passé et des traditions, qui subit, pour ainsi dire, des nécessités politiques, qui est une puissance du siècle et veut le rester.

On a très justement remarqué que, depuis le *Syllabus* de Pie IX, qui s'est dressé contre les tendances essentielles des gouvernements modernes, le catholicisme de l'Église n'est plus seulement un système de métaphysique, mais qu'il est, « *par essence et par définition, un système de gouvernement* ». De cette opinion d'un historien libre-penseur et vigoureusement anti-clérical [2], je trouve confirmation dans les écrits des polémistes catholiques, tels l'abbé E. Barbier ou M. J. Rocafort, qui professent la nécessité de l'action politique de l'Église et de tous ses fidèles, comme celle du *parti de Dieu*, « *le parti de l'affirmation publique des droits de Dieu sur l'homme et la société, de leurs devoirs essentiels envers Dieu et envers l'Église* » [3]. La même confirmation, je la rencontre encore dans le *Catéchisme sur le devoir électoral*, publié, à la veille et en vue des élections de 1914,

1. C'était déjà celle qu'Ozanam soutenait avec éloquence vers le milieu du xixe siècle. Cf. Calippe, *Ozanam*, p. 191.
2. Debidour, *Église cathol.*, t. I, p. 151.
3. Barbier, *Devoir*, p. 39.

par Mgr Sévin, archevêque de Lyon et primat des
Gaules et dont j'ai rappelé plus haut la doctrine.
L'éminent prélat y concevait bien l'Église comme
une puissance politique chargée divinement de
combattre et de ruiner l'influence néfaste de la
Révolution. Le devoir des fidèles, c'était de se
grouper pour l'action décisive au jour du scrutin,
tout comme le pouvaient faire en la même occur-
rence les membres du parti socialiste jadis unifié
ou les Camelots du Roy.

Et enfin, après l'archevêque, voici le Pape qui
authentique l'affirmation de Debidour. Pie X re-
cevant un pèlerinage français, au mois d'avril
1909, lui tenait le langage que voici : « *Celui qui
se révolte contre l'autorité de l'Église, sous l'injuste
prétexte qu'elle envahit le domaine de l'État, impose des termes à la vérité ; celui qui la déclare
étrangère dans une nation, déclare du même coup
que la vérité doit y être étrangère* » [1].

Je ne me demande pas si l'Eglise prend hors
de France une attitude différente de celle qu'elle
a, jusqu'ici, prise chez nous, ni si Pie X aurait
exactement parlé de même s'il s'était adressé à
des pèlerins américains au lieu de haranguer des
Français, je conclus seulement des diverses déclarations que je viens de rassembler et dont je
pourrais multiplier les équivalences, que l'Église,
en France, ne se contente pas de chercher, comme
c'est son droit et son devoir, à faire prévaloir sa
vérité dans l'esprit et la conscience des individus,
mais qu'elle se reconnaît l'obligation de l'imposer à

---

1. *Osservatore romano*, 20 avril 1909.

l'État. En conséquence, elle se fait de l'État une certaine représentation, telle que les autorités publiques s'y trouvent engagées, en s'inclinant devant *le droit de Dieu*, à se mettre au service de la hiérarchie cléricale pour l'aider à atteindre ses fins spirituelles. Tout cela revient à dire que l'Église a plus que des préférences en matière politique, qu'elle a un système à elle et que, pour autant qu'elle cherche à le réaliser, elle fait figure d'organisation politique. « *L'Église*, écrit justement M. André Mater [1], *n'a pas cessé d'agir en France comme une dynastie provisoirement déchue, qui vise à renverser le gouvernement usurpateur. L'usurpation pour elle s'incarne dans la Révolution de 1789 et la Révolution s'incarne dans la République. Qu'on détruise donc la République !* » N'est-ce pas là justement ce que Mgr Sévin disait dans son *Catéchisme*, et n'est-ce pas ce que le P. Barbier a proclamé chaque fois qu'il a ouvert la bouche ?

Pourquoi donc l'Église est-elle devenue chez nous une organisation qui vise un but politique? Pourquoi son entreprise politique a-t-elle pris jusqu'à nos jours cette allure de réaction contre la démocratie, la République et l'État laïque ? C'est là ce qu'il nous faut essayer de comprendre d'abord.

J'en vois deux raisons principales, elles-mêmes assez complexes dans leur détail :

1º L'Eglise est une puissance du passé, de ce passé que la Révolution a ruiné ; elle lui a sur-

1. A. Mater, *Politique religieuse*, p. 49.

vécu, mais diminuée, appauvrie, surtout privée d'une notable part du prestige qu'elle possédait sous l'Ancien Régime. Il était naturel qu'elle le regrettât et liât partie avec les hommes qui le représentaient encore sous le régime nouveau et cherchaient à le rétablir. Etait-ce habile, d'une politique clairvoyante et d'un esprit chrétien ? C'est une autre question ; je dis que c'était naturel, tentant et quasi inévitable.

2° L'Église, depuis ses origines, a évolué vers une centralisation monarchique de plus en plus complète ; de plus en plus elle s'est abandonnée aux mains et à la volonté du Pape [1] ; elle a fini par opérer la divinisation du *Vicaire de Pierre,* mué d'abord en *Vicaire du Christ* et devenu, à la fin du xixe siècle, un véritable *Vice-Dieu* sur la terre, capable d'y faire des miracles, puisque, paraît-il, Pie IX et Pie X en ont opéré de leur vivant, même à distance [2]. J'ai dit que l'Église, c'était la hiérarchie cléricale, mais cette hiérarchie elle-même, c'est le Pape, en ce sens qu'elle dépend toute de lui, ne pense, ne vit que par lui et presque que pour lui. Or, si le Pape n'a plus de royaume temporel, il se considère toujours, et l'Église le considère aussi, comme un authentique souverain temporel. Chez nous, par rapport au moins à la nationalité de nos clercs, c'est un souverain étranger, puisque c'est toujours un Italien ; et c'est un souverain qui a ses intérêts, sa politi-

---

1. Sur les pouvoirs du Pape, cf. A. Mater, *Église cath.,* p. 281 et s.
2. *Ce qu'on a fait de l'Église,* p. 155.

que propre, qu'il impose à toute l'Église quand il le peut. C'est un fait que, depuis le Concordat de 1801 et plus spécialement depuis 1870, le clergé français s'est enfoncé de plus en plus dans l'*ultramontanisme*. Entendons qu'il accepte, avec une dévotion de moins en moins critique, non seulement toutes les exigences de l'autorité spirituelle du Pontife, mais les ordres ou les suggestions qui s'inspirent de ses intérêts politiques, lesquels, par malheur, s'accordent souvent fort mal avec ceux de l'État français.

Ces deux grands mouvements qui ont entraîné l'Église de France ont porté la même conséquence, qui a été de la mettre en posture d'opposition de plus en plus marquée en face de l'État, que son mouvement propre entraînait, lui, toujours plus avant vers la *démocratie* et vers la *laïcité*. Je veux dire que l'État, s'appuyant avec une confiance croissante sur les principes de la Révolution, cherchait à élargir les résultats qu'elle avait portés, et, du même coup, devenait plus réfractaire aux influences cléricales, plus indifférent aux intérêts politiques du Pontife.

II

Le bon vieux temps. — L'Église dans l'État sous l'Ancien Régime. — Le gallicanisme. — L'attaque menée par les « philosophes » au XVIIIe siècle. — Son esprit. — C'est celui des hommes de la Révolution. — La Constitution civile et la révolte de l'Église. —

Ses conséquences. — Pourquoi la Séparation vient trop tard. — L'anachronisme du Concordat et ses conséquences.

Il serait excessif de croire qu'au « bon vieux temps », que regrettent nos réactionnaires, l'Église eût toujours ses aises. Les princes cherchaient d'ordinaire à se la subordonner étroitement, à se servir d'elle plus qu'à la servir et l'on aurait grand tort de prendre saint Louis, lui-même, pour un « clérical ». Napoléon n'a pas inventé le système redoutable à l'Église qu'il a cherché à lui imposer. Mais le roi, tout en subordonnant la liberté de l'Eglise à ses intérêts propres, prodiguait aux clercs ces marques de respect auxquelles ils ont toujours été si sensibles ; il leur laissait totaliser presqu'indéfiniment les profits matériels qu'ils n'ont jamais su, ou pu, dédaigner, et, surtout, se faisant lui-même gloire de se dire le serviteur et le bras droit de l'Église, il lui abandonnait si large part d'autorité sur le peuple qu'elle en oubliait le souci de sa propre indépendance. Elle était partie intégrante de l'État, et comme sa face spirituelle et morale ; elle régentait toute vie intellectuelle dans le Royaume ; elle y dispensait la bienfaisance et y réglait la charité.

A ces privilèges considérables elle attacha d'assez bonne heure l'idée d'*autonomie*. Le roi la laissa l'exprimer en institutions qui finirent par faire d'elle un corps constitué et, pour une part, un corps politique dans le Royaume. Il n'eut pas tort, de son point de vue particulier, car il la dota ainsi d'une force dont il tira parti lui-même à l'occa-

sion. En effet, le clergé devenu le premier des *ordres* du Royaume et pourvu d'organes réguliers
de gouvernement, assimila tout naturellement à
ses intérêts propres les intérêts du roi au regard
de la curie romaine, et ainsi se déterminèrent peu
à peu les revendications qui constituent le fonds
du *gallicanisme*.

Sans doute le roi, sous l'Ancien Régime, n'entendait pas tout à fait le *gallicanisme* de même que
ses évêques ; lui y voyait la justification de l'autorité qu'il prétendait exercer sur *son* Église, indépendamment du Pape ; eux y cherchaient une
garantie contre les empiétements administratifs
de Rome, mais aussi une sauvegarde contre la
tyrannie de l'État ; ils appuyaient sur leur gallicanisme une prétention à l'indépendance épiscopale [1]. Néanmoins le gallicanisme fondait une
Église *nationale* et puisque, selon le mot de
Louis XIV, la nation s'exprimait toute en la personne du roi, une Église *royale*, une Église d'*État* ;
et ainsi le roi retrouvait à son service toutes les
concessions qu'il avait consenties à l'Église. Elle-
même, quoique réellement asservie à l'État, pouvait croire qu'elle le dominait et, en fait, les évêques, pour peu qu'ils s'y employassent, acquéraient
une influence primordiale dans l'administration
civile de leur diocèse en collaboration avec les
intendants du roi [2]. Que, d'ailleurs, le Prince tout-
puissant se mît à genoux aux pieds de son confesseur et se pliât aux rites de la liturgie aussi

1. Lévy-Schneider, *Champion de Cicé*, p. 114.
2. Cf. Lavaquery, *Boisgelin*, t. I, ch. IV et V ; Lévy-Schneider, *Champion de Cicé*, livre I, ch. II et III.

docilement qu'à ceux de son propre culte dynastique, c'était un fait qui prenait la valeur d'un symbole.

Les « philosophes » du XVIIIe siècle s'attaquèrent vigoureusement aux privilèges de l'Église, pour autant qu'ils leur semblaient faire obstacle à la tolérance et à la liberté de penser ; mais ils ne se haussèrent pas à l'idée de la *laïcité* de l'État. Loin de comprendre les avantages que la Séparation offrait à la véritable liberté, ils ne songèrent qu'aux moyens de subordonner plus étroitement l'Église à l'État, d'en faire un instrument dans sa main, car, comme l'enseignait l'abbé Raynal ; « *L'État n'est point fait pour la religion, mais la religion est faite pour l'État* [1] ». Ils voyaient aussi un intérêt pratique, pour le bien du peuple, à consolider, dans les formes établies, les usages religieux consacrés par le temps, parce qu'ils croyaient, avec Voltaire, que « *la religion n'est instituée que pour maintenir les hommes dans l'ordre* [2] ».

Or les hommes de la Révolution, élèves des « philosophes », ne pensèrent pas autrement qu'eux ; ils ne furent pas des *laïques* et leur premier effort, au regard de la question religieuse, s'employa à essayer de constituer une Église nationale. Ils n'y réussirent pas, mais leur Constitution civile du clergé, qui leur créa tant d'embarras, procédait de cette conviction profonde que l'Église devait rester un organe de l'État. Tel

1. Cf. Mathiez, *Révolution et Église*, p. 2 et s. Turgot fait exception, car, dans son *Conciliateur* (1784), il repousse toute protection de l'Église par l'État ; mais je crois bien qu'il est le seul de cet avis parmi les « philosophes ».
2. *Dict. philos.*, art. *Droit canonique*.

était bien également l'avis du clergé ; mais la « manière » révolutionnaire l'indisposa et, malgré les sages conseils des mieux avisés des évêques [1], le pape Pie VI condamna la Constitution civile, comme c'était son droit, car elle prétendait réformer l'organisation interne de l'Église de France sans le consulter. Mais aussi, poussé par des émigrés et cédant à des ressentiments de prince séculier, irrité surtout de l'annexion d'Avignon à la France, il étendit sa réprobation pontificale à l'œuvre entière de la Révolution [2].

Beaucoup de prêtres tinrent tête à la loi, les uns surtout parce qu'elle les ruinait en attribuant à la nation les biens du clergé, les autres parce qu'ils y crurent leur conscience engagée. De leur côté les hommes de la Révolution mirent une sorte de point d'honneur à briser une résistance que, selon l'esprit de leurs maîtres les « philosophes », ils jugeaient déraisonnable et antipatriotique. Elle ne tarda guère, en effet, à le devenir, et, d'autre part, les mesures de contrainte se précipitèrent et s'aggravèrent jusqu'à tendre à une véritable entreprise de déchristianisation de la France, qui ne pouvait pas réussir, mais qui ajouta beaucoup aux griefs de l'Église contre la Révolution, pour le présent et pour l'avenir [3]. Quand, de guerre lasse, la Convention prit le parti de se désintéres-

1. Lavaquery, *Boisgelin*, t. II, p. 112 et s.
2. On trouvera le texte des divers brefs pontificaux auxquels je songe dans le recueil de l'abbé Guillon, *Collection générale des brefs et instructions de N. T. S. P. le Pape Pie VI relatifs à la Révolution française. Traduction nouvelle.* Paris, 2 vol., 1798.
3. Debidour, *Église et État*, p. 94 et s. ; Aulard, *Hist. polit.*, p. 466 et s.

ser de son Église constitutionnelle et se résigna à faire la Séparation (21 février 1795), il était trop tard pour que cette opération rétablît la paix et ramenât les prêtres révoltés à une attitude civique.

Au fond du débat et sous le détail des incidents dramatiques, on aperçoit cette vérité : un instant tentée, au début de la Révolution, par les idées libérales, en politique, parce qu'elle ne croyait pas avoir à en souffrir jamais dans ses droits, ses privilèges, ses fonctions et ses biens, et parce qu'elle ne prévoyait pas quelle extension les événements leur donneraient, l'Église de France s'était d'abord reprise par en haut, par l'épiscopat, puis par en bas, par le petit clergé, quand elle avait reconnu son erreur. S'appuyant sur le Pape, puisque le Roi lui manquait, c'est à l'ancien régime contre le nouveau qu'elle s'était en définitive attachée et c'est pourquoi les prêtres réfractaires avaient tout de suite pris figure de séditieux et de royalistes. D'instinct elle s'était retournée vers le passé et le Pontife romain avait mis en théorie quasi théologique les regrets, les déceptions et les rancunes du clergé anticonstitutionnel. Et cette théorie ravivera sans cesse le souvenir des haines et en fera, par la suite des temps, une espèce d'obligation cléricale.

Sans doute, pourtant, auraient-elles perdu de leur virulence si l'intervention intéressée de Bonaparte, en rétablissant des relations officielles entre l'Église et l'État modernisé, n'avait préparé à l'un comme à l'autre une suite d'inextricables difficultés, bien peu favorables à l'oubli des vieux griefs. Le Concordat pouvait sembler nécessaire au despote qui prétendait faire de l'Église, un « levier d'influence [1] » ; il pouvait sembler avantageux au Pape, auquel il reconnaissait, sur le clergé de France, une autorité qu'il n'avait jamais possédée ; mais il était nuisible à la paix religieuse, qui ne pouvait se consolider que dans la liberté et qui, en effet, s'affermissait chaque jour davantage vers 1801 [2]. Le Concordat fut une tractation déplorable, en ce sens qu'il fut une œuvre de duperie réciproque où chacun des deux contractants ne chercha que son intérêt, dans un esprit de défiance et d'hostilité à l'égard de l'autre. Napoléon ne réussit pas, malgré ses coups de violence et malgré les témoignages de servilité qu'il recueillit de « son clergé », à l'asservir à ses desseins et à lui infuser son propre esprit. A peine réinstallés sur leurs trônes épiscopaux, les prélats, spécialement ceux qui venaient de l'Ancien Régime, entreprirent en sous-main un patient travail qui devait assurer à l'Église la domination des esprits et des âmes et le contrôle de la vie politique elle-même. Ils trouvèrent, jusque dans l'entourage de l'Empereur et parmi ses ministres [3], des auxiliaires empressés à le leurrer, à le tromper, à escamoter ses ordres et à neutraliser ses intentions pour le plus grand profit de l'influence ecclésiastique. La dupe du marchandage, on le voit nettement aujourd'hui, ce fut lui et non pas le Pape, qu'il trouva

1. Taine, *Origines*, t. XI, ch. I-III.
2. Debidour, *Église et Ctat*, p. 184 ; Hudskins, *Séparation*, p. 16.
3. Tel Portalis, ministre des cultes jusqu'en 1807, et qui est à la fois gallican et clérical. Sur toute cette histoire, cf. Madelin, *Fouché*, Paris, 1900, t. II et surtout Lévy-Schneider, *Champion de Cicé*, livres III à VI, spécialement p. 574 et s.

encore le moyen de grandir par les tribulations qu'il lui imposa.

En vérité, au début du xixe siècle, l'idée même de Concordat avait fait son temps et pouvait passer pour un anachronisme. Du point de vue de l'État sorti de la Révolution, le contrat, en lui-même, ne semblait pas exécutable, et il ne le devint que par l'addition des *Articles organiques*, que le Pape, de sa part, ne pouvait pas accepter. Comment s'étonner qu'un si mauvais arbre ait porté de mauvais fruits ? En vérité, le premier résultat du Concordat fut de fortifier chez nous et d'y développer l'*ultramontanisme*, si bien qu'en 1870, après soixante-sept ans de régime concordataire, cette déformation du sens catholique sera devenue comme la règle de foi de l'épiscopat, qui s'est accoutumé à aller chercher à Rome un appui contre l'État. Et, en même temps, parce qu'il livrait les desservants à l'autorité arbitraire des évêques, le Concordat les réduisait, eux aussi, à se défendre par un constant recours au Pape.

III

L'Église en 1814. — Son alliance avec les Ultras ; ce qu'elle y gagna. — La révolution de 1830. — Les deux voies : celle de l'Avenir et celle de l'En-cyclique Mirari vos. — L'Église bouclier de la bour-geoisie contre le socialisme. — Le second Empire. — L'état d'esprit de l'Église en 1870.

Au total, la reconstruction de l'Église de France, conduite sous le couvert de son loyalisme bonapartiste, se trouvait assez avancée en 1814 pour que la chute de Napoléon ne la compromît pas et pour que le clergé fût dès l'abord en état d'offrir à la monarchie des Bourbons l'appui le plus solide qu'elle pût alors trouver dans le pays. D'ailleurs ce clergé n'avait point tiré de la rude leçon de la Révolution l'enseignement qu'elle comportait, car il n'avait rien abandonné de sa vieille doctrine théocratique. Quand il vit revenir la royauté « légitime », il s'imagina qu'il allait être, lui aussi, restauré dans tous ses droits, privilèges et dignités, et il manifesta son allégresse avec une indiscrétion si véhémente que personne ne put mettre en doute qu'il ne nourrît d'amples desseins politiques.

Les circonstances étaient favorables à l'Église, mais elle en abusa, au point d'enraciner dans l'esprit des libéraux de toute origine l'invincible défiance du « gouvernement des curés ». Elle fit, à tort ou à raison, figure de lourde machine à opprimer toutes les libertés, et ses théoriciens politiques, un Joseph de Maistre, un de Bonald, un Lamennais [1], la compromirent autant que ses hommes d'action, les meneurs de la *Congrégation* et les *Ultras* de la Chambre introuvable.

Dans une lettre pastorale de 1823, le cardinal de Clermont-Tonnerre, archevêque de Toulouse, exposait un programme de revendications cléricales qui s'inspirait, dans son outrance, non pas même de l'esprit de l'Ancien Régime, mais de

---

1. Je parle du Lamennais de l'*Essai sur l'indifférence en matière de religion* (1823) et du livre *De la religion considérée dans ses rapports avec l'ordre politique et civil* (1825-1826), où il verse dans le cléricalisme le plus ultramontain.

celui du sacerdotalisme romain du Moyen-Age. Et dès lors les intrigues de la Compagnie de Jésus devenaient si inquiétantes, qu'un vieux champion de la monarchie, un des plus vigoureux adversaires de la Constitution civile du clergé, en 1790, le comte de Montlausier, crut nécessaire de les dénoncer au gouvernement et à l'opinion [1].

La révolution de 1830 mit fin au rêve clérical sans pourtant rendre l'Eglise plus sage. Deux voies s'offraient à elle, entre lesquelles elle pouvait choisir. L'une était celle que lui ouvraient Lamennais, Lacordaire et Montalembert, qui, persuadés que l'Église avait tout à attendre des libertés modernes et tout à perdre en s'attachant plus longtemps aux gouvernements qui les opprimaient, lui affirmaient que, pour conquérir le monde, elle n'avait qu'à prendre la tête du grand mouvement de libéralisme qui soulevait les peuples. Un journal avait été fondé pour répandre ces idées ; il s'appelait l'*Avenir* : tout un programme en un mot [2]. L'autre voie était celle des vieux errements cléricaux. Ce fut en sa faveur que se prononça le pape Grégoire XVI, en condamnant les idées de Lamennais par l'encyclique *Mirari vos* (15 août 1832), et ce fut elle que l'Eglise choisit.

Sous la Monarchie de Juillet, elle ne tarda pas à reprendre courage et, par crainte du socialisme menaçant, le gouvernement et la bourgeoisie qui le soutenait favorisèrent ses revendications qui

1. Son *Mémoire à consulter sur un système religieux et politique tendant à renverser la religion, la société et le trône est* de 1826. L'auteur fut privé de sa pension par le gouvernement.

2. Son premier numéro est du 16 octobre 1830.

n'allaient à rien moins qu'à réclamer — comme moyen de domination futur et première étape de la conquête du pays [1] — le monopole de l'instruction publique. La crainte des Jésuites retint Guizot d'aller jusqu'à cette concession. Alors l'Église se détacha de lui et assista, indifférente, à la catastrophe de 1848.

Un instant on put croire que cette seconde leçon l'avait convertie : elle eut comme une crise de républicanisme et Veuillot lui-même proclama, d'accord avec nombre d'évêques, qu'on ne verrait pas de meilleurs et de plus sincères républicains que les catholiques [2]. Des catholiques libéraux, un Ozanam, un Buchez, reprirent la tradition politique de Lamennais et de Montalembert ; leur journal, l'*Ère nouvelle* (avril 1848) rappela l'*Avenir*. C'était le temps où l'on vantait le libéralisme du nouveau pape Pie IX (élu en 1846). Il se produisit donc, dans les semaines qui suivirent la révolution de février, une espèce d'effusion sentimentale dont il nous est bien difficile d'apprécier exactement la sincérité, mais qui, en rapprochant si brusquement l'Église du gouvernement nouveau, ne pouvait guère représenter qu'une illusion ou une duperie. Du reste, avant qu'aucune difficulté intérieure ait eu le temps d'embrumer cette entente cordiale, une violente secousse vint rejeter l'Église dans les chemins qui l'éloignaient à la fois de la République et de la démocratie. Je veux parler des Journées de juin

---

1. Génin, *Les Jésuites et l'Université*, p. 164.
2. *L'Univers* du 27 février 1848. Ce journal célèbre existait depuis 1834.

1848 qui, en épouvantant les bourgeois, leur don-
nèrent l'impression que, seule, l'Église pouvait
encore arrêter ou, du moins, retarder la poussée
des appétits d'en bas. Thiers, l'éloquent adversaire
des Jésuites sous la Monarchie de juillet, devint
du coup clérical. Et, docile à la sollicitation des
« classes dirigeantes » apeurées, l'Église s'ins-
talla délibérément, et sans avoir à se contraindre,
dans le rôle de gardienne de l'ordre politique et
social [1].

Tout aussitôt elle réclama des moyens d'action
et elle obtint la *loi Falloux*, qui mettait en ses
mains l'éducation des classes dirigeantes, et elle
réussit à placer l'Université, « *ce foyer d'immoralité, d'athéisme, d'incrédulité, d'esprit anarchique
et révolutionnaire* » (Mgr Parisis), sous un régime
de fer, qu'elle surveillait — en attendant mieux.

Elle fut bonapartiste ; elle approuva le coup
d'État du 2 décembre, dans l'espoir de l'exploiter. Et, de fait, elle connut, durant les premières
années de l'Empire, une période de prospérité et
d'influence politique telle qu'elle put se croire
revenue aux beaux jours de la Restauration. Par
malheur, l'illusion ne dura guère et les difficultés de la politique italienne de Napoléon III mirent fin, dès 1860, à cette « *alliance éphémère du
corps de garde et de la sacristie* », comme disait
Montalembert. Veuillot qui, en 1852, voyait dans
l'Empereur « *un don de la Providence* », s'avisa qu'il
n'était après tout qu' « *un Louis-Philippe perfec-*

1. Sur tous ces événements, cf. l'excellent exposé de Ch. Seignobos au t. VI de l'*Hist. de France contemporaine* d'E. Lavisse.

tionné », et son journal fut supprimé en janvier 1860. Cependant les dix-huit années du second Empire ne furent pas sans profit pour l'Église. Elle réorganisa en grand nombre ses congrégations et, par l'encyclique *Quanta cura* et le *Syllabus* (1864), elle précisa la doctrine qui prenait le contre-pied des principes issus de la Révolution et de toutes les idées modernes.

En 1870, au moment où la révolution du 4 septembre rétablit la République, cette Église se trouvait donc ramenée à l'état d'esprit qui l'avait si mal servie en 1815. Les idées politiques sur lesquelles il semblait que décidément dût s'édifier l'avenir de la France lui répugnaient. Elle n'en parlait qu'avec des paroles de haine ou de mépris ; elle allait même jusqu'à les assimiler à des hérésies dignes de l'anathème. En revanche, elle réservait son admiration, sa tendresse et ses complaisances pour le « bon vieux temps », que son imagination égarée lui représentait comme une époque bénie où elle avait régné sur le gouvernement et sur la vie de la France. Quelques libéraux, groupés autour de Falloux, l'avaient pourtant avertie de la dangereuse erreur qu'elle commettait là, mais elle avait dédaigné leur clairvoyance. Elle mettait désormais toute sa confiance dans les directions du Pape, dont ses propres infortunes politiques avaient fait un ennemi irréconciliable de tout ce qui rappelait le libéralisme et la Révolution.

IV

*La Séparation nécessaire. — Pourquoi les Républicains
l'ajournent. — L'Église n'en veut pas. — Elle s'al-
lie avec tous les réactionnaires. — Elle s'entête malgré ses constantes défaites. — L'action de la curie
romaine. — Le ralliement de Léon XIII.*

La sagesse eût été, dans de telles conditions, de
ne pas poursuivre l'expérience malheureuse de
l'union concordataire et de permettre aux deux
conceptions politiques adverses de s'affronter dans
la liberté de la Séparation. Les républicains radi-
caux tenaient en principe pour cette solution, mais
elle n'attirait dans la pratique que des sympathies d'extrême gauche. Beaucoup de républicains,
tout en se rendant bien compte que l'avenir l'imposerait, la jugeaient prématurée et d'autres, plus
conservateurs, tels que Thiers, y voyaient l'annonce
d'une redoutable aventure qu'il fallait se garder
de risquer. D'ailleurs, ils s'obstinaient, sous l'hypnose de toutes leurs habitudes politiques, à considérer l'Église comme un des éléments essentiels
de la République bourgeoise qu'ils entendaient
fonder. Ils ne voulaient pas voir qu'elle ne leur
rendrait pas le service qu'ils attendaient d'elle
et que si, en effet, elle restait un instrument de
défense sociale selon leur idéal, elle n'en demeurerait pas moins, malgré les molles contraintes
du Concordat, une force hostile à l'État tel qu'ils le
concevaient. De leur côté, les monarchistes de toute

origine comptaient faire leur jeu avec le clergé et ils n'avaient pas tort. Quant à l'Église, elle repoussait la Séparation par principe et avec horreur parce qu'elle était encore incapable d'en apercevoir les avantages pour elle-même et parce qu'elle lui semblait, non sans quelqu'apparence de raison, être la suprême consécration de l'*indifférentisme* et de l'*athéisme* de l'État.

Il faudra trente-cinq ans de mauvaise politique et de tiraillements pénibles pour convaincre l'État que l'opposition des deux représentations de la vie publique en présence dans ses cadres officiels est devenue décidément intolérable, et pour l'obliger, à son corps défendant, à rompre le lien séculaire. Sans doute aurait-il été préférable de procéder à cette opération au bout d'une délibération mûrie dans le calme et arrêtée de sang-froid, plutôt que de se la laisser imposer par une crise.

Du point de vue républicain et démocratique, toute l'histoire intérieure de la troisième République, et parfois son histoire extérieure, jusqu'en 1905, paraît dominée par l'appréhension qu'exprime la fameuse exclamation d'Alphonse Peyrat [1] : « *Le cléricalisme, voilà l'ennemi !* » Cela veut dire que toutes les entreprises menées, depuis 1870, par les réactionnaires de tout genre, contre le principe de la République et le développement des institutions démocratiques, ont revêtu ou paru revêtir, au jugement des libéraux, un habit clérical. Qu'il s'agisse de l'effort des monarchistes

---

1. On l'attribue souvent à Gambetta parce qu'il l'a redite à la tribune de la Chambre le 4 mai 1877.

pour empêcher l'établissement de la République,
entre 1871 et 1875, ou de leur entreprise pour la
renverser au 16 mai 1877, de la coalition boulan-
giste ou des complications politiques de l'affaire
Dreyfus, le parti clérical s'est trouvé au premier
rang des adversaires du régime. Il a fait leur force,
au point que l'on peut dire qu'ils n'auraient jamais rien pu tenter sans lui. Et ce n'est pas seulement dans les grandes crises que son action
s'est manifestée ; elle s'est vue lors de chaque période électorale et bien souvent le gouvernement,
presque contraint par l'excès du scandale, a dû
prononcer les misérables pénalités à sa disposition
contre les prêtres concordataires les plus compromis par leur zèle réactionnaire.

La vieille doctrine politique de l'Église et les
instructions pontificales s'accordaient à faire d'elle
l'ennemie de la République et les républicains se
sont défendus, parfois en attaquant. La conséquence
inévitable de cette hostilité chronique a été l'établissement d'un état de défiance réciproque, très
difficile à modifier et qui résiste à la meilleure
volonté. Les politiciens des deux bords n'ont pas
manqué de le consolider pour l'exploiter sans ver-
gogne. En conséquence, les deux partis se sont
trop souvent attachés à une politique de tracasseries, véritable politique de chef-lieu de canton, irritante et un peu humiliante, et qu'aucun des deux
n'est fondé à reprocher à l'autre. Or, depuis 1870,
l'évolution politique de la France s'est nettemen
faite à gauche. Aucun effort de réaction n'a pu sérieusement la faire dévier et la courbe des élections, depuis 1875, ne laisse, sur ce point essentiel,

aucun doute. Il était donc inévitable que l'Eglise et ses alliés du cléricalisme fussent vaincus sur le terrain politique et, par suite, qu'ils supportassent les dommages de la défaite. On ne saurait même contester que l'Eglise eût pu logiquement rencontrer, au bout de ses insuccès, des tribulations beaucoup plus graves que celles qu'elle a dû subir et qu'elle a pourtant trouvées si insupportables qu'elle a jugé nécessaire, pour les caractériser, d'évoquer, en mainte occasion, les temps de Dioclétien et de Julien l'Apostat.

C'est un sujet d'étonnement pour l'observateur du dehors que l'obstination de l'Église dans une entreprise dont l'expérience aurait dû, semble-t-il, lui révéler très vite l'irréalisable folie. Les causes de cette obstination sont à chercher, sans doute, dans le fait que les cléricaux, comme tous les hommes de parti, regardent difficilement au delà de leur horizon ; mais elles tiennent aussi à ce que les hommes d'Eglise, élevés hors de la vie, dans le factice et dans le construit, manquent trop souvent du sens de la vie et à ce que, ne sachant pas ou sachant mal ce qu'est la réalité, ils possèdent une capacité d'illusion inconcevable. La moindre manifestation leur paraît le signe des temps [1] ; le moindre succès pour eux, le commencement de la fin pour leurs adversaires. Chaque période électorale qui s'ouvre enfle ces illusionnistes des plus folles espérances et leur déroute ne décourage leur optimisme que jusqu'à l'occasion suivante, où il

____

1. Cf. exemples dans Debidour, *Église cathol.*, t. II, p. 87 et dans Rocafort, *Résistances*, p. 52, 151, 163 et s.

repart sur nouveaux frais. Ils trouvent toujours à leurs échecs des explications réconfortantes et, comme Quinet le leur reprochait dès 1844, ils semblent incapables de comprendre et d'accepter là leçon des événements [1]. C'est qu'en toute occasion ils cèdent à la tentation dangereuse de sous-estimer et de mépriser leurs adversaires. On a pourtant du mal à croire qu'une bande de vingt à vingt-cinq mille polissons, perdus de vices et recuits d'impiété, francs-maçons, juifs et protestants, aient suffi à *faire les élections* en France, depuis cinquante ans, contre le gré d'une majorité évidemment catholique ou du moins « bien pensante » [2].

Le pire pour l'Église, c'est que c'est toujours à Rome qu'elle va en dernière analyse chercher ses directions, dans ce milieu du Vatican qui connaît mal la France et qui — cela se comprend — ne l'aime guère. La curie a ses intérêts et sa politique, qui s'accordent mal avec les intentions du gouvernement français et souvent pas beaucoup mieux avec les intérêts de l'Église de France. C'est pourtant sa volonté qui a le dernier mot. J'ai dit la curie et non pas le Pape, car le Pontife ne fait pas toujours ce qu'il veut. Léon XIII l'a éprouvé lorsqu'il a cru à propos de tenter, en 1892, l'expérience du *ralliement* [3], du reste superficielle et peu sincère. Il a rencontré, dans son

---

1. Quinet, *L'ultramontanisme*, p. 132.
2. Ce serait une étude curieuse et révélatrice que celle de la hantise *maçonnique* dans le monde catholique. Cf. Rocafort, *Résistances*, p. 56, 64, 86 ; Houtin, *Hist. du modernisme*, p. 389, n. 3.
3. L'encyclique *Inter innumeras*, qui en fait la théorie, est du 20 février 1892.

entourage immédiat et dans le clergé français, les plus tenaces résistances, et son insistance, qui n'a guère convaincu que des laïques, de Mun ou Piou, n'a pas produit beaucoup de résultats positifs dans le sens où il voulait orienter l'action politique de l'Église, en dehors de la constitution, tardive et comme après coup, de l'*Action libérale*. Le clergé croyait encore, en grande majorité, qu'on ne pouvait à la fois être rallié à la République et faire valoir les droits des catholiques[1].

V

Comment la Séparation s'impose. — Incompatibilité entre la politique de l'Église et l'existence de la République. — Impuissance des catholiques libéraux. — La loi de 1905 : son libéralisme. — Le Pape la rejette. — L'Église de France obéit à Rome.

La Séparation était, si je puis dire, dans la logique du conflit engagé entre l'Église et la République ; elle a tardé, malgré les fautes répétées de l'Église, parce que ses adversaires ont reculé longtemps devant la solution radicale. Mais elle s'est imposée à eux, malgré eux, parce que c'était une entreprise chimérique que de faire vivre dans

---

1. Barbier, *Devoir politique*, p. 110 et s. — Sur cette affaire du ralliement, cf. Debidour, *Église cathol.*, t. II, p. 114 et s. ; 449 et s. ; 524 et s. Sur les sentiments de certains milieux catholiques à l'égard de la tentative de Léon XIII, cf. de Narfon, *Séparation*, p. 13.

l'union l'État issu de la Révolution et l'Eglise qui, par la bouche de Freppel, professait que « *la Révolution, c'est la société déchristianisée ; c'est le Christ refoulé au fond de la conscience individuelle, banni de tout ce qui est public, de tout ce qui est social, banni de l'État, qui ne cherche plus dans son autorité la consécration de la sienne propre* ». L'Eglise semble l'irréductible ennemie de la liberté sous toutes ses formes et autant de l'égalité. « *Nous savons notre religion*, écrit M. Rocafort, *et que l'Église n'a jamais accepté l'État moderne fondé sur la liberté de conscience et l'égalité*[1]. » On peut ajouter qu'elle n'a jamais reconnu la loi qu'elle n'approuvait pas et que, placée dans l'Etat par le Concordat, elle n'a jamais accepté la contrainte des institutions publiques. *Legis injustæ honor nullus*, disait déjà Tertullien et cette formule concise a paru le plus souvent enfermer encore le sentiment des clercs d'aujourd'hui. Il va de soi que si l'Eglise avait été séparée de l'État, personne n'aurait pu lui contester le droit de prendre, si elle la croyait bonne, une attitude d'opposition à la République ; mais ce qui choquait c'est qu'elle la prenait alors que le Concordat faisait d'elle une institution d'Etat ; et ainsi les pires ennemis du gouvernement vivaient de l'argent qu'ils recevaient de lui. On les voyait seulement, selon l'état de leurs affaires ou de leurs espoirs, tantôt entreprenants, hardis, voire insolents, tantôt gémissants et prenant figure de per-

---

1. Rocafort, *Résistances*, p. 147. Cf. l'encyclique jubilaire de Léon XIII et l'encyclique *Libertas providentissima* (20 juin 1888).

sécutés, résignés au pire[1]. Dans le premier cas, considérés par leurs adversaires comme des conspirateurs dangereux, dans le second, comme des calomniateurs éhontés, et également détestés sous les deux aspects.

Assurément tous les catholiques n'ont pas suivi les errements de leurs chefs et, à toutes les époques, quelques-uns d'entre eux ont vu et ont dit que l'Église faisait fausse route en s'aliénant la République et la démocratie. Ces voix éclairées ou généreuses ont parlé dans le dédain ou l'hostilité de la majorité des clercs et leurs avis n'ont jamais servi la cause qui leur était chère ; leur effort, pour si intéressant et si méritoire qu'il soit, est pratiquement négligeable. Dans plus d'un cas il n'a retenu l'attention de l'Église que pour provoquer son anathème.

Je n'ai pas à raconter les incidents d'où est en fait sortie la Séparation ; ils venaient au moment où la lutte de la République contre les congrégations, considérées, à juste titre, comme le rempart du cléricalisme, avait échauffé les esprits. Et surtout ils s'aggravèrent du fait de l'entêtement des deux protagonistes, Pie X et Émile Combes. Le Vatican n'était pas accoutumé à des résistances aussi tenaces de la part de nos ministres et il ne s'avisa qu'il se trompait qu'alors qu'il était trop tard pour éviter la rupture. La loi de 1905 qui la consomma[2] vint au terme d'une discussion ap-

1. Guiraud, *Séparation*, p. 286 et suiv. ; Goutlie-Soulard, *Mon procès, passim*.
2. On trouvera l'essentiel sur la préparation et la discussion de la loi dans Debidour, *Église cathol.*, t. II, p. 413 et s., et dans Hunskins, *La Séparation*, p. 47 et s.

profondie, sérieuse, digne, où les opinions diverses eurent tous les moyens de s'affirmer et tout
le temps de se compenser. Des sentiments très
hostiles à l'Église se manifestèrent au cours des
débats, mais ce ne fut pas d'eux que le législateur s'inspira. C'est pure calomnie de sectaire que
de soutenir qu'il eut en vue de détruire la religion
lentement mais sûrement[1] ; c'est une injustice de
prétendre qu'il voulut l'ignorer[2]. Il eut certainement au regard de la religion et de l'Eglise les intentions les plus bienveillantes. Et la preuve qu'il
était sincère c'est que l'Etat a tenu tous les engagements pris par la loi de Séparation et par
celles qui l'ont complétée ; c'est aussi qu'il n'a pas
profité des imprudences de l'Église pour l'acca-
bler. Les catholiques raisonnables le reconnaissent[3].

L'Église ne voulut pas voir les incontestables
avantages que lui apportait la loi Briand, ou, du
moins, le Pape lui interdit de les prendre en considération. Elle lui donnait pourtant la liberté, avec
les moyens d'en user même contre l'Etat ; elle lui
permettait de se débarrasser de ses encombrants
amis des partis réactionnaires et de ne plus travailler que pour elle-même. Par malheur, certains
exaltés se répandirent en propos effrayants qui
épouvantèrent les simples ; ils annoncèrent la fer-
meture des églises, la persécution, la guerre civile.
Rien de tout cela ne vint, mais l'opinion catholique
réfléchie et sage n'eut pas le temps de faire justice

---

1. Guiraud, *Séparation*, en entier, notamment p. 356 et s.
2. J. Bonzon, *Faut-il un nouveau Concordat ?* p. 66.
3. *Ce qu'on a fait de l'Église*, p. 492.

de ces criminelles exagérations avant que n'intervînt le Pontife romain. Ce fut lui, ce fut la curie, blessée dans son amour-propre et d'ailleurs mal disposée pour l'Église de France, soupçonnée de gallicanisme, qui rejetèrent la loi faite en dehors d'eux et qui en imposèrent le refus à l'Épiscopat français[1]. Alors le gouvernement se trouva contraint de prendre des mesures d'exécution, qui, privant l'Église de ses biens, que la loi Briand lui laissait, la réduisirent à ne compter plus que sur la générosité précaire des fidèles. Les évêques, suivant une habitude qu'ils étaient devenus incapables de secouer, courbèrent docilement leur volonté sous celle du Pontife et le désastre de l'Église commença.

Il n'y a pas, en histoire, le moindre doute sur la responsabilité touchant ce malheur et les catholiques qui ont voulu s'informer et réfléchir le savent bien. Le Pape, cédant à des raisons qui n'étaient bonnes que pour lui, s'est sacrifié la fortune de l'Église de France, par l'inflexible rigueur de son *non possumus*. La confiance aveugle qu'il inspirait à tant de pauvres gens les conduisit non pas au martyre, comme certains l'avaient espéré et souhaité, mais seulement à la misère.

1. Pernot, *Politique*, p. 134 ; De Narfon, *Séparation*, p. 164. Cf. *La correspondance romaine*, le journal de Benigni, familier du cardinal Merry del Val, des mois d'hiver de 1906-1907.

CHAPITRE II

Les conséquences et les suites de la Séparation.

I

*Deux grandes questions : comment l'Église a-t-elle
vécu sans l'État depuis 1905 ? — Quel parti a-t-elle
tiré de la Séparation ? — Aucun trouble sérieux chez
les fidèles. — Pas de schisme. — Profit que l'ultramontanisme tire de la Séparation. — La terreur dans
l'épiscopat : sa servitude et sa docilité. — La tyrannie
du Pape sur lui ; ses diverses formes. — La tyrannie
des évêques sur leur clergé. — Comment elle profite au Pape. — Abaissement de l'Église de France.*

Bon gré mal gré, l'Église a dû vivre en s'accommodant de la situation que la Séparation lui faisait. La base concordataire s'effondrant, il lui a
bien fallu en trouver une autre, se réorganiser,
s'adapter aux circonstances et aux conditions nouvelles. Son effort, depuis 1906, et les résultats
qu'il a obtenus présentent de l'intérêt. Deux questions surtout attirent notre attention. Ce n'est pas
qu'elles semblent également importantes au regard

de l'enquête que nous menons en ce moment, mais elles sont solidaires et il paraît difficile de les séparer. Les voici : *Comment l'Eglise s'y est-elle prise pour vivre sans l'État, et quel parti a-t-elle tiré de la Séparation ?* Autrement dit : *Comment a-t-elle orienté et organisé son action dans le domaine politique ?*

La Séparation avait clairement prouvé combien peu le clergé comptait en France. Il y était impopulaire, et, sans doute, le mot paraît-il trop faible pour qualifier les sentiments que récoltaient habituellement les réguliers dans le peuple. Le respect, l'affection que tel ou tel prêtre avait pu gagner parmi ses ouailles ne fondaient que des exceptions personnelles, nombreuses assurément mais insuffisantes pour provoquer un sérieux mouvement d'opinion contre la loi. En fait, le calme de l'ensemble du pays demeura complet et, même dans les villages où le manque de ressources obligea les autorités diocésaines à supprimer le prêtre, le mécontentement se fit très discret : les paysans se contentèrent paisiblement du secours spirituel des paroisses voisines. D'autre part, les députés et les sénateurs qui avaient voté la Séparation supportèrent sans difficulté l'excommunication dont une déclaration de la Sacrée Pénitencerie les avaient frappés et leur fortune politique ne s'en trouva point entravée.

Enfin la troublante prédiction du schisme, dont les cléricaux avaient fait si grand état, ne se réalisa pas, et l'événement justifia Briand qui avait dit, le 6 avril 1904 : « *Je ne crois pas au schisme ; les schismes ne peuvent exister que dans les pays où la foi est ardente et active, et elle ne l'est plus en France.* » Les quelques timides essais de résurrection du gallicanisme radical qui se produisirent alors n'eurent et ne pouvaient avoir aucun succès inquiétant pour l'unité catholique. Les Parisiens ont pu garder le souvenir de l'*Église catholique, apostolique et française,* qui célébrait son culte rue Legendre et qui représente la plus intéressante de ces tentatives schismatiques. Elle aurait sans doute réussi à vivre en Amérique ; elle n'y parvint pas chez nous ; l'État lui demeurant indifférent, elle ne put que végéter quelque temps et ne tarda guère à s'éteindre. Tel avait été déjà le sort de l'*Église catholique gallicane,* essayée par le P. Hyacinthe en 1879. Il paraît démontré qu'en France le catholicisme ne peut plus se séparer de Rome sans cesser d'être lui-même, ainsi que l'État l'avait implicitement reconnu dans la loi de 1905, et sans devenir indifférent aux catholiques. Il se peut bien qu'il y ait dans ce fait une indication intéressante sur le peu d'ardeur de la vie religieuse française ; mais ce n'est point ce qui nous occupe pour le moment et je constate seulement ce qui s'est produit.

Seulement la Séparation porta aussi une autre conséquence que l'État n'aurait pas désirée et que pourtant plus d'un homme de gauche avait prévue : elle paracheva la main-mise du Pape sur le clergé français. Incapable d'user de la liberté que la loi lui donnait, parce qu'il s'était depuis trop longtemps habitué à l'obéissance et n'avait été formé que pour elle, ce clergé ne sut que remettre au Pontife l'autorité que l'État abandonnait sur lui et se livrer sans réserve à la volonté arbitraire de Rome. La responsabilité principale de cette abdication, si préjudiciable aux intérêts de l'Église et à ceux de la religion, incombe à l'épiscopat, qui, peu à peu entraîné à la servilité depuis un siècle, accepte la servitude comme un devoir et une espèce d'honneur. Les quelques prélats d'esprit plus ou moins indépendants sont mal vus des autres et de la curie : ils ne peuvent guère marquer leur opinion que par le silence, et encore leur faut-il un réel courage pour se taire avec ténacité, pour éviter de mêler leur voix à celle des autres, clamant en toute occasion leur humble et totale soumission au Vicaire de Jésus-Christ. La plupart d'entre ces dignitaires de l'Église font trop figure de dévots apeurés qui tremblent devant une divinité terrible et capricieuse, ou seulement devant ses familiers, fussent-ils de l'autorité et du caractère d'un monsignor Benigni[1]. Ils font aussi songer à ces courtisans de Louis XIV qu'un froncement de sourcil ou une parole de colère jetait dans la terreur et le désespoir. Lors de l'Assemblée épiscopale de septembre 1906, le Pape crut à propos de faire lire par l'archevêque de Paris, en séance, une dépêche où il blâmait rudement une initiative prise par Mgr Le Camus, d'ailleurs sur ses propres encouragements. L'effet de cette sortie incorrecte et insolite fut tel qu'un des assistants a pu dire: « *L'Assemblée était terrorisée ; si Montagnini* — qui avait apporté la dépêche — *l'avait voulu, nous aurions tous voté que la*

---

1. *Ce qu'on a fait de l'Église*, p. 500 et s.

Sainte Trinité est en quinze personnes ». Le Camus lui-même se retira dans sa maison de campagne, essaya de se justifier à Rome avec tout le respect et la mesure souhaitables, et ne réussit qu'à s'attirer une seconde dépêche, plus dure que la première. Au matin, on le trouva mort dans son cabinet de travail ; le papier pontifical était étalé devant lui, à côté du texte de l'*Épître aux Éphésiens*, où le malheureux homme, désespéré, avait cherché un réconfort inutile. Et Mgr Le Camus était un des plus éclairés, un des plus indépendants d'esprit des prélats d'alors ; à quel degré d'abandon volontaire de soi étaient donc descendus les autres !

D'ailleurs, depuis la Séparation, le Pape se permet tout à leur égard. Il les nomme selon son gré et d'autorité, au mépris des anciens canons et pour la plus grande désillusion des naïfs qui s'étaient imaginé qu'à la désignation par Dumay (le dernier directeur des cultes) allaient succéder de véritables élections épiscopales, libres et dignes, grâce auxquelles l'Église de France connaîtrait enfin un épiscopat de haute valeur [1]. Assurément Dumay se préoccupait de découvrir, parmi les candidats à la mitre, plutôt celui qui ne causerait pas de désagréments aux pouvoirs publics que celui qui portait les marques d'un esprit supérieur ; les médiocres lui semblaient plus sûrs que les autres. La curie ne semble pas, jusqu'à présent, s'être placée à un point de vue très différent et des hommes fort dévoués à l'Église estiment qu'au total,

---

1. Chaine, *Les cathol. français*, t. I, p. 367, qui cite Klein.

ses évêques ne valent pas ceux de l'ancien directeur des cultes [1]. Le contraire serait, en effet, très surprenant. Rome concède aux prélats de France le droit de lui envoyer chaque année les noms de trois candidats possibles, mais c'est une Congrégation romaine, celle des Affaires extraordinaires [2], qui examine et qui choisit ; c'est elle qui présente qui elle veut à l'agrément du Pape. Rien, qu'une considération d'inopportunité, ne pourrait empêcher le Pontife d'envoyer un étranger sur un siège français. En corollaire du pouvoir de nommer, vient le droit de déposer ; le Pape en use arbitrairement sous la forme, plus discrète mais non moins contraignante, de l'abdication spontanée. A la veille de la guerre, Pie X s'était déjà débarrassé par ce moyen de sept ou huit évêques de France.

Ceux qu'il garde, le Pape les surveille de près. Le prélat soupçonné de tiédeur dans son romanisme vit en état constant de péril [3]. Le plus hardi n'arrive à laisser deviner quelque chose de sa pensée qu'en l'insinuant avec des précautions de langage raffinées, au milieu des restrictions et des affirmations compensatrices. Ainsi Mgr Mignot, désirant faire entendre qu'il jugeait contestable l'exégèse enfantine de l'abbé Vigouroux, consulteur pontifical, commençait-il par multiplier autour d'elle les témoignages de respect, pour rap-

---

1. De Narfon, *Séparation*, p. 273.

2. Elle s'occupe des affaires qui ont un caractère politique et dépend étroitement de la Secrétairerie d'Etat (cf. Mater, *L'Église*, p. 242). La France n'y est représentée que par deux *réguliers* ; De Narfon, *loc. cit.*, et *Ce qu'on a fait*, p. 90.

3. Pernot, *Politique*, p. 296.

peler enfin que, pourtant, elle avait été contestée [1]. Et Mgr Mignot passait à juste titre pour un homme de science et de caractère. Au moment de l'exécution de la loi de 1907, qui devait faire évacuer les palais épiscopaux, certains évêques, inquiets du retard de leur expulsion et craignant qu'il ne les compromît à Rome, faisaient, paraît-il, prier les autorités publiques de leur rendre le service de se hâter [2].

Avec ces évêques, Rome prend toutes les libertés, celles même que pas un fonctionnaire n'accepterait du plus exigeant des chefs. Par exemple celle de publier, signés de leur nom, des documents qu'ils n'ont jamais vus et que *La Croix* ou l'*Univers* leur font connaître un matin, avec l'approbation qu'ils sont censés leur avoir donnée [3]. Par peur du gallicanisme, le Pape leur a refusé ce droit de réunion que la loi de Séparation leur reconnaissait et dont ils pouvaient tirer tant de bien pour leur Église. Depuis 1905, l'épiscopat français a tenu trois assemblées plénières, deux en 1906 et une en 1907 : une quatrième était décidée pour l'été de la même année : les évêques ont appris un beau jour, par le *Times*, que Rome n'en voulait plus entendre parler [4]. Elle a autorisé des réunions régionales, puis, en fait, plus rien. Du reste, à quoi bon s'assembler si c'est, non pour délibérer, échanger des vues utiles et prendre des décisions motivées, mais seulement pour approu-

1. Oraison funèbre de Mgr Le Camus, ap. Chaîne, *Cathol. français*, t. II, p. 356.
2. De Narfon, *Séparation*, p. 134, n. 1.
3. P. Sabatier, *Lettre au Cardinal Gibbons*, p. 271.
4. *Ce qu'on a fait*, p. 509 ; de Narfon, *Séparation*, p. 273.

ver docilement des mesures imposées et enregistrer des ordres ?

Cependant les évêques se laissent faire et aucune offense ne lasse leur résignation. Suivant la rude boutade d'un catholique, *ils n'ont plus de courage que pour obéir* [1]. Leur tête, trop longtemps courbée sous la crosse de Pierre, ne sait plus se relever et beaucoup ne manquent pas une occasion de se faire gloire d'une docilité dont les laïques éclairés s'affligent ou s'indignent. Ils font plus qu'obéir ; ils renchérissent sur les ordres qu'ils reçoivent ; ils courent sur le chemin où Rome leur demande de marcher. Qu'il s'agisse de l'école laïque, des manuels scolaires, des « mauvais journaux », ou de la première communion des petits enfants, on les trouve disposés à exagérer les instructions pontificales, en les réalisant. Et, plus que leur obéissance et plus que leur empressement, c'est l'air de contentement, de gratitude et d'admiration qu'ils prennent à l'égard du Pontife, chaque fois qu'il ordonne, qui déplaît au spectateur impartial et qui le choque [2].

Cette servitude de l'épiscopat porte de graves conséquences, qui sont d'ailleurs celles qu'engendre toujours, sous n'importe quel gouvernement, l'abaissement des hauts serviteurs devant le despote. Elle s'étend des évêques à tout leur clergé ; elle devient la règle des rapports entre les divers degrés de la hiérarchie ; du haut en bas on ordonne, et du bas en haut on obéit sans discuter et

1. De Narfon, *Séparation*, p. 175.
2. De Narfon, *Séparation*, p. 291 ; Tissier, ap. *Vie cathol.*, p. 90.

le sourire aux lèvres. On prête à quelques prélats des aphorismes qui « concrétisent », si je puis dire, la prétention de l'évêque à exercer sur ses prêtres l'autorité sans contrôle, celle-là même qu'il reconnaît au Pape sur tout l'épiscopat. « *Un évêque ne discute pas, il condamne* », aurait dit Mgr Rumeau, d'Angers ; « *Le droit canon c'est moi* », aurait professé Mgr Rosset, de Verdun [1]. Mots historiques peut-être, c'est-à-dire un peu stylisés, mais si nombreux et qui correspondent si bien à la réalité des faits, qu'il est difficile de récuser leur témoignage. Sans doute Pie X a invité les évêques à revenir aux règles canoniques en ce qui touche aux garanties qui devraient garder le bas clergé de l'arbitraire épiscopal ; mais ses instructions, parce qu'elles n'ont jamais pris la forme de dispositions précises et parce qu'elles contrariaient des habitudes invétérées, n'ont porté aucun effet utile ; la vérité présente est que le clergé diocésain vit en état d' « esclavage » par rapport à l'évêque. Il n'a d'autre moyen de défense que le recours à Rome. La curie l'encourage du reste à en user parce qu'elle y voit un bon moyen d'agir directement sur les curés en passant par-dessus la tête de leur chef direct ; c'est une des précautions qu'elle prend pour assurer l'autorité *immédiate* du Pape sur tout le clergé.

Est-il besoin d'ajouter que, choisi comme je l'ai dit, l'évêque se montre le plus souvent, touchant la valeur intellectuelle des prêtres qu'il gouverne,

---

1. *Ce qu'on a fait*, p. 100 ; Vuilliaud, *Crise organique*, p. 160 ; Chaluc, *Menus propos*, p. 15.

touchant leur talent personnel et leur distinction
d'esprit, aussi défiant que la curie romaine a pu
l'être à son égard quand elle l'a choisi ? Il cherche pour les postes d'importance des clercs dociles et soumis, des *nolontés* ; comment s'étonner
que ce soient si rarement des valeurs et que leur
propre action ne favorise pas le développement
des valeurs autour d'eux [1] ? Du reste, quels sentiments élevés pareil système pourrait-il engendrer ?
On sent chez beaucoup de prêtres la soumission
qui s'abandonne et se résigne, ou la rancune con-
tenue contre l'erreur ou la duperie qui les a jetés
dans la servitude ; mais, à vrai dire, la plupart,
pliés dès leur enfance à la discipline cléricale,
n'ont plus l'air d'en souffrir ou savent faire bonne
contenance en la subissant. Au surplus ils ne pourraient guère faire autrement, car ils sont étroitement surveillés, non pas seulement par leurs chefs,
mais tout autant par leurs égaux et même leurs
inférieurs : la délation est la plaie de notre clergé [2].
Elle sévit du haut en bas de la hiérarchie et elle
a ses zélateurs intrépides, que rien n'arrête, pas
même le respect dû aux morts et à la correspondance qu'ils ont négligé de détruire avant de s'en
aller. La crainte de l'espionnage et de la dénon-

1. Bonnefoy, *Cathol. de demain*, p. 115-117.
2. Les « fiches » Montagnini mettent à la disposition de tout
le monde de bons exemples de cette délation. Il n'est pas difficile d'en connaître d'autres, meilleurs encore, pour peu qu'on
fréquente quelques prêtres bien informés et de sens droit. C'est
présentement la haine du modernisme qui alimente les dénonciations. La pratique a pris de telles proportions que certaines
autorités ecclésiastiques s'en inquiètent comme d'un abus indiscret et dangereux. Cf. *Études* du 5 janvier 1914 et l'Encyclique *Ad beatissimi*, de Benoît XV (1er nov. 1914), qui dit quelque chose de ces zélateurs imprudents.

ciation entretient parmi les clercs un état d'inquiétude et de suspicion qui se marque par l'extrême
réserve des propos et la continuelle prudence des
gestes, par quoi, essentiellement, se détermine ce
qu'on nomme *l'air ecclésiastique.*

Il serait donc bien difficile de soutenir que la
Séparation ait eu pour conséquence de hausser la
dignité et de grandir la personne morale de
l'Eglise de France. Elle a, au contraire, achevé de
la priver du peu qui lui restait de personnalité;
car le clergé français n'est plus que l'ensemble
des serviteurs du Pape, ceux que, directement ou
indirectement, il s'est choisi pour exécuter ce qu'il
lui plaît d'ordonner en France, tant au temporel
qu'au spirituel. Et les libéraux, ceux du catholicisme aussi bien que les autres, considèrent avec
consternation ou mépris cette réalisation d'un dessein médiéval, dont l'anachronisme offense si étran-
gement l'esprit moderne.

II

*Les conséquences pratiques de la Séparation. — A quoi
se trouvent réduites les ressources de l'Église. — Le
denier du culte. — Paroisses supprimées et paroisses nouvelles. — La condition du prêtre. — La crise
du recrutement.*

En outre de ses conséquences qu'on peut dire ecclésiastiques et morales, la Séparation en a porté de
pratiques, du fait de la suppression du budget des
cultes, de la mise sous séquestre et de la liquidation

des biens d'Église — y compris les fondations —, de l'attribution aux communes des bâtiments cultuels, pour me borner à l'essentiel. L'Eglise s'est donc trouvée dans la nécessité de pourvoir à sa vie et elle a rencontré des difficultés matérielles souvent sérieuses. Logiquement elle en aurait rencontré bien davantage, si le gouvernement s'était départi de son libéralisme ; si, par exemple, il avait seulement laissé les conseils municipaux hostiles aux catholiques désaffecter les bâtiments cultuels. Le clergé, encore qu'il se trouve réduit à ne les occuper qu'à titre précaire, n'en a jamais été dépossédé, car le Conseil d'État a contenu énergiquement le zèle anticlérical des communes qui voulaient se débarrasser de leur curé en le privant d'église, et il n'a admis, en se montrant très exigeant sur les motifs invoqués, qu'un nombre insignifiant de demandes de désaffectation. Les ressources du clergé ne s'en trouvent pas moins réduites à la contribution volontaire des fidèles à son entretien, et au casuel. Le *denier du culte* se présente, il est vrai, comme une sorte d'impôt d'obligation, dont le montant doit se régler, en conscience, sur le revenu disponible du contribuable ; mais, comme les œuvres catholiques en général ne vivent guère que d'offrandes, le fidèle, même bien disposé et convenablement à l'aise, mais trop souvent sollicité, est obligé de réfléchir avant de donner, et, de moins en moins, il semble que sa réflexion l'incite à la largesse. Le zèle, très vif au début, s'est apaisé à mesure que tombait l'émotion causée par la Séparation et les rentrées sont descendues au-dessous du nécessaire en beaucoup de diocèses[1]. Le casuel lui-même ne rend plus ce qu'on en attendait, parce que trop de fidèles n'ont point séparé leur volonté de naître, de vivre et de mourir dans les cadres de la liturgie de leur désir de faire des économies. D'ailleurs, plusieurs évêques, sensibles au reproche de consacrer l'existence des distinctions sociales dans l'Église et de faire acception de personnes, ont unifié les cérémonies privées et se sont, du coup, privés du rendement considérable des « premières classes »[2]. Dès 1912, le denier du culte donnait des inquiétudes aux autorités ecclésiastiques, même dans les paroisses riches ; elles constataient que, dans les grands centres particulièrement, le nombre des contribuants restait très faible par rapport à celui des habitants[3]. La baisse des recettes dans les caisses diocésaines est dès lors générale.

Le péril semble tel qu'on cherche à y parer par des mesures de contrainte ; on songe, par exemple, à essayer d'une pression sur les paroisses

1. Il est remarquable que déjà en 1802 le zèle des fidèles pour la restauration du culte, encore que beaucoup plus vif qu'il n'est aujourd'hui, ne va pas jusqu'à consentir volontiers à des sacrifices d'argent. Le gouvernement n'a pas osé avouer tout de suite quelles répercussions financières aurait le Concordat ; il n'a pas pris de dispositions légales pour faire vivre les desservants et les municipalités ne veulent pas les payer. Il y a là une source de difficultés sans nombre ; Napoléon finit par prendre la charge des desservants au compte de l'État. Ce n'est guère que vers 1810 que les fidèles riches recommencent à se montrer généreux avec le clergé. Cf. Lévy-Schneider, *Champion de Cicé*, p. 230 et s.

2. De Narfon, *Séparation*, p. 248.

3. En 1911 Neuilly, pour quarante mille habitants, donne mille contribuants : en 1909 l'opulente et aristocratique paroisse de Sainte-Clotilde en donne neuf cent cinquante sur quinze mille ! Cf. De Narfon, *Séparation*, p. 247 et s., et *Le bilan de la Séparation*, ap. *La Grande Revue* du 25 avril 1911, p. 732.

récalcitrantes en les menaçant de leur supprimer leur curé ; mais on n'ose finalement recourir à cet expédient, qui serait, en effet, bien hasardeux, en ce qu'il risquerait de faire perdre aux paroissiens les habitudes cultuelles qui les rattachent encore à l'Église. Il en va de même exactement des mesures individuelles, comme le refus des sacrements à qui ne donne pas ou ne donne pas ce qu'il peut. Il est prudent — nous nous en convaincrons bientôt — de ne pas trop compter sur les besoins religieux des hommes de France. Pourtant plusieurs diocèses sont en déficit ; je veux dire que leurs recettes demeurent au-dessous de leurs nécessités, alors que trois seulement, Lille, Paris et Lyon, accusent des excédents [1]. Et ce résultat remet de lui-même au point les illusions et les espoirs cléricaux de 1905. Il prouve aussi qu'il n'est point sage de tenir les contribuants à l'écart quand il s'agit d'administrer les fonds qu'ils fournissent et de prétendre maintenir intact l'antique principe suranné de l'Eglise : que le laïque a épuisé tout son droit au regard de son argent quand il l'a remis à l'évêque. Il est remarquable que Mgr Lecot, à Bordeaux, en organisant sa *caisse diocésaine* avec le concours de laïques, lui avait donné une encourageante prospérité, et qu'elle a disparu du jour où Mgr Andrieu, son successeur, a cru bon de revenir au principe que je viens de rappeler.

Il a fallu laisser tomber un assez grand nombre de paroisses rurales. Les apologistes, optimistes par métier, insistent plus volontiers sur la créa-

---

1. De Narfon, *Séparation*, p. 253.

tion de paroisses nouvelles à Paris, et dans sa
banlieue ; mais il est trop clair que ceci ne compense
pas cela, et que du fait qu'il y a de l'argent dans
les coffres de l'archevêque de Paris et qu'il a paru,
je dirai « administrativement », utile de diviser des
paroisses trop lourdes pour leurs desservants, on
n'est pas autorisé à conclure que le zèle contribuable des fidèles grandit dans les campagnes. C'est
le contraire qui est la vérité.

Aujourd'hui la situation financière de l'Eglise
varie beaucoup d'un diocèse à l'autre et, de ce
point de vue, la tranquillité des évêques connaît
aussi des degrés. Il serait aisé d'en citer plusieurs
qui n'arrivent à « boucler » vaille que vaille leur
budget qu'au prix de concessions d'amour-propre
ou de compromis qui ne leur plaisent guère ; l'assidue fréquentation des châtelains, pour nécessaire qu'elle leur soit, ne leur apporte pas toujours
qu'agréments. La même différence se retrouve
entre les curés, dont le bien-être varie du tout au
tout avec les milieux divers où la volonté de leur
évêque les place. Certains d'entre eux, courageu-
sement, ont cherché un supplément de ressources et l'indépendance vis-à-vis de leurs paroissiens, dans le travail. La plus antique tradition de
l'Eglise, et l'autorité de l'Apôtre Paul les y encoura-
geait, sans compter, à l'autre bout de la chaîne des
temps, le sens moderne de l'effort individuel ; mais,
en général, ils ont trouvé leurs évêques assez mal
disposés pour leur initiative. Ceux qui ont persé-
véré se sont appliqués à toutes sortes de petits
métiers qui ne demandaient pas long apprentis-
sage, ou bien ont tiré parti d'une de leurs distrac-

tions antérieures, tel l'élevage des abeilles. Il paraît même qu'un abbé, grand batteur de cartes et sans doute heureux au jeu, s'est offert comme « professeur de bridge » ! Ces « manuels » de l'Église n'ont d'ailleurs point manqué d'accentuer l'esprit moderne de leur entreprise en se groupant ; ils ont fondé une *Association des prêtres ouvriers*, l'A. P. O., et un journal, le *Trait d'Union* [1]. Ils mériteraient de bien réussir et de faire école ; et on peut croire que l'Église n'aurait rien à perdre à ce qu'on vît les prêtres de campagne travailler de leurs mains, au lieu de flâner et de perdre leur temps, comme les paysans accusent si souvent, et non sans raison, trop d'entre eux de le faire.

La Séparation n'a donc pas, non plus, amélioré la situation du prêtre, ni grandi sa fonction dans l'opinion courante. Il n'est plus fonctionnaire ; ses ressources matérielles demeurent précaires et son sort ne fait plus envie aux petites gens, jadis tentés de faire entrer leur fils dans la cléricature. Ces impressions ont retenti immédiatement sur le recrutement sacerdotal [2]. Pour alimenter les séminaires il a fallu chercher des élèves dans les milieux les plus pauvres ou dans les départements les plus arriérés. Dès 1908, la situation paraît inquiétante aux hommes informés, et ses remèdes

---

1. De Narfon, *Séparation*, p. 294 et s.
2. Il est à propos de remarquer que des considérations matérielles du même genre avaient déjà provoqué une crise de recrutement très grave au temps de la mise en vigueur du Concordat. Cf. Lavaquery, *Boisgelin*, t. II, p. 357 ; Lévy-Schneider, *Champion de Cicé*, p. 318. L'épiscopat remédia à cette crise en obtenant du gouvernement, pour ses clercs, des garanties et des privilèges.

incertains [1]. Mgr Sévin, alors évêque de Châlons, ne craint pas de dire que cette désertion du sacerdoce met en danger « *l'existence même du diocèse* ». Ce sont alors les classes élevées qui ne donnent plus leurs enfants, ou qui les donnent aux ordres monastiques. En 1910 on évalue à 50 % la perte subie par les séminaires par rapport aux chiffres de 1905.

Aujourd'hui la situation semble beaucoup plus grave encore. Après un relèvement dans les années qui ont précédé immédiatement la guerre, le mouvement en sens contraire a repris et s'est accentué; ce sont à leur tour les basses classes qui se dérobent à la vocation. Naturellement les publications ecclésiastiques destinées au grand public cherchent à sauver la face et affectent la plus belle confiance [2], mais on peut douter que leurs auteurs se prennent à leurs propres assurances, si l'on sait qu'en 1918, en 1919, en 1920 un nombre croissant d'évêques — une douzaine en 1920 — a jeté le cri d'alarme dans des mandements pressants. Des congrès diocésains ont étudié la question. Le Pape lui-même, dans son encyclique *Maximum illud*, a fait appel d'autorité aux jeunes chrétiens. La curie, représentée par les cardinaux Bisletti et Gasparri, seconde de son mieux les efforts persévérants du P. Delbret, promoteur dévoué de l'œuvre du *Recrutement sacerdotal* [3]. Les résultats de tout cet effort sont demeurés déplorablement

1. Mater, *Polit. religieuse*, p. 279.
2. Tissier, ap. *Vie catholique*, p. 42.
3. *Études*. 5 janv. 1920 et 5 janv. 1921 ; très intéressante étude de Paul Doncœur, *La reconstruction spirituelle du pays*.

insuffisants et les remèdes proposés semblent inopérants ; il est facile de proclamer qu'il faut « *rendre la fécondité aux foyers* », redonner le sens de la vocation sacerdotale aux familles catholiques, relever la générosité des fidèles pour améliorer la situation matérielle des prêtres ; mais ce sont les moyens de réaliser ce programme qu'on ne trouve pas.

On incrimine la guerre. Sans doute son action n'a pas été négligeable ; mais la crise lui est bien antérieure et, si elle a des causes plus profondes que la Séparation et que nous retrouverons bientôt, elle a été précipitée et élargie par elle. La plupart des diocèses manquent de prêtres et, pour certains, le déficit a de quoi effrayer : il est de 80 prêtres à Pamiers, de 200 à Lyon, de 200 à Verdun, de plus de 300 à Versailles, peut-être de 500 à Amiens. Certains curés sont obligés d'assumer une charge écrasante : tel celui du Raincy qui, avec un seul vicaire, a le soin de 12.000 ouailles.

La source du sacerdoce se tarit, car, si les grands séminaires se recrutent mal, les petits se recrutent plus mal encore. En 1912, 60 seulement, sur 143 qu'ils étaient avant la Séparation, avaient pu se reconstituer[1]. En 1920, le petit séminaire de Reims ne comptait que 75 élèves, celui de Châlons, 60, ceux de Cahors, Carcassonne et Amiens, 50, ceux de Verdun, Langres, Nevers et Troyes, 40, sur lesquels un ou deux seulement, sur dix, en moyenne, arrivent à la prêtrise. Et encore l'auteur du travail auquel j'emprunte ces chiffres[2], nous

1. De Narfon, *Séparation*, p. 300, n. 1.
2. P. Doncœur, *op. cit.*

avertit-il que ses données sont *discrètes*. Je le crois volontiers ; pourtant elles suffisent à justifier la conclusion qu'il en tire : « *La continuité de la baisse est révélatrice d'une loi qu'il faut absolument briser* ». Sans doute ; mais c'est le moyen pratique de le faire qu'on ne voit pas, car il est bien vrai que la guerre, en accroissant le prix de la vie et en haussant la valeur de l'enfant, n'a fait que rendre plus instant le péril que la Séparation n'avait certes pas créé, mais qu'elle avait déjà singulièrement grossi [1].

Il est donc incontestable que la Séparation a affaibli l'Eglise dans ses œuvres vives, du moins « au matériel ». La loi de 1905 a provoqué chez ses fidèles une émotion qui s'est traduite d'abord par un mouvement de zèle généreux, mais qui n'a point duré, ou, du moins, qui n'a point duré partout ; en sorte qu'elle est retombée à un « ordinaire » de dévouement qui répond parfaitement à la tiédeur de sentiment de la majorité de ses ouailles, mais qui ne paraît très rassurant qu'aux aveugles et aux hommes intrépides, à ceux qui savent dans tous les cas remplacer la réalité par leurs illusions.

---

1. Au moment où ces lignes s'impriment, on signale une certaine amélioration dans la crise du recrutement. Je crois qu'on aurait tort de fonder de grands espoirs sur elle.

III

*L'action politique de l'Église après la Séparation. —
La politique de Pie X : se placer sur le terrain re-
ligieux. — Même principe chez Benoît XV. —
Avantages pratiques de cette position.*

Du fait que l'Église s'est trouvée séparée de
l'Etat, elle n'a pas renoncé à l'action politique.
A vrai dire, s'il eût paru logique qu'elle ne s'en
occupât guère au temps où elle était dans l'État,
et partie de l'État, il ne semblait pas possible
qu'elle s'en détournât après la Séparation, dans
un pays où tout se règle en définitive au Parlement, c'est-à-dire par la politique.

Constatons d'abord qu'en théorie du moins, elle
n'a rien changé de sa doctrine générale touchant
« *le bon gouvernement* » et qu'elle ne l'a point rap-
prochée de celle qui prévaut dans le gouvernement actuel de la France. Naguère encore Benoît XV, approuvant un livre de Mgr Jonin, curé
de l'église Saint-Augustin, sur la franc-maçonnerie, condamnait cette « *doctrine aboutissant fata-
lement, comme on le voit aujourd'hui, à la négation même de Dieu, à l'athéisme social, au laïcisme,
forme actuelle de cette impiété, qui, au plus grand
détriment des peuples, prétend bannir de la société
toute trace de religion et toute intervention de
l'Église*[1] ». C'était là l'authentique langage de Pie IX

---

1. *Bulletin de l'association paroissiale de Saint-Augustin,*
déc. 1919. Cf. Rocafort, *Résistances,* p. 252.

ou de Grégoire XVI, quels qu'aient été les « arrangements » opportuns et précaires que le Pontife qui vient de mourir se soit montré disposé à conclure avec les tenants de cette « doctrine » subversive, celle-là même qui est le fondement de tout Etat vraiment moderne.

Toutefois, au temps de la Séparation, Pie X, à la fois dégoûté du ralliement et des compromissions avec les partis organisés, qu'il trouvait plus disposés à se servir de l'Église qu'à la servir, avait pris sur le terrain politique une position assez nouvelle et d'ailleurs bien peu solide. Tout entier dominé par son mysticisme, et abstrait des contingences, il avait cru possible de demander aux catholiques de transporter leur activité politique *sur le terrain religieux*; c'est-à-dire de n'agir désormais qu'en vue des intérêts de l'Eglise et sans subordonner leur action au programme d'un parti quelconque. C'est dans le même sens que Benoît XV s'est orienté, ainsi qu'il appert de sa réponse à Mgr Marty, évêque de Montauban, qui lui avait demandé ses instructions en 1915 : *La base de l'action catholique*, dit-il en substance, *reste toujours le terrain religieux. Pas de ralliement. Sous Léon XIII, il paraissait nécessaire de dissiper certains préjugés tendant à établir l'incompatibilité du catholicisme et de la forme républicaine. La démonstration a été suffisamment faite. Il n'y a plus à y revenir.*

Est-il vraiment possible d'opérer chez nous ce partage du « politique » et du « religieux », et de fonder un parti qui subordonne la politique à la religion ? C'est une question que nous retrouverons tout à l'heure, mais les instructions de Pie X et de Benoît XV présentent au moins ceci d'intéressant que, sans rien sacrifier de la théorie traditionnelle de l'Église touchant le gouvernement des hommes, sans la rapprocher le moins du monde de la théorie issue de la Révolution, elles ne la lient plus, en France, à la forme monarchique. Elles acceptent en principe, du moins comme une opinion privée, l'adhésion des catholiques à la République. Ce n'est peut-être point là, dans la pratique, une concession négligeable. L'adhésion de la majorité des catholiques à la forme républicaine du gouvernement n'est pas encore, sans doute, un fait accompli ; mais on peut désormais prévoir qu'elle viendra, au terme d'une évolution, déjà commencée, de leur opinion politique. Dès maintenant, on ne trouverait plus guère, même parmi les clercs, de monarchistes de droit divin et si, par tradition, c'est encore à la monarchie que vont leurs sympathies, il ne s'agit plus que d'une adaptation aux besoins modernes d'une forme démocratisée de la royauté. La théorie monarchique de Bossuet, sortie de l'Église, et qui s'accordait si bien avec sa conception du gouvernement, se trouve désormais abolie [1] et je ne pense pas que le Roi, selon l'*Action française*, se puisse entendre facilement et longtemps avec les tenants des thèses politiques orthodoxes du roma-

---

1. De ce point de vue, on lira avec intérêt la harangue prononcée par le P. Sertillanges, dans la basilique de Saint Denis, le 18 décembre 1921. C'est une véritable oraison funèbre de la royauté, du moins de la royauté du passé. La présence du nonce, Mgr Cerretti, donnait à cette manifestation une signification digne de remarque.

nisme. Pour MM. Daudet et Maurras le catholicisme reste un levier d'action politique en même temps qu'un élément essentiel de cette « chaîne des temps » qu'ils prétendent renouer ; pour le Pape, il est le but de toute action. Un catholique est catholique d'abord [1]. Et même ce n'est pas un petit sujet d'étonnement que d'entendre ce sentiment s'affirmer par la bouche d'hommes qui, par ailleurs, prétendent volontiers à une espèce de supériorité dans le sens et la pratique du patriotisme [2]. Aussi bien ont-ils su, à l'occasion, accorder dans leur conduite leurs obligations de catholiques et leur devoir de Français.

La Séparation, en rompant les liens qui rattachaient l'Église au fonctionnarisme, lui a rendu toute liberté de penser, de parler et d'agir ; il est intéressant de la regarder à l'œuvre. Les instructions pontificales, qui répondent d'ailleurs parfaitement à la formule « catholique d'abord », supposent que l'Église, séparant sa cause de celle de tous les partis constitués, établit à son tour, dans le domaine *politique*, un parti tout à elle et qui ne combatte que pour elle, en suivant un programme fixé par elle. Mais, sur ce point essentiel, on aperçoit, entre les catholiques d'action, de notables divergences. Les uns cherchent — ou plutôt ont cherché, car il semble bien qu'ils aient échoué — à donner une existence réelle et pratique à ce parti catholique, une direction propre et précise à son

---

1. Chaîne, *Cathol. français*, t. I, p. 32.
2. Mgr Champion de Cicé professait déjà en 1803 que « *la Patrie ne serait bientôt plus qu'un vain nom si la Religion ne l'environnait de toute son influence* ». Oraison funèbre du général Leclerc, ap. Lévy-Schneider, *Champion de Cicé*, p. 185.

activité. Les autres, las de lutter pour être toujours battus, inclinent à renoncer à la *politique* indépendante et directe, à quitter le camp de l'opposition au gouvernement, à renier leurs doctrines ambitieuses, désuètes et vaines, à se rallier enfin, en se modernisant. Ils se jugeraient à peu près satisfaits s'ils obtenaient pour l'Église, par voies légales et législatives, avec la collaboration active ou tacite de « tous les honnêtes gens », suivant la formule de Mgr Turinaz, un certain nombre de concessions et de réparations. Ils veulent, en somme, se caser, avec le minimum possible de gêne, dans le droit commun. Leurs adversaires, les catholiques qui suivent la tendance dont j'ai parlé d'abord, les flétrissent du nom de *libéraux* ; ils les accusent de manquer de caractère et de sacrifier à un égoïste amour de leur tranquillité, les intérêts sacrés de la religion et de l'Eglise. Certainement les rapports entre ces frères divisés manquent de cordialité[1].

Les premiers ont l'instinct et le goût de la bataille ; conformément aux instructions de Pie X, ils la mènent contre les lois de la République qui les gênent, et, comme il se trouve que ces lois passent, au jugement des républicains, pour inséparables du régime et imprescriptibles, c'est au fond la République elle-même qu'ils combattent. Leur hostilité se présente donc comme une *conséquence* pratique de leur catholicisme et non comme une attitude de *principe* ; en fait, la différence est fai-

---

1. Cf. Rocafort, *Résistances, passim* et particulièrement p. 272 et s.

ble et c'est ce qui les met en mauvaise posture
en face des partisans du ralliement autant que
vis-à-vis de l'État. Ils font, bon gré mal gré, figure d'hommes du passé. De la génération qui
les a précédés et des simplistes de droite, ils ont
gardé la hantise de la franc-maçonnerie ; ils soupçonnent partout « *les sectes, directement hostiles
à l'Église* », et ils se croient obligés de les combattre. A vrai dire les « sectaires », se confondent
dans leur esprit, assez facilement, avec tous les
hommes qui pensent du mal des cléricaux, ou ré-
sistent aux desseins politiques de l'Église. Cette
manière de voir et de juger n'est pas nouvelle ;
elle a dominé la politique du clergé depuis 1870.

On s'étonne que des catholiques bien intentionnés, et dont tous ne sont pas des ignorants, y persé-
vèrent, après tant d'expériences fâcheuses. On se
demande comment une politique qui n'a pas réussi
alors qu'elle s'appuyait sur l'union des catholiques et s'étayait de l'alliance des réactionnaires,
pourrait porter des fruits en divisant les uns et
en ignorant les autres. Il ne serait possible de se
tenir à une telle ligne de conduite que dans un
pays où l'Église aurait le droit de compter, par
elle-même, sur l'assentiment d'une majorité, où le
cléricalisme serait soutenu et vivifié par une foi
ardente et active. Or les élections de 1905, faites,
peut-on dire, « sur la Séparation », auraient dû
suffire à prouver que tel n'était pas le cas en
France, et c'était singulièrement méconnaître la
vérité que de s'imaginer, comme ont paru le faire
nos ultras d'Église, que cette consultation du pays
avait été complètement faussée par une « minorité

sectaire. » En fait, l'expérience a prouvé l'impossibilité actuelle de tirer chez nous, de la pure question catholique, un programme politique capable d'intéresser les masses populaires ; et l'entreprise a échoué.

Il s'agissait, en somme, de fonder un parti catholique qui serait représenté au Parlement par un groupe de députés avant tout occupés des intérêts de l'Église. On espérait les faire élire en Bretagne, en Savoie, dans le Nord et dans le Centre, au moins ; c'est-à-dire dans les régions qui passent pour foncièrement et sûrement [1] catholiques ; et l'on comptait que l'application de la « proportionnelle » favoriserait le succès. Il suffisait, croyait-on, de trouver des hommes qui, tout en gardant leurs préférences politiques, consentissent à les subordonner aux intérêts supérieurs du catholicisme [2]. Comment ne pas taxer de naïveté semblable représentation, pour peu qu'on soit au courant de nos mœurs électorales et de nos habitudes parlementaires ?

C'est un catholique qui a formulé l'objection décisive : « *Un parti catholique est chose irréalisable en France et la raison, c'est que vous ferez difficilement comprendre à un électeur français que son vote engage sa conscience* [3] ». Cela veut dire que l'électeur français a son opinion, le sens de son intérêt en politique et qu'il n'y mêle pas la religion ; qu'il est catholique assez souvent

1. Rocafort, *Résistances*, p. 189 : « *Il n'y a plus en France beaucoup de circonscriptions catholiques, mais il y en a* ».
2. Rocafort, *Résistances*, p. 50 et 122.
3. Rocafort, *op. cit.*, p. 173.

encore, mais très rarement clérical ; qu'il sait fort bien distinguer ce que réclame le respect de sa religion de ce que voudrait l'Église. Et ce résultat, conséquence du progrès accompli chez nous par l'esprit laïque, depuis 1870, n'est point de ceux qu'une simple campagne électorale suffit à modifier.

Le programme auquel se conformait cette campagne ne différait guère, quant au fonds, de celui que nous pouvons si souvent retrouver sous des plumes ecclésiastiques au courant du xixᵉ siècle, et il ne fuyait pas les formules vastes et vagues : « *Nous réclamons pour Dieu la juste place à laquelle il a droit dans la société* », disait Mgr Dubois, archevêque de Bourges, en 1912 ; je crains qu'il n'eût fallu beaucoup de temps et de débats pour définir cette *juste place*. Pratiquement, on réclamait l'abandon, ou, du moins, la modification profonde de la loi de Séparation, l'abolition des lois scolaires, et une part au budget pour le réconfort de l'école libre et pour l'entretien des bâtiments cultuels, dont, naturellement, l'usufruit deviendrait possession consolidée ; de plus et surtout : « *liberté pour tous les citoyens de pratiquer individuellement ou collectivement leur religion, sans être lésés dans leurs intérêts légitimes* ». Entendons, avec Rocafort [1], que « *collectivement, ce sont les congrégations* ». Autrement dit, on demandait, comme minimum, la liberté de tout le monde, accrue de quelques privilèges d'importance.

On n'avait aucune chance de trouver des can-

1. Rocafort, *Résistances*, p. 56.

didats disposés à soutenir pareil programme, en dehors de ceux qui le fausseraient en le subordonnant aux revendications d'un parti proprement politique, à moins qu'on ne leur offrît un apport d'électeurs capable à lui seul de leur assurer le succès. Ce fut à cette considération que répondit l'organisation des *Unions catholiques* [1].

L'idée fondamentale, qui est celle d'un groupement des catholiques en vue de l'action que leurs intérêts réclament, n'était pas nouvelle ; dès 1885 Lavigerie l'avait esquissée, mais il l'avait bientôt abandonnée au bénéfice du ralliement. Dès le principe, il s'agit bien d'organiser les catholiques « *sur le terrain exclusivement religieux, en dehors de tous les partis* » et on y songe de nouveau après l'échec du ralliement. La *forme* qu'on adopte alors est suggérée par la foi qu'on a dans « la force de l'association », sur l'exemple des syndicats ouvriers et des « amicales » de l'enseignement primaire. Quelques instructions épiscopales de fondation marquent bien cette genèse, particulièrement celle de Mgr Arlet, d'Angoulême, en 1912. Du reste, tout n'est pas à trouver en ce temps-là et on peut profiter de quelques expériences déjà faites ; par exemple celle de l'*Union catholique*, de de Mun et l'*Union de la France chrétienne*, du cardinal Richard. La première, ruinée, paraît-il, par Lavigerie, qui indispose Léon XIII contre elle, en sorte que son fondateur est invité à y renoncer, le 9 novembre 1885 ; la seconde, conçue comme un organe de résistance au ralliement, en 1891,

---

1. Textes, références et faits essentiels, ap. Rocafort, *Résistances.*

est tuée par lui en 1892. Quand Pie X ramène l'attention de ses fidèles sur le principe et cherche à en systématiser l'application, vers 1909, plusieurs groupements plus ou moins actifs se sont déjà constitués, tel celui d'Aunis et Saintonge, en 1907, sans compter leur ancêtre à tous, celui du Nord, qui date de 1873.

On prend un soin extrême, et sans doute un peu puéril, d'éviter toute apparence de compromission avec les partis classés. On fait, par exemple, bon accueil aux royalistes, qui se trouvent en fait et d'abord les mieux disposés pour l'entreprise, mais on ne les laisse pas se mettre en avant dans les Unions et paraître les accaparer. Parfois même on se préoccupe, plus naïvement encore, d'éviter « l'apparence cléricale » [1], en ne faisant pas présider le groupement par l'évêque (à Auch); mais il va de soi qu'on ne fait rien sans lui et qu'une Union est *essentiellement* un organe d'action cléricale. En principe, cette association se répartit en trois étages : paroissial, cantonal, diocésain. A chaque étage le problème est de trouver, dans « le monde catholique », des hommes compétents et zélés, puis de diriger leur activité autour d'un certain nombre de questions sériées et coordonnées ; on les répartit donc en sections d'étude et d'action. Un congrès diocésain rapproche annuellement tous les membres de l'Union ; le reste du temps, le comité cantonal et le comité diocésain, chacun dans sa sphère d'influence, *uniformisent*, en les ordonnant par rapport à un plan

1. Rocafort, *Résistances*, p. 6 et 42.

d'ensemble, les initiatives paroissiales. Des *journées d'œuvres*, tenues périodiquement au chef-lieu d'arrondissement ou au chef-lieu de canton, rendent plus intime la liaison entre les membres de l'Union que rapproche le voisinage de leur demeure et la similitude de leurs difficultés.

Cette organisation *théorique* a subi des mises au point assez différentes d'un diocèse à l'autre ; les trois étages n'ont pas été partout bien distingués et le rapport d'importance établi entre eux n'a pas toujours été le même. Dans la pratique, c'est à l'organisation paroissiale qu'il aurait convenu de donner le plus de soin, parce que c'est elle qui se trouve le plus étroitement en contact avec le peuple et peut le mieux agir sur les électeurs. Toutes les Unions ne semblent pas l'avoir compris et certaines ont paru attacher beaucoup plus d'importance à recruter un « brillant » comité diocésain, qu'à organiser l'action dans la paroisse. L'*Union des catholiques du Nord*, ou l'*Union du Morbihan*, mieux inspirées, ont, au contraire, poussé très loin cette organisation. La seconde, particulièrement, à une liste déjà imposante d'œuvres, dont elle fait un devoir au comité paroissial de s'occuper, ajoute le soin d'aider le curé à connaître ses paroissiens, celui de lui signaler les mariages irréguliers, les enfants non baptisés, les pauvres honteux, les malades exposés à mourir sans sacrements : préoccupations dont, du reste, plusieurs, au moins, réclameraient beaucoup de tact pour ne point se confondre avec le zèle indiscret. L'Union paroissiale doit posséder un local disposé pour des réunions délibératives, des conférences, des fêtes familiales ; c'est la *salle paroissiale*, que les curés sont invités à acquérir s'ils le peuvent et à organiser de leur mieux[1].

Le but des Unions, c'est d'abord de réaliser le programme général dont je viens de parler et, plus largement, c'est de pousser dans tous les sens l'action catholique. C'est pourquoi les Unions bien organisées se divisent en sections spécialisées, dont l'ensemble réalise le total de cette action. L'*Union des catholiques d'Aunis et de Saintonge*, fondée en 1910, et l'*Union de Reims*, fondée en 1911, fourniraient les meilleurs exemples de l'activité multiforme des mieux mis au point de ces groupements[2]. A Châlons, en 1912, Mgr Sévin fait entrer dans son programme les syndicats de patrons et d'ouvriers, les institutions ouvrières de crédit, les coopératives, le tout strictement catholique ; autrement dit, il élargit le champ d'action de son Union dans le sens que le milieu semble lui imposer. En matière politique, on ne se lie à aucune ligue existante, mais on n'en contrarie non plus aucune : on leur propose à toutes le programme minimum dessus-dit et on s'engage à soutenir aux élections leur candidat, s'il s'engage, lui, à soutenir le programme au Parlement. Au reste, sur ce

1. Mgr Tissier, *Vie cathol.*, p. 105.
2. On y prévoit cinq sections : œuvres de piété et de sanctification ; œuvres d'enseignement et d'éducation scolaire ; œuvres extra-scolaires et post-scolaires de la jeunesse ; œuvres de presse et de conférences ; œuvres sociales et charitables. L'*Union de Reims* prévoit également cinq sections : œuvres de foi, de piété et de zèle ; œuvres d'enseignement, d'éducation et de persévérance ; œuvres charitables, économiques et sociales ; œuvres de presse et de propagande ; œuvres de défense religieuse, comité juridique et comité d'action, ce dernier chargé de négocier avec les groupements politiques et les candidats.

point, toutes les Unions ne prennent pas une attitude nette. Plusieurs refusent de s'occuper directement de politique, telles les Unions du Nord, des Landes, d'Orléans, tandis que d'autres se présentent presque comme des organisations électorales, telle l'*Union de la Haute-Loire*. Il n'en est pas moins vrai, et Rocafort le remarque fort justement [1], qu'au fond leur programme à toutes tend à l'action politique.

Toutes se constituent par le procédé du recrutement individuel, soit par en haut, soit par en bas. Par en haut, c'est de l'évêché que part l'initiative et c'est l'entourage de l'évêque qui désigne les premières bonnes volontés sur lesquelles on peut compter ; la boule de neige se forme vite, mais les résultats, prompts et sûrs pour le centre, demeurent lents et incertains pour les doyennés et les paroisses, où le procédé inverse réussit beaucoup mieux. Le curé connaît ses paroissiens ; il en pressent quelques-uns et, quand il a leur approbation, il étend ses visites et organise un banquet ; l'évêque vient le présider ; on cause et on se met ordinairement d'accord tout de suite, au moins sur le principe. Le reste va de soi si le curé est actif et bien entouré. Les Unions, dans tous les cas, présentent ceci d'intéressant qu'elles rendent aux laïques un rôle dans les affaires de l'Église et qu'elles y consacrent leur influence. Influence réduite, surveillée, endiguée par le clergé, c'est entendu [2], mais influence tout de même et autrement large que celle des conseils de fabrique.

---

1. Rocafort, *Résistances*, p. 69.
2. Rocafort, *Résistances*, p. 62-68.

L'idéal c'était, quand on aurait établi une Union dans chaque diocèse, d'organiser, pour l'ensemble du pays, une *Union nationale*, ou une *Fédération des Unions*. Un projet dans ce sens fut même préparé par Keller en 1913 et une réunion préparatoire fut tenue pour l'examiner, le 28 février 1914. Elle n'eut point de lendemain parce que ses organisateurs furent avisés que Rome ne voyait point leur entreprise d'un bon œil. On aurait pu le prévoir. Comment le Pape, qui ne consentait point à autoriser des réunions plénières de l'épiscopat, aurait-il accepté l'établissement d'une association permanente qui donnait aux évêques tous les moyens de se concerter et d'agir en commun ? Pie X, en approuvant le principe des Unions, avait eu bien soin de dire qu'elles s'organiseraient *par diocèse*, et les ennemis du projet de fédération ne manquèrent pas de tirer parti de cette intention, dans l'attaque qu'ils menèrent contre lui.

C'est qu'en effet les Unions comptaient de nombreux adversaires parmi les catholiques [1] ; leur opposition s'était faite assez active et assez persuasive à Rome pour que la curie, d'abord très favorable au mouvement, qui procédait de son inspiration, ait cru finalement devoir se tenir sur la réserve. Les évêques eux-mêmes se divisaient sur l'opportunité de l'entreprise : un petit nombre se prononçait *pour* et à peu près autant *contre*, pendant que la majorité, demeurant indécise,

1. Rocafort énumère : *la Croix* et ses filiales et la plupart des journaux catholiques ; les Jésuites, de Mun, le parti de Turinaz, l'Action libérale et les libéraux.

ou indifférente, prêtait volontiers l'oreille aux objections, dont voici les principales : on va donc se jeter de nouveau dans la politique, comme si on n'y avait pas connu déjà assez de pénibles aventures? On va troubler la paix qui se stabilise, gâter les bonnes dispositions du gouvernement, réveiller l'anticléricalisme. Est-ce que, d'ailleurs, la paroisse, le doyenné, le diocèse ne sont pas par eux-mêmes des Unions? A quoi bon s'encombrer d'un organisme nouveau ? On prépare des conflits nombreux et regrettables entre ce qui existe et ce qu'on veut créer [1]. Et quelle chimère que de prétendre unir dans une action politique commune des hommes à qui on reconnaît le droit de garder leurs opinions et leurs préférences au regard des partis constitués! On n'évitera pas le péril de tomber aux mains d'un de ces partis; ce sera sûrement un parti de réaction et on recommencera les pitoyables expériences du passé.

La force de cette objection dernière paraît, à la vérité, très grande et les protestations de Rocafort [2] ne la diminuent pas, non plus que les affirmations de certains prélats — tels Fuzet — probablement convaincus d'avoir trouvé un nouveau mode d'action de l'Église, mais qui se rendent mal compte de ce que peut signifier « *organiser une action politique sur le terrain purement religieux* ». Les plus déterminés partisans des Unions accusent

1. Les curés s'attachent volontiers à cet argument; ils redoutent beaucoup le contrôle de l'Union paroissiale et s'inquiètent d'avance d'une activité dont ils disent ne pas voir l'emploi dans leur paroisse et qui menace de troubler irrémédiablement leur quiétude. Cf. Rocafort, *Résistances*, p. 91.
2. *Résistances*, p. 114-119.

surtout l'Action libérale de les avoir inlassablement combattues, soit de front, soit en s'y introduisant pour les fausser. Elle va jusqu'à soutenir, aux élections législatives, des candidats contre ceux qui ont adhéré au programme des Unions, sous prétexte qu'ils sont plus modérés et rendront plus de services auprès du gouvernement. En accordant même que les adversaires des Unions n'aient pas toujours mis tant de machiavélisme dans leur conduite à leur égard, on ne peut nier qu'à propos de ces groupements nouveaux, un violent désaccord se soit manifesté parmi nos catholiques et que deux tendances adverses se soient heurtées, l'une qui voulait continuer le combat, l'autre qui se résignait à la défaite, sur le terrain politique.

A la veille de la guerre, la seconde tendance l'emportait et la tentative, d'ailleurs très intéressante, marquée par la fondation des Unions, avait échoué. Sur 84 diocèses, 21 seulement possédaient des Unions, sur lesquelles la moitié, à peu près, montrait une véritable activité et dont le tiers ne voulait pas entendre parler de politique. Depuis deux ans, aucun groupement nouveau ne s'était constitué. Aux élections de 1914 on peut dire qu'il ne se présente aucun vrai candidat des Unions. Certainement le mouvement qui semble mourir alors aurait pu donner des résultats, s'il avait réalisé parfaitement le plan théorique d'où il procédait ; mais il supposait de la patience et de la persévérance, car son succès se subordonnait à l'unanimité des catholiques actifs. Ils ne sont pas assez nombreux en France pour se permettre de se diviser en deux partis.

Il est difficile de savoir combien de membres ont compté les Unions au plein de leur succès éphémère ; il ne semble pas qu'aucune ait dépassé cinq à six mille membres dans son diocèse, hormis celle du Nord, dont les origines et le caractère sont particuliers. Il est plus difficile encore d'apprécier ce qui subsiste aujourd'hui de l'entreprise. À lire certaines apologies, on pourrait croire qu'elle reste debout tout entière, qu'elle s'étend à « *chaque diocèse ou à peu près* » et qu'elle a gagné « *presque chaque curé de France* [1] » ; mais c'est là jouer sur les mots, et la réalité reste loin de ce faux-semblant, où un optimisme de commande applique à l'ensemble du pays ce qui reste vrai tout au plus de quelques diocèses. Non, jusqu'ici l'Église n'a point réussi à trouver « *la réalisation pratique et parfaite du programme donné par Léon XIII* : IN UNUM COLLIGERE CATHOLICAS VIRES ET COLLECTAS DIRIGERE, *réunir en un faisceau les forces catholiques et en diriger l'action* ». C'est aussi risquer un paradoxe, qui fait figure de très médiocre plaisanterie, que de présenter les Unions comme la réalisation d'une intention de Léon XIII, alors qu'elles sortent tout justement du désaveu infligé par son successeur à sa politique. Et, en dernière analyse, si le mouvement ne s'est pas étendu, s'il a échoué, c'est parce qu'à la réflexion la curie l'a jugé préjudiciable à ses propres intérêts ; c'est qu'elle a cru — et non sans raison — dangereux de restaurer dans l'Église de France une activité collective qui pouvait lui rendre le sens de sa personnalité et de ses inté-

---

1. Mgr Tissier, *Vie cathol.*, p. 102 et s.

rêts particuliers ; c'est qu'elle a redouté, pour un avenir prochain, un renouveau du gallicanisme. Rome a stérilisé dans l'Église de France le bénéfice de la liberté d'association, comme elle avait fait déjà de celui de la liberté de réunion,—que la loi de 1905 lui laissait,—comme elle y a ruiné tous les autres avantages que cette loi lui donnait.

IV

Le néo-ralliement. — Les élections de 1914. — Les impressions à la veille de la guerre. — L'Union sacrée de 1914. — Parti qu'en a tiré l'Église. — Intérêt de l'expérience. — La situation de 1918. — Les élections de 1919. — Points de vue cléricaux. — La tolérance et les complaisances de l'État. — La réconciliation de la République et de l'Église. — Ce qui peut en assurer la durée. — Défiances légitimes.

La tentative des *unionistes* ayant abouti à un échec, c'est la tendance de leurs adversaires qui a triomphé, celle qui conduit à une politique empirique d'accommodement, à un néo-ralliement. Entendons-nous bien : les tenants de cette politique n'ont pas un programme différent de celui des *unionistes*, et leurs revendications ne sont pas moindres, mais leurs méthodes d'action, leurs procédés de réalisation rappellent ceux de Léon XIII plus que ceux de Pie X. Ils cherchent à négocier sur chaque difficulté, à ne rien brusquer, à ne pas se retrancher d'abord derrière le *non possumus* des principes, à ne pas effaroucher la bonne volonté des pouvoirs publics, à se concilier l'opinion des hommes qui souhaitent qu'on se réconcilie, qu'on s'entende ou, du moins, qu'on se supporte entre frères. Si nous mettons hors de cause l'intempérance de langue ou de plume de quelques prélats en qui vit l'esprit de Merry del Val et qui ne passent généralement pas pour les plus distingués d'entre nos évêques, et aussi le zèle encombrant d'un certain nombre de curés combattifs, parce que fanatiques et naturellement entreprenants, ou désireux de se faire remarquer, et qui se rencontrent surtout dans les régions « obscurantistes » du pays, nous ne saurions dire que ce soit un vent de bataille qui souffle sur l'Église depuis 1911, date de l'apogée des Unions. Tous ses clercs ne sont certes pas encore républicains et elle ne renonce encore à rien de ce qu'elle considère comme « ses droits » de par Dieu. D'ailleurs, elle confond encore sous ce terme de droits, des revendications parfaitement légitimes que, du reste, personne ne lui conteste, et des prétentions anachroniques qui font sourire les hommes d'aujourd'hui, ou les indignent, selon leur tempérament. Toutefois il semble que l'épreuve qui a traversé sa vie depuis 1905 lui ait, en somme, porté ce profit de la mettre en garde contre les hasards des aventures politiques. Les colères des hommes qui représentent encore chez nous l'esprit de Pie X, et leurs rancunes contre les renoncements de l'épiscopat, paraissent, de ce point de vue, très significatives. Benoît XV personnellement, a toujours pris modèle plutôt sur Léon XIII que sur Pie X et, depuis son avènement, une détente s'est faite, qu'il ne faut pas exagérer, bien entendu, mais dont pourtant le bon sens a profité.

Les élections de 1914, qui ont été un échec pour les catholiques de droite et même pour l'Action libérale, ont achevé d'éclairer ceux des hommes d'Église qui pouvaient l'être, sur ce qu'ils avaient à gagner ou à perdre en s'obstinant dans l'alliance de la droite, et ils ont envisagé la nécessité de se séparer d'elle. A vrai dire, ils ne risquent pas grand'chose en l'espèce, car les partis de droite ne peuvent pas, eux, cesser d'appuyer les revendications de l'Église. Ils ont trouvé dans son alliance le meilleur de leur force depuis plus d'un siècle; leur intérêt les oblige à laisser croire que leur entente avec elle demeure complète.

Quoi qu'il en soit, l'impression de détente chez la majorité des catholiques paraissait si nette à la veille de la guerre, que même des hommes de gauche croyaient le moment venu de parler de réconciliation, d'entente, pour la paix religieuse, entre l'Etat et l'Eglise. C'est le moment où un avocat, jusqu'alors connu surtout pour ses sympathies d'extrême-gauche, M. Jacques Bonzon, se demandait si un nouveau Concordat n'était point nécessaire et, se répondant par l'affirmative, se risquait à tracer le plan du futur accord [1]. Et, naturellement, sa question — sinon son projet — recevait bon accueil dans les milieux catholiques,

1. J. Bonzon, *Faut-il un nouveau Concordat ?* Paris, 1913. L'article, publié d'abord dans *la Liberté d'opinion* de janvier-avril 1913, est ici suivi d'un certain nombre de réponses reçues par l'auteur et venues de personnalités plus ou moins représentatives des divers courants de l'opinion.

encore mal remis de la Séparation, et aussi dans quelques autres : ceux qui ne l'avaient acceptée qu'à leur corps défendant. En réalité M. Bonzon posait mal le problème, parce qu'il présentait la loi de 1905 comme sortie d'un coup de tête des « républicains excessifs », ce qui n'était pas exact, qu'il prétendait que cette loi avait voulu ignorer le Pape et les évêques, ce qui était encore plus erroné, et, enfin, qu'il la disait caduque au regard de l'Eglise, qu'il confondait, semblait-il, avec la religion, par quoi il montrait une connaissance insuffisante de « l'affaire » [1]. Si médiocre qu'on jugeât la loi Briand, il était impossible d'oublier qu'elle avait mis fin à une situation pénible, dont le Concordat devait être tenu pour responsable. Le principe même d'un Concordat n'était pas plus avantageux en 1903 qu'en 1802, ni à l'État, ni à l'Eglise, ni à la religion catholique, ni — au total — à la paix publique.

C'est bien pourquoi des républicains, pourtant très désireux de voir cette paix se réaliser, mais très sensibles à l'enseignement du passé, ne se résignaient point à l'idée d'un retour de discussion sur le principe de la Séparation et craignaient que les réflexions du genre de celles de M. Bonzon ne vinssent mal à propos encourager les politiciens d'Église à s'agiter de nouveau et à courir les aventures. Le programme des Unions ne répondait que trop, en plusieurs de ses parties, à leurs appréhensions, en sorte qu'au début de

1. J'ai cherché à regarder en histoire la question de M. Bonzon dans un article de la *Grande Revue* du 25 septembre 1913, p. 377 et s.

1914 on parlait presqu'autant du danger renaissant du cléricalisme que de la nécessité de l'apaisement.

La guerre mit fin aux débats en créant d'abord l'*Union sacrée*, laquelle a du moins prouvé qu'on pouvait, entre Français d'opinions politiques et religieuses différentes, s'entendre assez sur le patriotisme pour oublier les motifs de querelle tant que durerait le danger national. Du coup le fameux « *catholique d'abord* » reçut une mise au point qui réduisit singulièrement son importance pratique et ramena à de très rassurantes proportions les craintes qu'il avait parfois causées. On put croire que le principe de l'opposition cléricale résidait tout dans la politique des partis de réaction et dans l'ultramontanisme. Les réactionnaires cessant de s'agiter et Rome de commander, cette vérité apparaissait que le clergé de France pouvait vivre dans la République, dont, à n'en pas douter, le gouvernement ne cherchait point à tyranniser les consciences, ni à contrarier les intérêts proprement religieux. Et il semblait certain qu'à la condition de supporter des opinions différentes de la sienne et d'accepter la légitimité de la libre discussion sur le terrain de l'histoire, de la science et de la philosophie, le catholicisme gardait dans la vie française une place que personne ne lui contestait, non plus que personne ne lui déniait le droit de s'étendre, s'il le pouvait, de faire des recrues par la propagande confessionnelle.

De cette propagande, le clergé ne s'est point privé tout au long de la guerre et il a interprété l'*Union sacrée*, avec le consentement tacite — et d'ailleurs difficile à refuser — des autorités publiques, comme une autorisation de s'installer, autant que les circonstances le comportaient, dans le rôle qu'il avait toujours réclamé. Les clercs ont reparu dans les cérémonies officielles ; ils ont multiplié les œuvres de guerre, les distributions de médailles et de scapulaires, les manifestations de toute sorte, les unes légitimes et heureuses, les autres indiscrètes et maladroites. Ils ont, au total, donné à de bons esprits l'impression qu'ils abusaient quelquefois de la situation et qu'en fin de compte ils n'y gagneraient pas. De même ont-ils eu du mal à ne point se montrer intolérants à la critique et à ne pas crier à la violation de l'*Union sacrée*, pour peu qu'on remarquât que plus d'une de leurs interventions ressemblait à un empiètement. Peu importe au fond, car on peut espérer qu'ils perdront peu à peu, en prenant l'habitude de vivre dans la liberté, cette susceptibilité et cet *égotisme*. C'est une excellente leçon pour eux que cette épreuve forcée d'une vie sans trouble dans le cadre de lois qu'ils avaient si souvent déclarées intolérables.

Le clergé catholique a rendu de grands services pendant la tourmente et nul ne les a contestés ; les quelques réserves formulées par les hommes de gauche n'ont guère été motivées que par des exagérations individuelles de maladroits. Quand, par exemple, Mgr Sévin a cru pouvoir réclamer des prières nationales, avec participation officielle de l'État, dès septembre 1914 [1], il a manqué de

1. *L'Action française* du 20 septembre 1914.

tact et le *Temps* n'a pas eu tort de s'en offenser. S'il est arrivé qu'après s'être montrée un peu envahissante — c'est un trait de son caractère — l'Eglise s'est étonnée de se l'entendre reprocher [1], c'est que, par l'invincible suggestion de ses vieilles habitudes, elle se croyait dans son droit et qu'elle comptait dans ses rangs trop d'hommes du passé, mal préparés à se plier aux exigences du présent. On ne saurait nier qu'elle se soit, de ce fait, aliéné plus d'une bonne volonté, trop prompte à faire d'abord confiance à sa conversion civique, et qu'elle ait pu se faire accuser d'être incorrigible dans ses prétentions ; l'expérience que les circonstances ont rendue possible n'en a pas moins paru intéressante et suggestive.

Elle l'a été d'autant plus que lorsque la victoire est venue rendre à chaque parti sa liberté d'action, on s'est aperçu qu'une situation de fait assez nouvelle s'était établie. Non seulement le clergé avait insensiblement repris sa place dans la vie publique, non seulement il avait renoué la tradition de sa collaboration avec les autorités officielles, mais, par delà cet échange de politesses, vivait le souvenir de l'effort sanglant mené ensemble pour la cause commune et dont les prêtres avaient vaillamment pris leur part. Les congréganistes établis hors de France y étaient rentrés pour faire leur devoir de soldats. Ces faits, rappelés par M. Millerand en juillet 1920, modifiaient « en sentiment » la position du gouvernement vis-à-vis des clercs : il ne pouvait pas continuer de paraître traiter en ennemis des

____

1. Mgr Tissier, *Vie cathol.*, p. 114.

hommes dont il avait loué et récompensé le courage ; il ne pouvait pas expulser des moines qui, déposé leur uniforme glorieux, marquaient le désir de rester en France.

On entend bien qu'il y avait une mesure à garder et une mesure qu'il n'était pas aisé de fixer ; on entend de même que l'Eglise a tiré avantage de la situation pour se comporter comme si la loi était devenue caduque. Elle n'a eu d'ailleurs, pour ce faire, qu'à reprendre une tradition qu'elle avait suivie chaque fois qu'elle l'avait pu depuis un siècle. Les congréganistes dont les maisons n'étaient pas aliénées s'y étaient réinstallés, vaille que vaille, et les plus audacieux, les plus intraitables, les Jésuites, qui n'avaient jamais cessé d'enseigner sous le masque d'une prétendue sécularisation, reprenaient paisiblement leur figure véritable. Ils affichaient ouvertement, comme une sauvegarde et un titre à la gratitude, la sympathie parfois un peu indiscrète de certains grands chefs militaires. On comprend que le gouvernement se soit trouvé fort embarrassé : ne rien dire, c'était encourager les coureurs d'aventures ; essayer d'interdire, au nom de la loi non prescrite, c'était se mettre en vilaine posture vis-à-vis de l'opinion publique, plus sensible aux impressions de sentiment qu'aux arguments de raison ou aux considérations de droit. Les dirigeants, pour n'être pas débordés, comme on commençait à craindre, dans les rangs de la gauche, qu'ils ne le fussent bientôt, ont pris du moins la précaution de dire qu'il ne pouvait être question de toucher aux lois de laïcité, aux lois scolaires, à la Séparation, et le

Bloc national, qui a triomphé aux élections de 1919, s'est présenté sur un programme qui comportait la garantie de ces conquêtes républicaines. En raison des craintes que donnait alors le bolchévisme, ces élections ont paru marquer un coup de barre à droite, et on a parlé de réaction ; c'était sans doute un mot un peu lourd pour qualifier une oscillation toute de circonstance, et qu'il y a grande apparence que les prochaines élections corrigent par un mouvement à gauche.

En tous cas, les catholiques fidèles à l'esprit de Pie X n'ont point chanté victoire ; tout au contraire [1]. On en voit aisément la raison : les hommes du Bloc, ainsi que le montre le discours-programme prononcé par Clemenceau à Strasbourg, avaient l'impression que les catholiques renonçaient pratiquement à leurs revendications contre la République et qu'ils se résignaient à la Séparation ; que Rome même — tous les principes demeurant saufs et embaumés — s'accordait à leur attitude ; un grand nombre d'évêques étaient intervenus dans les élections « pour l'ordre social » ; c'est-à-dire qu'ils avaient préconisé l'alliance des catholiques avec les candidats du Bloc, contre les socialistes. N'était-ce pas, au jugement des ministres qui se rattachaient à cette coalition de défense, le meilleur des ralliements ?

Assurément plusieurs de ceux qui s'y rangeaient, et que les intransigeants qualifiaient dédaigneusement de « concessionnistes », cherchaient à sauver la face en parlant d'une trêve de quatre

---

1. Rocafort, *Résistances*, p. 242.

ans, laissant entendre que, le danger communiste écarté, ils reprendraient le « bon combat » aux prochaines élections législatives ; mais Rocafort avait sans doute raison de croire qu'ils s'enliseraient dans la tranquillité et que, les quatre ans passés, ils ne se risqueraient pas volontiers à courir de nouveaux hasards [1]. D'autres se justifiaient en affectant de croire que le conflit soulevé en 1904 se terminait par la victoire de l'Église : « *Le clergé et les catholiques sont impunément restés en possession de leurs églises*, écrivait le P. Yves de la Brière ; *c'est le pouvoir civil qui a reculé. Ce sont la législation et la jurisprudence qui ont dû, elles, s'adapter à la situation créée par la politique de Pie X et la résistance catholique* ». Les embarras causés par cette situation à l'État sont encore bien plus grands que ceux qu'elle a valus à l'Église [2]. Illusion probablement sincère, mais aussi bien naïve ! De ce que l'État n'a pas voulu abuser de la loi, de ce qu'il a cherché une conciliation entre son intérêt et les intérêts religieux des catholiques, de ce qu'il a, quand il l'a pu, ménagé leurs susceptibilités confessionnelles, de ce qu'enfin il a consenti, pour ne pas rompre l'Union Sacrée, et ne pas risquer de se donner une attitude qui pouvait aisément devenir odieuse, à fermer les yeux sur de flagrantes violations de la loi et sur des empiètements parfaitement incorrects, conclure à la victoire de la politique de Pie X et à celle de l'Église sur la République, c'est sortir du bon sens. L'Église est vaincue sur le terrain poli-

1. Rocafort, *Op. cit.*, p. 252.
2. Y. de la Brière, *Luttes*, t. III, p. 78.

tique ; le principe — et la pratique — de la laïcité de l'État sont définitivement acquis. Je pense bien qu'il est difficile à un Jésuite de le proclamer, mais il aurait tort d'en douter. C'est même parce que l'État se sent si complètement vainqueur qu'il peut se montrer conciliant et généreux. En vérité il y risque encore quelques ennuis et quelques tracas ; il n'y court plus aucun danger. Il peut songer à réaliser le mot de Clemenceau : « *L'Église combat pour nous asservir ; notre victoire sera de lui faire sa place dans la liberté* [1] ».

L'opération demandera certainement beaucoup de prudence et le gouvernement qui prétend la réaliser n'y saurait apporter trop de précautions, car elle pourrait bien conduire à un tout autre résultat que celui qu'on se propose d'atteindre. Je veux dire que, précipitée, et mal conduite, elle aboutirait à troubler de nouveau très profondément la paix publique qu'il s'agit de consolider. Prenons, du reste, bien garde que cette paix n'a jamais été sérieusement compromise et que l'opération en question n'a de sens que du point de vue des catholiques ; ce sont eux seulement qu'il s'agit d'apaiser et, dans la mesure du possible, de contenter. On prétend, « dans les milieux bien informés » que le gouvernement a pris tacitement des engagements avec eux au lendemain de la guerre, que le rapprochement de fait que la guerre a produit, a favorisé des conversations officieuses auxquelles Rome a participé et où se

____

1. Cité par Téry, *Cordicoles*, p. 305, n. 1.

sont déterminées les bases d'un compromis, celui-là même sur lequel la Chambre a naguère discuté et s'est prononcée favorablement.

Les raisons générales que ses partisans ont invoquées pour le justifier sont de très médiocre valeur. Souci de nos missions d'Orient, considération des sentiments de l'Alsace et du Maroc, nécessité de garder le contact avec le grand centre d'information mondiale qu'est le Vatican, utilité de se concilier la puissance spirituelle suprême qu'est le Pape. Aucun de ces arguments ne vaut vraiment pour décider le rétablissement des relations diplomatiques avec Rome par voie d'ambassade réciproque, suivant le vieux procédé d'autrefois, et celui des rapports officiels avec le clergé en France, au prix de concessions dont la note paraîtra peut-être lourde aux républicains[1]. Les raisons valables sont à chercher ailleurs. Ne l'oublions pas : quoi que disent les ultramontains de la bienveillance du Pape pour notre pays, du surcroît de prestige que son rôle pendant la guerre lui a valu, de l'utilité pour nous de son amitié, c'est lui qui a besoin de la France beaucoup plus que la France n'a besoin de lui. L'écroulement de l'Autriche, l'effondrement des espoirs qu'il fondait sur l'Allemagne, l'affaissement de tous les étais de son autorité politique et, tout autant, les fâcheux souvenirs laissés par sa *neutralité* durant le conflit mondial, lui font une espèce de néces-

---

1. Les points de vue des républicains qui redoutent les risques de la « politique de la présence », sont clairement indiqués dans les discours de MM. René Renoult, Victor Bérard et Gaston Doumergue, prononcés au Sénat le 16 décembre 1921.

sité de se réconcilier avec le gouvernement de la République française. De même, si les clercs de France veulent compter de nouveau dans l'État, s'ils supportent si difficilement la vie privée dans la nation, qui leur est imposée depuis 1905, et qui comporte pourtant de si grands avantages du point de vue proprement religieux, ce n'est pas seulement parce que toute la tradition du passé ecclésiastique répugne à la Séparation ; c'est qu'ils se rendent compte, plus ou moins nettement, que la foi toute seule ne suffit plus à soutenir le prestige de l'Église et que, si on pouvait la réintroduire dans les rouages de la vie publique, elle y gagnerait, sinon en force réelle, du moins en bonne apparence et en autorité.

Quant au gouvernement de la République, qui agit, en effet, comme s'il était prisonnier d'engagements positifs, son point de vue est facile à saisir. Il a été parfois gêné dans ses discussions avec les Alliés, lorsque s'y sont agitées des questions religieuses, lorsqu'on y a débattu les intérêts de pays où l'importance politique et nationale de la religion reste très grande, telle la Pologne ; il a été, dis-je, gêné de se trouver vis-à-vis du Pape dans une relation particulière, de ne pouvoir parler et agir comme ses partenaires [1]. En second lieu, sans désirer se charger, par un nouveau Concordat, de la désignation des évêques, il verrait au moins un intérêt administratif à pouvoir exercer une espèce de droit de regard sur leur choix. Je veux dire

---

1. Cette difficulté transparaît dans les déclarations de M. Briand devant la commission sénatoriale, le 25 mars 1921.

qu'il aimerait mieux que ses administrateurs eussent affaire à des prélats de bonne volonté républicaine qu'à des batailleurs inféodés aux partis de réaction et toujours prêts à créer des difficultés aux préfets, à soutenir de leur autorité pastorale les « mauvais candidats » dans toutes les élections. Enfin, il lui semblerait avantageux qu'une bonne fois l'Église, c'est-à-dire, en l'espèce, le Pape, reconnût la loi républicaine ; qu'il consentît à ne plus revenir sur les principes de la laïcité de l'État, qu'il s'accommodât de la Séparation, qu'il mît fin aux multiples petits incidents que les prêtres fanatiques provoquent encore dans les communes. Le gouvernement, au total, reste dans son rôle en souhaitant l'accord de tous les gouvernés dans la reconnaissance des faits acquis et dans la tolérance réciproque, intelligente, s'il se peut, bienveillante dans tous les cas. Et tous les « honnêtes gens » ne pensent pas sur ces points-là autrement que nos ministres.

Par malheur, la question a deux faces, et dans le cas présent, c'est l'intention véritable de l'Église qu'il faudrait connaître et qui peut inquiéter. Le plus grand péril d'avenir, pour elle encore plus que pour l'État, serait qu'elle se crût véritablement victorieuse de la République et qu'après avoir trop parlé de Dioclétien et de Julien, elle ne parlât inconsidérément de Galère finissant et de Constantin ; autrement dit, que l'accord cherché se fît sur un malentendu. Ce n'est point se montrer d'esprit chagrin et pusillanime que de le redouter ouvertement. Les énergumènes ne sont pas encore très rares parmi les clercs de France ; les cléricaux

attachés à la politique du « tout ou rien » n'ont pas
tous désarmé, et ce n'est un secret pour personne
que l'influence des Jésuites, malgré les défiances
foncières dont l'entoure l'épiscopat, n'est pas en
baisse chez nous parmi les catholiques. Leur capacité de se tromper sur la réalité, leur puissance
d'illusion sur leurs chances de succès, leur foi dans
l'absolu de leur Vérité, sont également sans limites. Si l'Église se laisse déborder par eux, c'est
à une nouvelle crise qu'elle court; et là nonciature
que le gouvernement vient de nous rendre d'autorité ne connaîtra pas longue existence. Il serait
nécessaire, pour que réussît l'opération qui se
tente en ce moment, que l'Église y apportât un
esprit de rénoncement, un sens de la situation,
une circonspection, une sagesse et, pour tout dire
d'un mot, un modernisme politique, qui, je le
confesse, me semblerait une bien grande nou-
veauté et très digne d'admiration. Il faut convenir,
en effet, que rien, dans le passé politique de l'Église,
ne nous encourage à escompter tant de clairvoyance et de résignation et, au total, un pareil
renoncement ; tandis que tout nous fait craindre
un retour d'illusions et d'imprudences. C'est bien
pourquoi le rétablissement d'un lien officiel entre
l'Église et l'État a rencontré tant d'adversaires
parmi des hommes qu'il est plus facile de traiter
de *sectaires* que de réfuter par de bonnes raisons.
Beaucoup d'entre eux ne désirent pas moins que
ne fait M. Briand lui-même, voir l'irritante question catholique recevoir une solution satisfaisante
et, s'il se peut, contenter tout le monde chez nous ;
mais ils demeurent en défiance, et toute la pé-

riode d'histoire que nous venons de parcourir les justifie de se tenir sur leurs gardes, dans la crainte des arrière-pensées cléricales. Il est si rare que n'importe quel groupement organisé reconnaisse ses erreurs et les répudie qu'on peut à bon droit rester sur la réserve à l'annonce d'un tel changement de la plus traditionnaliste des puissances, de celle dont les habitudes tiennent à plus que des principes, à de véritables dogmes politiques, où, dominées par les postulats de la foi, se mêlent des revendications de la conscience à celles de l'intérêt temporel. Ce n'est pas seulement d'un changement d'attitude pratique qu'il s'agit en vérité, mais d'un changement d'état d'esprit et d'une sorte de reniement de tout le passé. Aussi bien les arguments n'ont-ils pas manqué aux adversaires du projet dont le gouvernement a poursuivi l'exécution avant d'attendre le complet assentiment du Parlement, et il faudra laisser passer du temps avant de décider s'il procédait de la sagesse durable, qui prévoit et dispose, ou du compromis de circonstance qui risque et subit ; s'il préparait une réconciliation sincère ou impliquait de nouveaux conflits. La mort de Benoît XV ajoute inopinément une inconnue de plus au problème.

V

Conclusion. — Impressions d'ensemble qui ressortent de l'histoire contemporaine de l'Église. — La lutte de la République contre l'Église n'a pas été une guerre de religion. — Point de vue de l'Église au regard de cette lutte. — La situation d'aujourd'hui.

Il semble évident que ce n'est pas aux optimistes que l'histoire donne l'avantage. D'un bout à l'autre de la longue période que nous venons de parcourir, l'Eglise nous paraît avoir pris la figure et joué le rôle d'une puissance politique de réaction ; en toute occasion elle a lié partie avec les groupements politiques les plus rétrogrades. Elle a soutenu les programmes les plus surannés, elle a méconnu et comme ignoré la réalité, ses nécessités et ses résistances. Depuis 1870, particulièrement, elle a été le plus solide appui des ennemis de la République, lesquels, sans sa complicité, n'auraient rien pu tenter de sérieux et, sans doute, n'auraient même pas vécu comme partis. Chaque fois que l'occasion s'en est offerte, elle a cherché à mettre en travers du mouvement qui entraînait la France vers la démocratie, l'obstacle d'une doctrine politique venue du passé mort et tournée toute vers lui, une doctrine de domination totale et de contrainte tracassière. Elle n'a jamais cessé de protester en politique contre les tendances essentielles de l'esprit moderne et d'en déplorer les effets, en les considérant comme des outrages aux droits de Dieu lui-même. Elle a traversé les temps contemporains dans les gémissements et la colère.

Puisqu'elle s'est exposée aux hasards des luttes politiques, il ne faut point s'étonner qu'elle les ait subis, mais il ne faut pas davantage confondre l'effort que les républicains et les libéraux ont, par sa faute, mené contre elle, inlassablement, parce qu'elle-même jusqu'ici n'a jamais voulu s'avouer vaincue, avec une entreprise d'intolérance contre la religion. La religion n'a jamais été mise en cause que par l'Église, qui n'avait pas intérêt à marquer la distinction équitable, et qui, tout au contraire, a constamment exploité la confusion inévitable dans l'esprit des simples. Il n'y a pas sur ce point le moindre doute : c'est l'Église qui a cherché à faire croire que ses légitimes intérêts religieux justifiaient et même exigeaient ses revendications politiques. Je n'entends pas dire qu'elle ne l'ait pas cru elle-même, et c'est bien la sincérité habituelle de la conviction des hommes d'Église, qui inquiète au regard de leur tout jeune modernisme politique. On renonce par un effort de raison et de raisonnement à des opinions ou à des ambitions personnelles, qu'on arrive à reconnaître les unes fausses, les autres irréalisables ; mais peut-on, sur de simples considérations d'utilité humaine, se débarrasser du soin de défendre les droits de Dieu et convenir qu'ils sont proscrits ? Peut-on s'avouer qu'on s'est trompé sur eux — quand on est l'Église ! — ou qu'ils peuvent être restreints légitimement et limités au domaine religieux ? J'ai peur que ce ne soit au moins très difficile et qu'il y faille du temps, plus de temps qu'il ne s'en est écoulé depuis 1814. Sentir l'urgence d'un changement d'attitude pratique, parce qu'on se décourage à n'enregistrer que des échecs et à recevoir des coups, est une conclusion d'expérience d'où risque fort de ne sortir qu'un compromis précaire, une trêve qui durera seulement tant qu'on n'aura pas oublié les défaites et reforgé de nouveaux espoirs. Changer résolument de volonté et d'orientation, abandonner des principes parce qu'on les reconnaît périmés, est une tout autre opération et c'est par elle seulement que l'avenir peut être assuré dans la paix et l'entente. Autrement dit, la réconciliation sera efficace et durable si l'Eglise renonce à faire de la politique et s'occupe uniquement de ce que chacun lui reconnaît comme ses affaires propres. Par malheur, sa vie publique en France a été, depuis la Révolution, essentiellement une vie politique; si l'on préfère, c'est l'aspect de sa vie qui a éclipsé les autres, et les républicains de gauche comprennent d'autant mieux qu'il y aurait pour eux imprudence à l'ignorer, qu'ils ont plus vite cru sentir, cette fois encore, *le redressement* de leur vieil adversaire, le cléricalisme.

Aujourd'hui l'Eglise est, en politique, une vaincue; elle a, si je puis dire, perdu sa première ligne de défense; car c'est à la défensive qu'elle est depuis longtemps réduite et ses initiatives, on le comprendra mieux plus loin, ne sont plus que des contre-attaques. Si elle se résigne à en convenir, on peut être assuré qu'elle n'a pas pour cela renoncé au combat; mais elle va le reporter sur le terrain social et sur le terrain intellectuel, où, depuis longtemps aussi, elle a établi deux autres lignes, coordonnées, ou plutôt, jusqu'ici, subordonnées à la première. Mais sur ces deux lignes-là, ce n'est plus sa domination qu'elle joue; c'est sa vie même.

SECONDE PARTIE

L'ASPECT SOCIAL

CHAPITRE III

Avant la Séparation. Incompréhension et hésitations.

Le problème. — Position traditionnelle de l'Église au regard des questions sociales. — Erreurs d'interprétation commises à son sujet. — Opposition fondamentale entre la doctrine sociale de l'Église et le socialisme. — Les illusions des socialistes utopiques. — La réponse des déclarations pontificales. — La charité sociale en face de la justice sociale. — Leurs fondements sont différents. — Hostilité du socialisme contre l'Église.

« *Le socialisme de nos contemporains,* prononçait naguère un prêtre instruit [1], *n'est, à vrai dire, qu'un christianisme démarqué ;... la question sociale sera*

1. Abbé Lemarié, ap. Rifaux, *Conditions du retour,* p. 305 et 306.

résolue par l'Église, ou elle sera résolue contre elle. »
Cette phrase exprime plusieurs vérités considérables. L'Église s'est, dès son origine, persuadée
qu'elle apportait à l'inégalité des conditions, à la
misère des hommes les seuls remèdes qui leur
convinssent : l'amour du prochain, la pratique de
la charité, le sens de la résignation à la volonté
de Dieu, le goût du sacrifice méritoire, le réconfort des espérances célestes. C'est pourquoi elle
a considéré longtemps comme une espèce de concurrence et une dangereuse utopie toute tentative purement humaine de remédier à l'injuste
répartition, ici-bas, des bonnes et des mauvaises
destinées. Puis elle s'est avisée un jour, très tard,
qu'il ne dépendait peut-être pas d'elle seulement
que le problème social fût ou non posé dans ses
termes strictement humains, ceux qui limitaient
sa solution à une réorganisation toute terrestre
de la vie sociale. Et, ce jour-là, elle a découvert
que l'ensemble des questions sociales, à les bien
considérer, n'était que l'ensemble des questions
chrétiennes, pour autant que le christianisme
s'intéresse au passage de l'homme sur la terre.
Elle s'est donc appliquée à construire et à réaliser tout un programme d'action sociale pratique.
Aujourd'hui, elle se trouve engagée dans son
entreprise de telle sorte qu'un dilemme véritable
est posé devant le peuple : ou accepter la solution chrétienne du problème social, c'est-à-dire
adhérer aux « œuvres » de l'Église et, préjudiciellement, adhérer à sa doctrine métaphysique ; ou
accepter une des solutions proprement socialistes,
c'est-à-dire s'éloigner de l'Église et rejeter ses

croyances. Il n'est pas besoin de réfléchir longtemps pour apercevoir de quel intérêt immédiat
peut être, pour l'Eglise et pour la religion catholique elle-même, le sens de ce choix.

La position traditionnelle de l'Église au regard
de la richesse, de la pauvreté, du travail, a souvent été mal interprétée; on a cru qu'elle avait été
déterminée par des considérations d'ordre social.
Aussi a-t-on fréquemment parlé, depuis le temps
où le mot *socialisme* est devenu d'usage courant [1],
du *socialisme de l'Évangile*, du *socialisme de
saint Luc*, du *socialisme des Pères*. C'est là une
illusion et une erreur d'optique. Les Évangélistes,
et spécialement Luc, parlent en termes très rudes
du mauvais riche et ils s'attendrissent sur le bon
pauvre, le pauvre *en esprit*, c'est-à-dire celui qui
supporte son infortune avec une humilité pieuse;
ils n'exposent pas, ils ne se font même pas une
théorie de la propriété ni du capitalisme, qu'ils
ne réprouvent positivement ni l'un ni l'autre.
Comme ils parlent surtout à des tâcherons, ils
n'ont point les préjugés gréco-romains contre le
travail manuel, mais ils n'ont aucune vue sur la
répartition du travail social. Accueillants aux
petits et aux pécheurs, ils n'expriment pas d'opinions sur la lutte des classes. De même saint Paul
croit à l'égalité devant le Seigneur de tous les
hommes que la vraie foi a touchés et, dans son
Église, l'esclave se place sur le pied d'égalité avec
le maître; pourtant l'Apôtre ne professe point
de doctrine sur la liberté naturelle de tous les

1. C'est, si je ne me trompe, Pierre Leroux qui l'a *lancé* en
1832.

hommes, non plus qu'il ne songe à l'exploitation capitaliste quand il dit : « *celui qui ne veut pas travailler ne doit pas manger* ». Évidemment il n'est pas difficile de découvrir dans le Nouveau Testament des formules qui, isolées de leur contexte, semblent prêter appui aux thèses socialistes d'aujourd'hui, mais on ne les plie à cet emploi qu'en faussant leur sens véritable, et en les introduisant dans une perspective qui n'est point là leur propre.

La même remarque vaut pour les phrases, parfois très sévères aux riches, que l'on rencontre dans les écrits des Pères. Toutes procèdent, en dernière analyse, de deux convictions : 1° la richesse est un poids lourd à porter sur le chemin du salut ; 2° la pauvreté, qui allège l'homme de ce poids, lui est un bien spirituel et l'aide puissamment à s'élever vers Dieu. Deux prescriptions pratiques découlent de cette double affirmation : 1° le riche doit justifier sa richesse par la bienfaisance ; il se fera le banquier de Dieu pour tous les pauvres ; 2° le pauvre, soulagé par l'aumône du riche, ne doit point l'envier et il offrira pour lui à Dieu, des prières de gratitude, qu'il a la joie de savoir efficaces. Ainsi la charité active n'est pas seulement pour le riche un devoir de fraternité chrétienne ; elle constitue le plus avantageux des placements, sur terre et dans les cieux.

En tout cela il n'y a donc rien, je ne dis pas d'une théorie socialiste quelconque, mais seulement d'une préoccupation proprement sociale. Le droit humain n'est point en cause et il demeure entendu que l'inégalité des conditions d'ici-bas, très positivement voulue par Dieu, ne doit cesser que dans l'autre vie. La *charité* est un sentiment fraternel et *l'aumône* un devoir religieux, qui se présentent l'une et l'autre non pas comme des obligations sociales, mais comme des œuvres salutaires : quiconque donne au pauvre prête à Dieu. C'est là la doctrine classique de l'Eglise, celle que Bossuet a mise en magnifique langage dans ses sermons sur *l'éminente dignité des pauvres dans l'Église* et sur *les dispositions relativement aux nécessités de la vie*. C'est pourquoi si le christianisme a marqué son triomphe dans l'Empire romain d'une certaine action bienfaisante sur les mœurs et sur le droit, au regard des pauvres, des déshérités et des esclaves, — suivant d'ailleurs en cela une tendance que le progrès de la civilisation avait déjà déterminée avant lui — il n'a rien modifié dans l'organisation d'une société entre toutes inégalitaire. On peut même affirmer qu'il en a consolidé les injustices, en prêchant, en ordonnant la résignation aux misérables, en rassurant la conscience du riche compatissant, en reportant de ce monde dans l'autre les compensations équitables.

La vérité est qu'il y a entre les recommandations de l'Église touchant l'amour du prochain et la bienfaisance fraternelle, d'une part, et les fondements et les principes de tout socialisme, de l'autre, une opposition aussi radicale que possible ; normis — naturellement — ce qu'on nomme *le socialisme chrétien*, que nous aurons à définir bientôt. Au moment où le socialisme a commencé de s'affirmer comme un sérieux danger pour les classes possédantes, les catholiques instruits ont parfaitement vu cette opposition-là. « *Quel est le problème d'aujourd'hui ?* écrivait alors Montalembert. *C'est d'inspirer le respect de la propriété à ceux qui ne sont pas propriétaires ; c'est de leur faire croire en Dieu, et non pas au Dieu vague de tel ou tel système, mais au Dieu du catéchisme. Voilà la seule croyance qui puisse protéger efficacement la propriété. L'Église dit aux pauvres :* « *Résignez-vous à la pauvreté et vous en serez* « *récompensés éternellement.* » Et, pratiquement, il concluait : « *Il n'y a pas de milieu ; il faut aujourd'hui choisir entre le catholicisme et le socialisme.* »

Il convient, du reste, de remarquer que les socialistes de la période dite *utopique*, ceux de la première moitié du xixᵉ siècle, n'ont pas toujours vu aussi clair. Certains d'entre eux se sont efforcés de prouver, par une exégèse fantaisiste, où leur imagination se substituait au sens véritable des textes, que leur ancêtre authentique, *le premier des socialistes*, c'est Jésus-Christ en personne. Ils ont soutenu que tout leur effort tendait à ruiner la construction parasite que l'Église catholique avait abusivement édifiée sur les assises de l'œuvre sociale du Crucifié et à restaurer l'édifice tel qu'il l'avait voulu. Il se sont même abandonnés quelquefois à l'espoir d'intéresser directement aux classes ouvrières le pape, le clergé et les *vrais catholiques*[1]. C'était là, pour une part, une illusion, pour une autre, une anticipation. Cabet, par exemple, pensait que si le christianisme avait été interprété et appliqué strictement dans l'esprit

____

1. Calippe, *Attitude sociale des cathol.*, p. 4.

du Christ, par des hommes pieux et éclairés, toutes les difficultés sociales auraient disparu et une organisation parfaite de l'humanité se serait naturellement imposée, pour le bonheur de l'univers. Devant un si merveilleux résultat, on n'aurait pu trouver personne qui ne s'avouât chrétien. Mais Cabet, ce disant, rêvait plus qu'il n'observait et ne pensait [1].

A ses illusions il n'est que trop aisé d'opposer les principes que le pape croit devoir rappeler sitôt que s'affirme le socialisme. On les trouve nettement exprimés dans l'encyclique *Nostis et nobiscum*, du 8 décembre 1849 et dans le *Syllabus* de 1864, au titre IV. Il suffit donc, pour se rendre bien compte de la différence entre le socialisme et ce que l'Eglise, selon l'esprit de sa tradition, entend par son *devoir social*, de l'écouter elle-même, parlant par son chef. Sans remonter aussi haut que les deux documents que je viens de rappeler, qu'on lise seulement l'encyclique *Rerum novarum* de Léon XIII, sur la condition des ouvriers [2]. Toute la première partie de cette déclaration célèbre tend à consolider les principes que le socialisme rejette, au bénéfice d'une théorie des rapports sociaux qu'il ne saurait accepter. Le Pontife y proclame, par exemple, que la propriété et la famille, telle que le christianisme la conçoit, sont de droit naturel, et qu'au regard de la possession, le droit de l'individu est antérieur à celui de l'Etat, lequel doit protéger et non point

1. Cabet, *Le vrai christianisme selon Jésus-Christ*, Paris, 1850.
2. Elle est du 15 mai 1891. On la trouvera en Appendice du t. II de Debidour, *Église cathol.*

absorber la propriété privée. L'inégalité des conditions est légitime et nécessaire ; les hommes ont le devoir de la prendre en patience, sur cette considération que les deux classes opposées, celle des capitalistes et celle des prolétaires, sont également indispensables l'une à l'autre et à la vie commune. Aussi bien la religion peut les réconcilier, en fondant leurs rapports sur la loyauté, la modération, la confiance réciproque. Ce n'est certes pas que le même document n'apprécie comme il convient la misère des travailleurs exploités par des patrons sans entrailles, et ne réclame vigoureusement des institutions humaines capables de remédier à cet excès. La plume diserte de Léon XIII laisse couler avec abondance les phrases bien venues sur l'infortune des ouvriers; mais il convient de ne pas oublier, en les lisant, d'où elles viennent et où elles tendent[1].

Il y aurait imprudence à confondre le soin des pauvres et des miséreux avec la défense des intérêts des prolétaires, et quand on lit dans le *Motu proprio* de Pie X, du 15 décembre 1903, condamnation de toute parole pouvant inspirer de l'aversion pour les classes supérieures, on se demande pourquoi les paroles qui pourraient inspirer de l'aversion pour les classes inférieures ne sont pas prévues et réprouvées de même. On peut craindre qu'il n'y ait pas dans cet oubli qu'une inadvertance[2].

---

1. Dès 1877, le futur pape, alors archevêque de Pérouse, s'était exercé en ce sens dans une lettre pastorale remarquée. Cf. De Levelaye, *Le social. contemporain*, p. vi.
2. *Ce qu'on a fait*, p. 128.

La différence essentielle entre le point de vue de l'Église et celui du socialisme se marque par l'opposition de la notion socialiste de *justice sociale* à la notion catholique de *charité sociale*. Une lettre du cardinal Merry del Val, du 24 février 1913, lettre qui, du reste, en son temps, a causé quelque émoi parmi les *catholiques sociaux*, a posé avec une parfaite clarté la thèse romaine, en donnant nettement le pas aux *œuvres de charité chrétienne* sur les œuvres de justice humaine et sur les lois sociales de l'État, et en recommandant aux catholiques les premières plutôt que les autres[1]. D'ailleurs il n'est pas encore rare aujourd'hui d'entendre des catholiques, qui se croient *sociaux*, professer que la charité chrétienne c'est l'amour qui s'oppose à la violence, sur laquelle compte le socialisme, et qu'il faut choisir entre les deux principes pour « *solutionner le problème de la richesse et de la misère* [2]. »

On avoue, du reste, que cette charité a besoin de devenir plus *sociale* ; c'est-à-dire qu'au lieu de se préoccuper uniquement de soulager des infortunes individuelles, il faut qu'elle tienne compte des réclamations du peuple, de son désir de s'élever vers un état de choses meilleur ; il faut qu'elle s'intéresse largement aux collectivités [3]. Elle n'a même pas le droit de se dérober à certaines *applications forcées* de ses propres principes, comme est, par exemple, l'impôt sur le revenu.

---

1. M. Joly, ap. *Vie cathol.*, p. 237, cherche à atténuer l'impression produite par la prose *officieuse* du cardinal.

2. Gaffre, *L'Église et le Christ dans la question sociale*, p. 161.

3. Gaffre, *op. cit.*, p. 126.

Il convient de considérer que cette contrainte, qui ne plaît guère aux riches, est le châtiment de leur égoïsme; ils l'auraient évitée s'ils avaient su donner ce qu'ils devaient. Ce n'est pas là, précisément, le point de vue d'un socialiste.

De même semble-t-on croire qu'il ne serait point question d'*exploitation capitaliste*, ni de *lutte des classes*, s'il n'existait que de *bons patrons*. C'est pourquoi, modernisant la sainte indignation des Pères, l'on se met à l'aise pour dire leurs vérités aux hommes sans cœur « *qui ne voient souvent dans l'ouvrier qu'un rouage du machinisme* », auquel ils demandent « *un peu plus de richesse, un peu plus de plaisir* [1] ». Sans doute; mais s'imaginer que le problème qu'un tel égoïsme a posé se résoudra par la compassion, par la modération charitable dans l'exploitation, c'est ne pas se rendre compte de ses véritables conditions actuelles ; c'est volontairement méconnaître le principe essentiel de toute revendication socialiste. Nous avons dépassé le temps où la question sociale pouvait se confondre avec une question morale, ou, si l'on veut, avec une question d'éducation individuelle.

C'est qu'en effet, au jugement des catholiques sociaux dont je cherche à fixer la doctrine, le socialisme, c'est la Révolution, toujours haïssable ; c'est même la Terreur, 93 et non plus 89. C'est l'organisation de la violence et des mauvais instincts de l'homme. Aussi bien « *l'origine du socialisme, c'est le meurtre d Abel* [2]. » A y bien regarder,

1. Gaffre, *op. cit.*, p. 169.
2. Gaffre, *op. cit.*, p. 60.

le socialisme, c'est encore le contraire de la démocratie, laquelle jaillit d'une vertu : la noble ambition de s'élever, tandis que lui jaillit d'un vice : l'envie[3]. Il serait aisé de multiplier les citations de ce genre.

Voici qui est plus grave et qui touche au fond des choses. La doctrine sociale de l'Église et celle du socialisme reposent sur deux conceptions radicalement différentes de l'homme. Selon la première, l'homme est un être déchu, taré par la faute originelle, tandis que la seconde professe que c'est la mauvaise organisation de la société qui l'a déformé et corrompu. En conséquence, l'Église attache d'instinct à la réfection de l'individu tout l'intérêt que le socialisme prend à la refonte de la collectivité. Elle n'attend de progrès que de la grâce divine et lui n'en espère que de la raison et de la volonté humaines. C'est pourquoi l'au-delà — le ciel et l'enfer — demeure l'objet des préoccupations essentielles de l'Église, tandis que le socialisme laisse sur terre tous ses espoirs d'avenir ; c'est du *paradis terrestre* qu'il rêve et l'anthropologie catholique ne peut pas ne point affirmer que c'est là illusion chimérique. Du socialisme, l'Église n'attend donc que la faillite, qu'elle juge inévitable ; et elle pense qu'il lui est réservé à elle-même, au jour où s'effondreront tous les systèmes socialistes, de restaurer, comme la suprême et inébranlable ressource de l'humanité affolée, ses affirmations, si violemment prises à partie par les *sectaires*, sur la nécessité de la

3. Gaffre, *op. cit.*, p. 19-22.

charité fraternelle en ce monde et sur les compensations de la justice divine dans l'autre [1].

L'esquisse que je viens de tracer s'appuie uniquement sur des textes catholiques, mais les profondes divergences qu'elle marque entre l'Église et le socialisme ne sont pas moins clairement aperçues dans le camp adverse. Les sentiments des socialistes sont même, en l'espèce, si connus qu'il paraît inutile d'y insister [2]. Je ne rappellerai qu'un fait essentiel, à savoir que le socialisme a l'impression nette de se substituer au catholicisme, et même au christianisme, de n'avoir pu naître et se développer que sur ses ruines, de représenter la conception sociale de l'avenir, tandis que l'Église s'attarde à celle du passé. Cette idée, Jaurès l'exprimait avec force en 1893, lorsqu'il posait, devant la Chambre, la question sociale comme la conséquence de l'affaiblissement de la religion et du développement de l'esprit laïque.

C'est, du reste, un fait d'expérience incontestable, qu'aujourd'hui la plupart des socialistes se détournent du christianisme ou lui sont hostiles, tandis que, réciproquement, la plupart des catholiques sont anti-socialistes. C'en est un autre — un fait d'histoire — que le socialisme doctrinal s'est manifesté au terme d'un mouvement de pensée qui n'était pas religieux, et que le sens du socialisme pratique n'a pénétré dans les masses populaires qu'à mesure que la foi s'en retirait, à partir du

1. Julien, *Civisme et Cathol.*, p. 2 et s. ; 39, 45, 55, 61-64.
2. Cf. K. Marx et Engels, *Manifeste communiste* (trad. Andler), § 58 : « *Le socialisme chrétien n'est qu'une eau bénite, faite pour donner aux rancunes aristocratiques la consécration du prêtre.* »

milieu du xixe siècle. D'autre part, il paraît évident que le socialisme tend à la laïcisation totale de la société et que, s'il évolue vers une croyance religieuse, c'est de lui-même qu'il la tirera. Il est déjà, pour nombre de ses adhérents, une espèce de religion, une façon d'Église, qui a ses dogmes, sa mystique et possède les éléments d'un culte.

On ne saurait donc confondre les doctrines sociales de l'Église avec un socialisme véritable. Que l'on considère les principes, l'esprit ou le sens des deux représentations, on ne voit pas d'abord de conciliation possible entre elles.

II

L'Église et le premier mouvement social contemporain. — Indifférence et animosité. — Leur cause : l'intimité de l'Église avec les partis réactionnaires; — leur danger. — Les sympathies de l'Église pour la richesse. — Rôle de force conservatrice qu'elle a longtemps joué. — Les précurseurs : Ozanam.

« *Pendant longtemps l'Église refléta la hiérarchie sociale quand elle ne l'aggrava pas* [1] »; rien ne demeurait plus loin de ses préoccupations que le soin d'en marquer et d'en corriger les iniquités. Les catholiques sociaux d'aujourd'hui avouent quelquefois qu'elle s'est trop attardée à des points de vue de jadis et qu'à tendre toute son attention vers le ciel, elle a, d'aventure, perdu le contact avec

1. P. Jay, *Préface aux Menus propos* de L. Chaine.

la terre ; elle s'est laissé devancer sur le terrain social. La vérité, c'est que tout le mouvement social contemporain s'est organisé et s'est accompli hors de l'Eglise et que, loin de l'aider à ses débuts, elle l'a, selon son pouvoir, contrarié. Entre 1830 et 1848, au temps où se précisent et se posent les grandes questions fondamentales, les hommes d'Eglise et l'immense majorité des catholiques *conscients* songent, dans le domaine social, à leurs intérêts particuliers. Ils font effort pour conquérir la bourgeoisie capitaliste, pour ruiner l'Université libérale et prendre sa place ; ils n'accordent leur attention aux classes laborieuses que dans le dessein de s'employer à les maintenir dans leur hypnose de servitude et à réfréner leurs tentatives d'émancipation. Seul, ou à peu près, Ozanam voit les problèmes vrais, encore qu'il les considère autrement que ne font les socialistes ; mais il ne trouve aucun écho dans l'Église[1]. Je ne m'étonne pas qu'elle n'ait pas collaboré avec le socialisme grandissant, puisque je viens de dire qu'il y avait entre elle et lui incompatibilité de nature et d'esprit ; je fais seulement remarquer qu'elle n'organise parallèlement à lui aucune étude des questions sociales et qu'elle le laisse marcher tout seul. Même les appels des socialistes utopiques, dont je parlais il y a un instant, ne font qu'accroître les défiances des catholiques ; ils ne les attirent pas[2]. Vers 1880 encore l'idée paraît sau-

---

1. Gay, *Mouvement démocratique*, p. 28-30.
2. Les choses se présentent autrement en Allemagne, où dès 1863, Döllinger insiste sur la nécessité pour l'Eglise de s'attacher aux questions sociales. La même année Mgr Ketteler pu-

grenue, dans les milieux ecclésiastiques, de laisser un prêtre se mettre à la tête d'une *œuvre* sociale même élémentaire, comme peut être, je suppose, une société anti-alcoolique [1]. Les premières lois de préservation sociale elles-mêmes ne suffisent pas à faire comprendre à l'Église son intérêt et à lui montrer son rôle. Elle s'applique alors à mettre la main sur les institutions de bienfaisance ; ses adversaires prétendent, non sans quelque apparence de raison, que, ce faisant, c'est surtout à sa propagande qu'elle songe. En tous cas, elle ne paraît pas encore voir plus loin que l'application de ce vieux moyen, si précaire et parfois si dangereux, de porter remède à la souffrance des misérables.

La cause de cette indifférence aux questions sociales et de cette hostilité au socialisme, dans la période où se délimitent les problèmes et s'organisent les doctrines, c'est l'accoutumance de l'Église à lier partie avec les éléments les plus conservateurs du pays. Elle y gagne incidemment la confiance et la tendresse intéressée de ministres comme Molé ou Guizot, parce qu'ils estiment qu'elle dispose des meilleures méthodes et des plus sûrs arguments en faveur de la préservation capitaliste ; mais, en les employant trop, elle les use et c'est, du même coup, la foi doctrinale sur laquelle elle les appuie qui s'effrite et diminue. Elle risque d'aliéner le peuple au catholicisme

blie *Die Arbeiterfrage und das Christenthum.* Il s'est inspiré de Lassalle. Le *Kulturkampf* développera ces tendances, d'où sortira le *Socialisme Évangéliste,* autour de 1878.

1. Houtin, *Crise,* p. 115.

lui-même, en le dressant, sur son chemin, comme un obstacle à son émancipation sociale. Du reste, traditionnellement, l'Église n'est pas *peuple* ; elle a toujours eu du goût pour l'aristocratie et de la considération pour la richesse, nonobstant l'affirmation, qu'elle n'a jamais reniée, de l'égalité de tous les hommes en Dieu. De ce point de vue, elle n'a pas confondu la terre et le ciel. Il n'y a point longtemps qu'un catholique ardent s'attristait de constater combien l'égalité proclamée par l'Apôtre était méconnue dans la maison du Seigneur, combien on y pratiquait scandaleusement l'acception de personnes, et quelles humiliantes distinctions s'y marquaient entre le riche et le pauvre [1]. L'Église est restée trop longtemps, elle est encore trop inféodée aux classes qui se disent volontiers *dirigeantes* et qu'on a justement qualifiées de *digérantes* [2] pour que le socialisme, celui des théoriciens, celui du peuple éclairé, ne lui en sache pas mauvais gré et n'en tire pas argument contre elle [3]. Je répète que sa bienfaisance, très odieuse, dans son principe, aux socialistes, n'est pas un correctif suffisant et que, malgré les admirables dévouements qu'elle a de tout temps inspirés, elle donne trop souvent l'impression de manquer de désintéressement.

Aussi bien, de très bonne heure, l'Église a fait chez nous figure non pas d'organe de progrès

---

1. Chaine, *Cathol. français*, p. 119 ; *Menus propos*, append., p. 558. Un certain nombre d'évêques ont, depuis, cherché à atténuer ces fâcheuses impressions en égalisant les *classes* dans le service cultuel.

2. Beudant, ap. Rifaux, *Conditions du retour*, p. 95.

3. Bureau, ap. Rifaux, *op. cit.*, p. 130.

vers une organisation sociale meilleure, mais bien
de force de conservation. Dans la seconde moitié
du règne de Louis-Philippe, puis après les Journées de juin 1848, puis en 1871 et encore en 1919,
ou, plus exactement, toujours, depuis la naissance
du socialisme, elle a tenu cet emploi. Elle y a
gagné la conversion au cléricalisme d'une bonne
partie de la bourgeoisie, des succès considérables
pour ses écoles secondaires, de notables complaisances de l'État, des largesses de diverses sources;
mais elle est demeurée prisonnière de son rôle.
Elle a laissé son attitude politique déterminer son
attitude sociale ; ses idées sur la démocratie, ses
doctrines sur l'heureuse hiérarchie des Ordres
sous l'Ancien Régime lui ont imposé une représentation de la société parfaitement rétrograde.
Pareille conjonction n'était nullement nécessaire
et, comme la suite des événements l'a prouvé,
l'Église pouvait, au regard des questions sociales,
s'émanciper de son passé bien plus aisément qu'au
regard des questions politiques. Ses textes sacrés,
ses traditions touchant la protection des misérables, consentaient, pour peu qu'on leur appliquât
une exégèse appropriée, à se prêter à l'édification
d'une théorie sociale suffisamment moderne.

L'Église a mis du temps à s'en aviser et son
retard a permis à d'autres de poser dans leur réalité et sur leur terrain véritable les questions
qu'elle-même se représentait dans l'illusion ou
qu'elle prétendait écarter, et de les poser contre
elle. Ce n'est pas que quelques-uns de ses fidèles
n'aient, de bonne heure, aperçu son erreur et ne
l'en aient avertie, qu'ils ne l'aient sollicitée de

s'intéresser au peuple dans sa vie profonde, d'étudier les problèmes nouveaux de cette vie et de leur préparer une solution — sa solution ; mais ces hommes qui, d'ailleurs, comprenaient par le cœur beaucoup plus que par la raison, étaient demeurés des exceptions ; tels Lamennais et surtout Ozanam.

Ozanam, en 1848, partait de l'idée que l'ordre économique et social ne pouvait pas demeurer indépendant de l'ordre religieux, que les principes chrétiens devaient s'appliquer à toutes les questions et les pénétrer toutes [1]. Il convient donc que les catholiques éclairés s'occupent des ouvriers, qu'ils se fassent leurs soutiens et leurs guides, qu'ils organisent pour eux des œuvres utiles. Et Ozanam songe à des patronages, à des groupements pour le développement de l'éducation professionnelle [2]. Il avait déjà donné un grand exemple en fondant, en 1833, la *Société de Saint-Vincent de Paul*, sur ce principe que c'est par la bienfaisance qu'il faut relever la religion dans le peuple. Ce fut à cette œuvre qu'il se donna avec le plus d'ardeur ; et non sans succès, car il parvint à établir des *conférences*, c'est-à-dire des groupes d'action charitable affiliés à sa *Société*, dans toutes les villes importantes de France et, déjà, dans plusieurs de l'étranger. Son zèle inlassable avait ainsi créé une organisation très puissante, qui a continué de s'étendre après lui et qui a fini par exploiter un champ d'œuvres très vaste [3].

---

1. Calippe, *Ozanam*, p. 75.
2. Calippe, *op. cit.*, pp. 157, 184 et s.
3. Cf. Debidour, *Église et État*, p. 433, qui donne la liste.

On entend bien que je ne confonds pas les idées d'Ozanam avec celles d'un sociologue et que je ne prends pas la *Société de Saint-Vincent de Paul* pour une œuvre d'esprit socialiste, mais, au moins, s'y agit-il de bienfaisance *socialisée*, qui s'intéresse au peuple pris en masse, à des questions sociales, et non pas seulement à des individus et à des accidents. Mais cet élargissement du vieil empirisme charitable de l'Église ne retint vraiment *en raison* qu'Ozanam et encore le souci des réalisations immédiates le détourna-t-il lui-même du soin de creuser et de systématiser ses remarques. Ses collaborateurs, pour si dévoués qu'ils fussent à *l'œuvre*, s'en tenaient à son programme étroit : faire du bien à des individus par charité chrétienne, pour la religion et pour l'Église.

III

Comment l'idée d'une action sociale naît dans certains milieux catholiques. — Albert de Mun. — Sens de sa tentative de 1871. — Les idées de Léon XIII. — Leur retentissement dans le clergé. — L'américanisme. — Le socialisme chrétien de 1893. — Son avortement.

C'est sur ce dernier point : *pour l'Église*, pour retenir ses ouailles prêtes à lui échapper, pour reprendre celles qui ont fui, pour en acquérir de nouvelles, que les premiers catholiques qui se soient occupés des questions ouvrières ont d'abord porté toute leur attention et tout leur effort. C'est, en effet, à cette préoccupation que répondent l'*Union des associations catholiques ouvrières*, fondée, en 1871, par Gaston de Ségur et l'œuvre des *Cercles catholiques ouvriers*, d'Albert de Mun, qui mérite de nous retenir un instant.

De Mun puisait ses idées dans celles de Mgr Ketteler, de Mayence, et son inspiration dans les conseils du P. Eck, S. J. Son plan, exposé dans son *Appel aux hommes de bonne volonté* (25 décembre 1871), a du moins le mérite de la franchise. C'est, au nom du *Syllabus*, une déclaration de guerre à la société moderne. On ne saurait du reste refuser la sympathie au courage de son auteur, qui s'en fut crânement développer ses vues dans les quartiers ouvriers de Paris et des grandes villes de province. Il s'autorisait de l'approbation du pape, et je ne suis pas surpris qu'il l'ait obtenue puisqu'il marchait dans les voies de Rome, mais elle ne l'aurait pas mis à l'abri de très sérieux désagréments s'il avait dû parler devant un public plus généralement éclairé. L'école laïque n'avait pas encore passé par là et il convient de ne pas l'oublier. Le but de Mun n'a rien de *socialiste*, naturellement ; il ne veut que grouper les ouvriers catholiques, les retenir en s'occupant de leurs besoins et de leurs distractions, les préparer à l'action politique cohérente dans le sens du programme clérical[1]. C'est là, au fond, de l'Ozanam, mais plus *intéressé*, et orienté vers une réalisation bien autrement *séculière* que la sienne,

---

1. Debidour, *Église cathol.*, t. I, p. 68 et s. ; Gay, *Mouvement démocrat.*, p. 66.

Il était au premier abord paradoxal d'aller offrir au peuple un programme qui affirmait la nécessité de la hiérarchie des classes et de l'autorité, qui proclamait la souveraineté spirituelle absolue du Pape, qui rejetait la démocratie, enfin le programme clérical et ultramontain le plus décidé. Mais, pour les raisons que je viens de dire et parce que le catholicisme comptait encore beaucoup d'adhérents dans les classes ouvrières, tandis que les idées démocratiques n'y avaient pas encore profondément pénétré, les Cercles de de Mun eurent d'abord du succès. Ils déclinèrent, comme on pouvait s'y attendre, dès que les hommes de la génération nouvelle commencèrent à manifester leur influence, vers 1879. Bientôt la majorité de leurs membres prit conscience que les chefs du mouvement ne travaillaient pas directement pour le peuple, mais bien pour un parti politique et dans un intérêt de caste sociale ; alors elle lâcha pied et, en 1906, on ne pouvait plus contester la totale faillite de l'entreprise [1]. Elle représente d'ailleurs une expérience digne d'attention et, en un sens, concluante, en ce qu'elle dégage bien le caractère illusoire du pseudo-socialisme dont elle s'inspire. On est presque tenté de s'étonner qu'elle ait inquiété maint catholique conservateur, comme elle le fit pourtant.

Le point de vue de Léon XIII ne fut pas très différent de celui de de Mun. Trop attentif aux mouvements de la vie publique pour n'être pas frappé de l'importance grandissante des questions

1. Debidour, *Église cathol.*, t. I, p. 216.

sociales et de l'intérêt qu'y prenait le peuple, autant que du tort que cette passion nouvelle risquait de faire à la foi, il s'était persuadé que l'Église pouvait agir et le devait. Telle est l'origine de l'encyclique *Rerum novarum*, sur la condition des ouvriers, publiée le 15 mai 1891, au plein de l'émotion causée par la fusillade de Fourmies (1er mai). J'ai déjà dit quels étaient le caractère et le sens de ce document. Le gouvernement ne lui fit pas très bon accueil, parce que le Pontife y posait des questions redoutables, telle celle du minimum de salaire et du maximum d'heures de travail, qu'il était bien incapable de résoudre. L'épiscopat ne marqua du reste pas beaucoup plus d'enthousiasme que le conseil des ministres : il s'inquiétait de cette orientation si nouvelle que semblait prendre Rome.

En revanche, l'Encyclique fut reçue avec grande faveur par une partie considérable du jeune clergé. Un mouvement curieux se produisit dans les séminaires, qui y révéla l'existence d'un vif désir de modernisation. Des *groupes d'études sociales* s'y organisèrent, des journaux s'y fondèrent, témoignant d'une agitation, à la vérité un peu confuse et superficielle, mais vive, et très suffisante pour inquiéter promptement les réactionnaires. Léon XIII lui-même se refroidit très vite et laissa peu à peu tomber les instructions de son Encyclique [1]. L'inquiétude qu'il ne tarda pas à prendre de l'*Américanisme* en fut la cause principale. On a donné ce nom à une tentative qui remontait alors à une

---

1. Pourtant Benoît XV disait naguère qu'elles étaient toujours en vigueur. Elles ne gênent ni n'inquiètent plus personne.

trentaine d'années et que conduisaient des catholiques d'Amérique, en vue d'adapter le catholicisme à l'esprit moderne. Il s'agissait de *modeler le prêtre sur le temps*, de l'attacher de cœur à la démocratie et à la tolérance, de fixer son attention sur les problèmes sociaux. Dans les années qui suivirent la naissance du socialisme de séminaire, un effort avait été fait pour introduire cet américanisme en France ; les évêques s'étaient mis sur leurs gardes, pendant que nombre de séminaristes sociaux approuvaient, encore que beaucoup d'entre eux eussent donné dans l'antisémitisme, qui n'est pas précisément un sentiment moderne, et y vissent un moyen de résoudre la question sociale [1]. Léon XIII finit par se prononcer nettement contre les tendances américanistes dans une lettre au cardinal Gibbons (22 janvier 1899), parce que, disait-il, elles répugnaient à l'orthodoxie par leur disposition à céder aux exigences nouvelles des sociétés. Et cette condamnation équivalait à prendre position contre ces mêmes exigences.

Pourtant le mouvement sorti de l'Encyclique continuait de se développer ; il trouvait maintenant des auxiliaires dans le clergé en activité et non plus seulement parmi les apprentis clercs ; c'était le temps où l'abbé Garnier, dans *le Peuple français* et l'abbé Naudet, dans *la Justice sociale*, cherchaient à populariser des thèses qui prétendaient fonder un socialisme catholique. C'était le temps aussi où de Mun, reprenant courage, pro-

1. Delassus, *L'américanisme et la conjuration antichrétienne*. Paris, 1899. Dans un esprit tout différent : A. Houtin, *L'américanisme* et Mater, *Polit. religieuse*, p. 420.

clamait, pour dissiper la grande inquiétude des prolétaires au regard de l'action sociale du clergé, que l'Église n'est pas « *un gendarme en soutane qui se jette contre le peuple au devant et dans l'unique intérêt du capital* » (discours de Toulouse, avril 1893). Et il se donnait volontiers l'air de parler au nom du Pape : « *Répétez cela, m'a-t-il dit, parlez souvent de l'action sociale de l'Église.* » Une vaste agitation s'organisa, que la condamnation de l'américanisme ne suffit pas à décourager, ni à éclairer sur les véritables intentions de Léon XIII, et qui multiplia et les conférences et les associations ouvrières. Au fond, elle était assez inconsidérée pour poser des questions qui devinrent bientôt fort embarrassantes pour ceux-là mêmes qui avaient travaillé à les déterminer. Du reste, l'enthousiasme ne dura pas très longtemps. Les hommes de droite, alliés de fondation du clergé et d'abord quelque peu débordés par toute cette exaltation, ne tardèrent pas à se ressaisir, à réagir, à décourager les meneurs, à neutraliser leurs journaux, à recourir à tous les moyens de pression pour arrêter le mouvement, qui leur déplaisait et les inquiétait. D'ailleurs ce mouvement demeurait fort incohérent et, tout autant, stérile ; il ne pouvait qu'agiter des questions dans le vide, se répandre en déclarations, voire en déclamations sentimentales, sincères assurément et généreuses, mais sans portée ; ce n'était en vérité qu'une espèce de doublure sociale du ralliement politique. Il fallait quelque naïveté pour s'imaginer que cette médiocre contrefaçon du socialisme suffirait à arrêter le collectivisme menaçant et déci-

derait le prolétariat à considérer ses propres intérêts sous l'angle qu'il convenait à l'Église de
lui proposer. On ne saurait nier que des personnalités intéressantes se soient alors manifestées
parmi ces « sociaux » catholiques et que quelques
œuvres pratiquement utiles aient — du reste plutôt
dans l'esprit de la charité chrétienne que dans celui de l'authentique socialisme — été fondées par
eux ; mais, après aussi bien qu'avant, il restait un
abîme entre l'Église véritable et le peuple, comme
« *entre deux mondes séparés* » [1]. La Séparation,
nous assure-t-on, aurait, en rapprochant l'Eglise
du peuple, comblé cet abîme ; à tout le moins c'est
elle qui semble avoir définitivement persuadé
l'Eglise de la nécessité de s'appliquer résolument
à l'étude et à la solution des questions sociales.

1. Expression de Mgr Tissier, ap. *Vie cathol.*, p. 91.

CHAPITRE IV

Après la Séparation : Organisation et action.

I

Le point de départ : l'idée de la revanche sur le terrain social. — Théorie nouvelle de la tradition sociale de l'Église. — Ce qu'elle contient en réalité. — La mise au point pontificale. — L'attitude des catholiques libéraux.

C'est donc au lendemain de la Séparation que l'Église, d'ensemble, s'est engagée dans le chemin ouvert depuis longtemps et plus ou moins battu par des catholiques, clercs ou laïques, peu nombreux et vis-à-vis desquels elle s'était, d'ordinaire, tenue en défiance. Il est remarquable que la volonté de s'intéresser aux questions sociales et d'y apporter sa solution lui soit venue comme en conséquence de la perte de sa situation officielle dans l'État ; et cette vocation inattendue ne nous donne pas d'abord l'impression d'un mouvement spontané du cœur, mais, au contraire d'un désir, réfléchi et organisé, de tirer parti du socia-

lisme et de rattraper sur le terrain social les avantages et l'influence qu'elle perdait visiblement sur le
terrain politique. L'expérience prouvait que le peuple ne s'intéressait pas à l'Eglise, qu'il consentait à
la laisser humilier et dépouiller : c'est, évidemment, qu'il lui gardait rancune d'avoir paru ne point
s'intéresser à lui, du moins dans les formes que
l'agitation socialiste avait, pour ainsi dire, consacrées, au jugement des prolétaires ; il lui rendrait
son affection et sa confiance quand il la verrait se
mettre résolument à l'œuvre pour la satisfaction
de ses besoins. Calcul en vérité naïf, car il y avait
peu de chances pour que l'appréciation des besoins du peuple par l'Eglise et surtout celle de la
légitimité de leurs satisfactions coïncidassent avec
ce que le peuple lui-même sentait et voulait ;
mais calcul séduisant, parce qu'il semblait porter
l'action du clergé sur un terrain où les réalisations
immédiates s'offraient nombreuses, faciles et, sans
doute, fécondes.

Une théorie s'élabora donc, à laquelle les autorités ecclésiastiques n'ont jamais, que je sache,
accordé *in generale* leur approbation officielle,
mais qu'elles ont laissé se constituer et qu'elles
considèrent avec une bienveillance encourageante,
cependant qu'elles accordent leur appui à telle
ou telle de ses applications. Théorie qui ne tend
à rien moins qu'à démontrer qu'entre le socialisme et ce qu'on appelle, pour les besoins de la
cause, *la tradition sociale de l'Eglise*, existe la
plus évidente affinité.

On convient tout d'abord que le terrain social
est celui sur lequel les hommes de tous les partis

peuvent se rencontrer et s'entendre : un seul cœur et une seule voix quand il s'agit de comprendre et de soulager la misère humaine, de redresser l'injustice du sort. Et n'est-ce pas là besogne qui s'accorde particulièrement bien avec les préoccupations traditionnelles de la charité de l'Église, avec les tendances fondamentales de son esprit[1] ?

Il dépend d'elle de se mettre, « *par un coup d'audace* », à la tête du mouvement social ; et cette initiative suffira à lui assurer un nouveau bail avec la vie, à remettre dans ses mains la direction des affaires humaines[2]. Ce « coup d'audace », elle peut le tenter avec confiance, parce qu'elle dispose du code social qui contient la solution de tous les problèmes que pose la vie, c'est-à-dire l'Évangile. Qu'est-ce donc que le Sermon sur la Montagne sinon le *discours-programme* de Jésus, touchant les modalités essentielles de la vie sociale[3] ? Ne suffit-il pas d'appliquer ce code, de réaliser ce programme ? L'Église, depuis longtemps, et de par sa tradition séculaire, a commencé cette œuvre. N'est-ce pas elle qui a voulu qu'un jour par semaine *tout le monde fût rentier* ? Et c'était bien autre chose avant la Révolution, puisque le cinquième de l'année se passait en fêtes chômées, « *où la masse des travailleurs pouvait se reposer et manger à son aise*[4] » ! Qui donc, au reste, a fait la dignité du travail, sinon

---

1. Calippe, *Attitude sociale*, p. 55.
2. Calippe, *op. cit.*, p. 28-29, qui s'appuie sur une opinion de James Darmesteter.
3. Gaffre, *L'Église et le christianisme dans la question sociale*, p. 133-136.
4. Gaffre, *op. cit.*, p. 122.

l'Eglise, dont la devise a toujours été : « *Tout pour le peuple* » ?

Et, à en bien juger, est-ce que les efforts du socialisme et ceux de l'Église ne sont pas identiques ? Seuls des malentendus séparent ceux qui les conduisent et, au fond, le socialisme ne peut pas travailler contre le Christ. Donc l'Eglise reste l'instrument de progrès social qu'elle a toujours été [1]. Elle seule, avec la collaboration de l'État, peut supprimer la misère et rendre les hommes contents de leur sort. L'État *force active*, l'Église *force morale*, quelle alliance et quelle capacité de réalisation sociale !

Le socialisme n'a donc qu'à laisser tomber ses préventions contre l'Eglise : on ne les comprendrait plus ; son intérêt lui commande ce changement d'attitude et d'esprit. Est-ce que les congrégations elles-mêmes, les congrégations qu'il méconnaît encore, ne sont pas, en réalité, des modèles pour lui et comme des réalisations anticipées de son idéal, elles dont toute la vie « *est la mise en pratique d'une complète socialisation des biens, du travail et de la prière* [2] ? »

Je n'ai voulu affaiblir d'aucun commentaire cet exposé curieux, dont on se demande s'il offense plus la vérité de l'histoire que les constatations du bon sens. A la vérité, je n'en ai point emprunté les éléments à des catholiques sociaux très réfléchis et d'esprit très vigoureux ; il serait facile de présenter la théorie du socialisme catholique sous des apparences beaucoup plus acceptables à un

1. Gaffre, *op. cit.*, p. 37-49.
2. *Figaro* du 21 septembre 1904.

homme impartial; mais, de propos délibéré, j'ai cherché sous des plumes catholiques l'expression des idées qui, en fait, se sont déterminées et peu à peu implantées dans les milieux catholiques d'action sociale. Elles tendent à établir que le vrai socialisme, le seul viable, se confond avec la doctrine que l'Eglise professe sur la société et que le véritable instrument de la future félicité humaine ne peut être que l'Église elle-même. S'il est parfaitement exact — nous allons le constater — que des catholiques *réalistes* ont, dans la pratique, su trouver des méthodes et un plan d'action et qu'ils sont arrivés à des résultats tout à fait dignes d'attention, il ne l'est pas moins que c'est par ce verbiage décevant et par ce mirage d'illusions et d'idées fausses que les vulgarisateurs du socialisme catholique ont prétendu balancer et, éventuellement, remplacer le marxisme. Qu'y a-t-il au fond ? Rien de plus qu'un essai d'étendre aux besoins du prolétariat d'aujourd'hui, en fonction du socialisme sentimental, les vues traditionnelles de l'Église sur la fraternité et la charité chrétiennes. On y chercherait vainement une analyse sérieuse des conditions actuelles de la vie sociale, une détermination précise et un classement logique des problèmes sociaux ; opérations qui sont évidemment la condition préalable et nécessaire d'une représentation exacte de la réalité et d'une action adéquate.

En vérité, les principes sociaux que conteste le socialisme ou qu'il réprouve ne sont pas même discutés par cette pseudo-doctrine sociale, qui prétend s'identifier à lui. Ils sont même explicitement confirmés par les autorités sans l'approbation desquelles elle serait condamnée à n'être qu'un vain assemblage de mots dépourvus de sens. Dans un *motu proprio*, publié au lendemain du congrès de Bologne, en 1905, on voit Pie X affirmer qu'il faut qu'il y ait des patrons et des ouvriers, des riches et des pauvres, et insister fortement sur le caractère de nécessité du droit de propriété. Il est du reste courant, parmi les catholiques considérables, de justifier et, si j'ose dire, de sanctifier l'inégalité sociale en invoquant un mot de l'Evangile de Matthieu (26, 11) : *Semper pauperes habetis vobiscum, me autem non semper habetis* (*Vous aurez toujours des pauvres parmi vous, mais, moi, vous ne m'aurez pas toujours*). Peu importe ici de savoir quel est, en exégèse, le sens authentique de ce texte [1] ; je ne m'arrête ici qu'à l'intention qui le fait citer dans un intérêt très clair ; cette intention ne laisse aucun doute. Enfin Benoît XV, dans sa première encyclique (1er novembre 1914), s'est placé délibérément au même point de vue que son prédécesseur pour apprécier les inégalités sociales, donnant ainsi d'ailleurs — c'est un Jésuite qui nous en assure [2] — «*la véritable interprétation de la doctrine chrétienne et catholique*». Il « *affirme clairement le caractère naturel, nécessaire, légitime de l'inégalité des fortunes, ainsi que de la distinction et de l'inégalité des classes sociales ; toutes choses*

---

1. Chaîne, *Menus propos*, p. 503 et s. ; 552 et s., prend de la peine pour établir qu'il n'est pas celui qu'on lui suppose dans l'usage auquel je fais allusion.

2. De la Brière, *Luttes*, III, p. 114.

voulues par le Créateur dans l'ordre harmonieux de la Providence, comme les conditions normales et humaines de notre épreuve sanctifiante d'ici-bas. » La seule modification à espérer et à tenter est celle qui résulterait de l'établissement des liens de l'amour fraternel entre les plus élevés et les plus humbles, et de celui des bons offices réciproques.

C'est bien cela, en effet, « *la saine doctrine catholique* » et il n'est pas hors de propos de la rapprocher de l'opinion de Napoléon : « *Comment avoir l'ordre dans l'État sans une religion? La société ne peut exister sans l'inégalité des fortunes et l'inégalité des fortunes sans la religion. Quand un homme meurt de faim à côté d'un autre qui regorge, il lui est impossible d'accéder à cette différence s'il n'y a pas là une autorité qui lui dise : Dieu le veut ainsi. Il faut qu'il y ait des pauvres et des riches dans le monde ; mais ensuite, et pendant l'éternité, le partage se fera autrement* [1] ». Par malheur, la manière de voir de Napoléon, qui s'accorde au fond si bien avec celle de Benoît XV, peut beaucoup plus aisément prévaloir dans les classes possédantes que parmi les prolétaires.

On entend bien que je ne nie pas du tout que certains catholiques *sociaux* d'aujourd'hui ne se montrent beaucoup plus hardis que le Pape et qu'ils ne considèrent autrement que lui le principe et le fait de l'inégalité des conditions humaines ; je dis seulement, en m'appuyant sur les textes que je viens de rappeler, qu'ils ne représentent qu'eux-

---

1. Ap. D. du Dézert, *Église et État*, t. I, p. 363.

mêmes dans l'Église. Les libéraux de Lyon, par exemple, ce groupe de catholiques éclairés dont nous avons déjà, chemin faisant, rencontré le *modernisme* politique et dont nous rencontrerons bientôt le *modernisme* intellectuel, ne considèrent pas le problème social sous le même angle que les puissances de l'Église ; ils s'indignent du rôle de gendarmerie spirituelle qu'on lui fait jouer, coude à coude avec la maréchaussée, pour la garde des biens et des personnes [1]. Ce n'est pas qu'ils aient des instincts très révolutionnaires, mais ils estiment que l'autorité spirituelle s'égare dangereusement en ces démêlés tout séculiers. Il est clair qu'ils prennent inutilement de la peine pour convaincre les cléricaux et dissiper les préventions de leurs adversaires.

II

Les œuvres sociales catholiques. — Leur coordination. — L'Action populaire de Reims. — Le plan d'action. — Sa réalisation. — Les syndicats chrétiens et leur groupement. — Les Semaines sociales. — Que penser du succès de toutes ces œuvres ? — Leur caractère confessionnel. — Danger d'avenir qu'il implique. — Leur manque de complet désintéressement. — Conclusion.

Pourtant les œuvres sociales catholiques abondent aujourd'hui ; elles sortent des initiatives les plus diverses et une riche floraison de livres, de

---

1. Chaîne, *Cathol. français*, p. 148.

tracts, de revues et de journaux les présente à leur avantage, et les aide d'une propagande énergique. Il n'est guère de librairie catholique qui ne publie des études plus ou moins poussées sur telle ou telle question sociale, soit du point de vue économique, soit du point de vue moral et religieux. Des personnalités éminentes du monde catholique, tel l'abbé Sertillanges, se font de ces études une espèce de spécialité. Certaines organisations s'offrent même à rassembler, à éclairer, à diriger les efforts individuels. Ainsi le *Secrétariat social de Paris*, inauguré en 1908 et actuellement logé rue de Bellechasse, est en état de documenter une enquête, de préparer pratiquement un enseignement social, de fournir des précisions sur toutes les questions contentieuses qui peuvent sortir du jeu des institutions économiques et sociales, d'orienter toute action sociale conformément à la lettre des lois et à l'esprit de la jurisprudence. Une petite bibliothèque technique s'offre aux débutants, et même aux autres, et elle présente un caractère pratique très intéressant. Elle est, naturellement, d'esprit catholique et elle s'encadre pour ainsi dire entre les encycliques considérées comme sociales ; elle n'en offre pas moins beaucoup de ressources pour quiconque veut étudier les œuvres sociales de tout genre et leurs moyens d'action. Des *secrétariats* analogues existent en province (une vingtaine en tout) : complétés par un certain nombre d'organisations diocésaines, ils étendent leur action, du reste encore inégalement active et efficace selon les régions, sur l'ensemble de la France.

Plus instructif encore que cet effort de presse et d'éducation pratique du catholique social, paraît être, touchant le sens et l'intention de cette soudaine application de l'Église aux questions sociales, le zèle que les réguliers, et spécialement les Jésuites, se sont mis à déployer pour elles. Audace inouïe et qui semble parfois les étonner eux-mêmes, certains ont transporté dans la chaire les préoccupations de la vie sociale d'aujourd'hui. Ainsi a fait deux ans de suite, à la Primatiale de Bordeaux, le P. Coulet ; il a prêché le carême de 1920 sur l'*Église et le problème social* et celui de 1921 sur l'*Église et le problème économique* [1].

Le danger pour l'Église était l'indiscipline de son effort ; elle pouvait craindre que des initiatives trop audacieuses ou des zèles quelque peu téméraires ne la compromissent inconsidérément et surtout n'aboutissent à des œuvres qui lui échapperaient, et — qui sait ? — agiraient à l'encontre de ses intérêts ou de ses desseins. C'est pourquoi les Jésuites, dès avant la guerre, avaient pris en main la tâche de coordonner et surtout de centraliser, c'est-à-dire de surveiller et, s'il était possible, de diriger les efforts sociaux des catholiques. En organisant l'*Action populaire* de Reims, ils ont créé un centre très actif d'information et d'impulsion, parfaitement en état de rassembler promptement les forces dispersées ou centrifuges. La guerre a interrompu son activité, mais elle s'est promptement remise en mouvement après l'ar-

---

1. Ses conférences ont paru sous ces deux titres en deux volumes à la librairie de *l'Action Populaire*.

mistice. De ses presses partent de nombreuses publications périodiques, dont chacune s'adresse à un milieu social différent, ou répond à une intention particulière : *la Revue de l'Action populaire*, trimensuelle en principe, *le Mouvement social* mensuel, *les Actes sociaux*, publication intermittente, le *Courrier des cercles d'études*, qui s'adresse aux jeunes gens, etc. Ce sont ces revues qu'il faut lire si on veut se tenir au courant de l'action publique et qu'on peut dire officielle de l'Église, encore que les directions de l'*Action populaire* n'inspirent pas une confiance sans limites à tous les catholiques sociaux.

L'impression de dispersion et même de confusion touffue que donnent d'abord les œuvres sociales catholiques cède promptement la place à une impression toute différente dès qu'on les étudie. On s'aperçoit qu'elles répondent à un plan fort bien conçu et auquel elles finissent par se ramener toutes [1].

A la base du système, si je puis ainsi dire, prennent place les *Patronages* et les *Sociétés post-scolaires* diverses : cercles, sociétés de gymnastique, etc., destinés à devenir « *une pépinière féconde de forces catholiques* ». Au-dessus s'étagent les *Œuvres de protection de l'apprenti*, qui s'adressent aux enfants employés dans les divers corps de métiers : petits ramoneurs et fumistes, marmitons, mousses, etc. Viennent en corollaire des œuvres qui s'occupent des jeunes domestiques, telles les *Associations provinciales catholiques* qui, à Paris,

---

1. Tissier, *Vie cathol.*, p. 61 et s.

utilisent l'impression d'isolement que ressentent souvent les petites bonnes quand elles arrivent de leur pays, les réconfortent, les groupent avec des compatriotes et les font entrer dans une association dont des exercices religieux, menés en commun, constituent le lien visible, et qui sont, en même temps, des sociétés de secours moral et matériel. Au-dessus encore nous trouvons la riche série des *Écoles professionnelles :* écoles d'apprentis pour les garçons, écoles ménagères pour les filles, qui joignent le souci très intéressant du *pratique*, de l'*utile*, par quoi les gens du peuple sont charmés, à la fondamentale préoccupation de consolider et d'orienter l'éducation confessionnelle. Aux ouvriers s'ouvrent les *Syndicats chrétiens*, qui, d'ailleurs, s'adressent également aux patrons. Les *Secrétariats sociaux*, dont j'ai déjà parlé, sont, pour ainsi dire, leurs conseillers juridiques et techniques ; ils étudient et préparent, toujours dans le sens *réaliste* et *pratique*, les améliorations législatives souhaitables et possibles. Des *institutions de crédit*, des *coopératives* aident ces syndicats à assurer la vie matérielle de leurs membres. Un très remarquable effort a été fait du côté des femmes et a développé les syndicats catholiques féminins.

Les syndicats chrétiens se groupent en *Unions régionales* (dix-huit à l'heure actuelle), en cinq *Fédérations de métiers* (employés, cheminots, professionnels de la métallurgie, professionnels du textile et professionnels du vêtement). Deux groupements féminins, l'*Union centrale des Syndicats féminins* et la *Fédération des syndicats profes-*

sionnels féminins correspondent aux groupements masculins et s'harmonisent avec eux dans la *Confédération française des travailleurs chrétiens*. C'est un bel ensemble.

Il arrive assurément que les patrons et capitalistes catholiques aient la tentation de le trouver trop beau et qu'ils jugent tous ces syndicats un peu encombrants. C'est qu'il est toujours difficile de marquer des limites fermes à une association ouvrière quelconque et que les syndicats catholiques évoluent insensiblement dans le sens socialiste, malgré l'effort que font leurs dirigeants occultes pour les enfermer dans le domaine des intérêts corporatifs. Toutes les précautions du monde n'arrivent pas à les garder entièrement des *infiltrations* rouges. Au jugement des catholiques d'action, leurs avantages priment pourtant leurs inconvénients, d'abord parce qu'ils modernisent l'action catholique, ensuite parce qu'ils abritent commodément toutes les autres entreprises de cette action [1].

Périodiquement se tiennent des *Semaines sociales*, véritables congrès où les groupements syndicaux catholiques agitent les grandes questions sociales, et en étudient les solutions possibles, toujours en se plaçant au point de vue *pratique* et en réduisant la *théorie*, l'appel aux principes, au minimum indispensable. Les comptes-rendus de ces assises catholiques [2] méritent d'être examinés avec soin.

Enfin des œuvres d'assistance et de bienfaisance

---

1. Joly, *Vie cathol.*, p. 230.
2. Celles de Toulouse en 1921 ont été spécialement intéressantes.

sont destinées à pourvoir aux nécessités individuelles immédiates et réalisent efficacement l'antique conception chrétienne du devoir de charité. De ces œuvres, la *Société de Saint-Vincent de Paul* reste la forme la plus accomplie et on aura une idée de sa puissance en songeant qu'il y a une vingtaine d'années, elle ne secourait pas moins de 250.000 personnes, en totalisant les interventions de ses *conférences* dans les divers pays où elles existaient.

Toutes ces œuvres catholiques, coordonnées et, en quelque sorte, hiérarchisées comme je viens de le dire, réalisent un effort incontestablement puissant. Elles vivent, elles agissent, elles se développent et elles rendent des services à une clientèle nombreuse ; on aurait grand tort de les prendre pour une simple façade. Toutefois leur avenir dépend étroitement de la réponse qu'il convient de faire à deux questions : *que représente leur succès par rapport aux conquêtes du socialisme proprement dit ? Quel est vraiment l'esprit et le but de leur activité ?*

Leur succès, à défaut de chiffres récents, que je ne possède pas et qui, d'ailleurs, dans leur rigidité, prouveraient moins qu'ils ne sembleraient le faire, on peut le mesurer à l'action des groupements catholiques dans les grands mouvements syndicaux, grèves et agitations diverses. Cette action prouve qu'il ne s'agit que d'une minorité, dont il faut tenir compte, assurément, mais qui, visiblement, ne possède pas les moyens d'exercer une influence, je ne dis pas décisive, mais seulement sérieuse et durable sur les masses ouvrières.

Peut-on croire que la proportion changera, que cette minorité deviendra un jour majorité ? La question n'est pas purement sociale ; elle ne l'est même qu'accessoirement et c'est, avant tout, religieuse qu'elle semble être. La clientèle des « œuvres sociales » catholiques est toute catholique, au moins d'apparence et, peut-on dire, de *déclaration*. En principe il n'y a plus aujourd'hui d'œuvres sociales catholiques qui puissent accepter d'être mixtes ou interconfessionnelles ; quelques-unes sont *neutres*, mais elles sortent d'initiatives privées et ne s'attachent guère qu'à la bienfaisance [1]. Ce qui est certain, en tous cas, c'est que les autorités ecclésiastiques réprouvent les mélanges confessionnels dans les œuvres [2]. Il faut sans doute chercher dans cette répugnance la cause des défiances et des hostilités que le *Sillon* de Marc Sangnier a rencontrées jadis et qui ont abouti à sa condamnation par Rome. D'ailleurs, un décret de la Congrégation consistoriale, du 31 décembre 1909, donnait les plus pressants conseils de prudence aux fondateurs d'œuvres, pour éviter qu'elles ne soient entraînées « *loin des chemins de la foi* ». Les évêques devaient adresser tous les cinq ans un rapport sur cette question au Saint-Siège [3]. Le trouble de la guerre et les obligations de l'Union sacrée ont nécessité quelques compromissions ; mais, depuis la paix, le Pape a rappelé, comme il convenait, les principes et il n'y a pas à garder le moindre doute sur le

1. Tel est, par exemple, le très actif groupement d'œuvres dont l'abbé Viollet reste l'inspirateur et qui a son siège à Paris, rue du Moulin-Vert.
2. Joly, *Vie cathol.*, p. 218.
3. Houtin, *Modernisme*, p. 301.

sens de sa volonté. Tout récemment la sacrée Congrégation du Saint-Office, dans une lettre adressée à l'archevêque de Bordeaux et signée Merry del Val (25 avril 1921), a rappelé « *la décision prise dans la réunion du 1er mars de la présente année, pour refuser l'approbation aux œuvres interconfessionnelles. Il n'est pas permis aux catholiques de faire partie de ces œuvres qui pourraient leur être une occasion de tomber dans l'indifférentisme religieux* ».

Qu'est-ce à dire, sinon qu'en dernière analyse, les œuvres sociales catholiques sont, au jugement de l'observateur du dehors, des entreprises de consolidation et de propagande catholique ? Il ne faut pas oublier, quand on veut comprendre leur intention profonde, le mot de de Mun [1] : « *Organisation de la défense religieuse et point de parti catholique... Des œuvres, encore des œuvres et toujours des œuvres.* » Sans doute ; il est possible d'exploiter assez longtemps l'*utilitarisme* populaire et sa capacité d'*embrigadement*, pour prolonger en lui l'influence du catholicisme, mais la durée du succès et son accroissement apparaissent comme étroitement dépendants de la persistance et de l'extension de la foi catholique elle-même. Et il est trop clair que les patronages, les syndicats, les unions de toutes sortes ne suffisent pas à garantir la foi des actions extérieures, qui la débilitent et la refoulent ; ils n'attirent que des catholiques et ne cherchent pas à attirer d'autres hommes. Leur champ d'action s'est entouré d'un cordon sanitaire

---

1. Rappelé fort à propos par Barbier, *Devoir politique*, p.102.

confessionnel. C'était sans doute une nécessité pour l'orthodoxie ; mais on croira difficilement que, sur le terrain de la lutte sociale, tel qu'il est présentement aménagé, ce soit un avantage.

L'effort des catholiques sociaux, considéré du même point de vue, présente un autre inconvénient, fonction de celui que je viens de dire : il est fondé sur la doctrine du « donnant, donnant » et la moindre étude qu'on en fait prouve qu'il n'est pas assez désintéressé [1]. Je ne parle pas, bien entendu, de très vilaines « histoires » comme celle du *Bon Pasteur* de Nancy ; et, à l'inverse, je n'ignore pas quels zèles admirables et pleinement altruistes il serait facile de trouver parmi les prêtres et les laïques qui donnent aux œuvres leur temps et leur peine. Je veux simplement dire que tout ce très intéressant « socialisme » catholique, considéré dans l'intention évidente de ses meneurs *officiels*, n'est pas vraiment *objectif ;* que ce n'est pas uniquement et *essentiellement pour le peuple* qu'il travaille ; c'est *pour l'Église*. Du point de vue socialiste, il continue, malgré l'amélioration des apparences, de mériter le jugement sévère que portait jadis Benoît Malon sur lui [2], lors de ses débuts : il « *ne peut pas aller au delà de la réglementation du travail, cet article premier des programmes socialistes, et de la constitution d'un patronat chrétien, oppresseur des consciences et confiscateur de toutes les libertés intellectuelles et morales du travailleur* ».

---

1. D. du Dézert, *Église et État*, t. II, p. 307.
2. *Précis d'hist. du socialisme*, p. 17.

L'Église, si longtemps hostile aux revendications populaires et encore si attachée aux principes qui les condamnent, a paru se convertir au socialisme pour essayer de le tirer à son profit. Vaincue sur le terrain politique et contrainte de le céder, elle a organisé sa seconde ligne de résistance sur le terrain social, ou, si l'on préfère, — et ce serait plus juste — elle l'a laissé organiser pour elle. Elle y peut tenir assez longtemps. D'abord parce qu'elle y trouve des facilités d'adaptation apparente aux nécessités d'aujourd'hui et des possibilités de *réalisation* beaucoup plus grandes que celles qu'elle a cherchées sur le terrain politique ; en second lieu parce qu'elle y est servie par des dévouements individuels inlassables, spécialement par le zèle de nombreuses femmes très actives ; enfin parce qu'elle dispose de beaucoup d'argent, que sa clientèle riche, comprenant que son socialisme est au fond une *œuvre de défense sociale*, lui donne volontiers, dans son propre intérêt. Par malheur le peuple sait déjà, en grande majorité, que c'est pour elle-même que l'Église travaille en travaillant pour lui, et il n'y a guère de chances pour qu'il l'oublie jamais. Il y en a, au contraire, beaucoup pour qu'il l'apprenne chaque jour un peu mieux. C'est pourquoi la conciliation entre l'effort du socialisme *rouge* et l'action sociale de l'Eglise paraît irréalisable et proprement inconcevable.

Le prolétariat ne tend pas à redevenir catholique ; c'est un fait. D'autre part, il s'est habitué à voir dans l'Eglise l'irréconciliable adversaire, d'autant plus dangereuse qu'elle apporte un dérivatif aux revendications prolétariennes, l'*ersatz* redoutable de ses promesses et de ses consolations. Il la voit toujours sous la figure de l'alliée fidèle de la bourgeoisie et du capital, et, maintenant qu'elle se dit socialiste et qu'elle agit énergiquement sur le terrain social, il la considère comme la grande *Jaune*, qui contrebat son assaut contre la société capitaliste, alors même qu'elle se donne l'air de le favoriser. Il est incontestable qu'aujourd'hui ce n'est pas la conception sociale de l'Église qui progresse dans le peuple ; elle est trop du passé ; c'est celle du socialisme de gauche. C'est cette dernière qui s'impose peu à peu, non seulement aux gouvernants de toutes les nuances, mais à ses propres adversaires eux-mêmes, au moins à ses adversaires républicains ; c'est elle qui s'étend et qui s'enfonce dans l'opinion de notre pays et j'ai dit pourquoi son succès équivaut à la défaite de l'Eglise.

Le prêtre dont je rapportais l'opinion en commençant cette étude *sociale* a donc vu juste. Il fallait que l'Église essayât de persuader au peuple que le vrai code du socialisme c'était l'Évangile ; il fallait qu'elle cherchât à détourner le mouvement socialiste vers ses propres voies. Nous la voyons présentement au plein de sa tentative. Si elle échoue, le mouvement socialiste se développera contre elle et lui sera funeste. Il ne semble pourtant pas qu'elle ait chance de réussir, ni seulement qu'elle ait pu, jusqu'ici, faire beaucoup mieux que de se poser en *classe* dans la lutte des classes.

TROISIÈME PARTIE

L'ASPECT INTELLECTUEL

CHAPITRE V

Les causes de l'opposition de l'Église à l'esprit moderne.

I

La prétention de l'Église à l'immobilité doctrinale. — La cristallisation de Trente. — Comment, portant sur un système doctrinal, elle y a impliqué un système intellectuel.

La raison d'être fondamentale de l'Église, celle que personne ne lui conteste, c'est de représenter une croyance organisée, d'exprimer une métaphysique où s'enferment et se résolvent tous les problèmes que se pose l'homme devant le monde et sur sa propre destinée. Cette métaphysique, elle l'appuie sur une révélation dont l'acceptation constitue l'acte de foi catholique, et sur une tradition dont elle donne une certaine interprétation. Se conformer à cet enseignement, en pensée et en action, c'est se soumettre au magistère ecclésiastique, c'est-à-dire, en dernière analyse, à celui du Pape.

Révélée, la doctrine est, *ipso facto*, invariable. L'Eglise professe que les Apôtres l'ont connue *substantiellement* telle que nous la voyons aujourd'hui et que leur enseignement l'a établie tout entière. Les textes saints ne l'exposent pas dans son détail, mais ils l'impliquent toute et le temps n'a fait que l'éclaircir, la préciser dans son expression, l'expliciter sur certains points, à mesure que des opinions erronées se sont produites, qui ont obligé l'Église enseignante à donner plus d'ampleur et plus de vigueur à ses définitions, comme on déplie peu à peu un manteau plié sans changer rien ni de sa substance ni de son apparence véritable. Or, c'est une constatation solidement fondée en histoire qu'il n'y a qu'illusion dans cette prétention à l'immobilité dans la vérité, que professent d'ailleurs toutes les religions qui s'appuient sur une révélation ; qu'une religion ne subsiste qu'en s'adaptant aux besoins des hommes qui l'adoptent ; que ces besoins se transforment incessamment, par le jeu ininterrompu des forces sociales ; que, par conséquent, une religion ne vit que si elle se transforme elle-même, si elle évolue.

Cette idée de l'évolution, appliquée au christianisme et spécialement à la dogmatique catholique, est odieuse à l'Église et Pie X l'a formellement condamnée[1]. D'avance le Concile de Trente,

---

1. Décret *Lamentabili* (1907), XXII et LIV.

qui a décidé sous l'inspiration des Jésuites, lui a coupé l'accès de l'Eglise, en opérant une véritable *cristallisation* de la foi, ou, pour mieux dire, de ses formules orthodoxes, car il n'est pas au pouvoir d'un concile de fixer la vie mouvante du sentiment. Il a donc établi *ne varietur* l'expression authentique de la doctrine et il a aggravé son imprudence en la plaçant sous la garantie du Saint-Esprit et en la justifiant par la spéculation de saint Thomas. Or l'*Ange de l'École* avait été certainement un penseur, mais il avait pensé au XIIIe siècle et pour le XIIIe siècle, en fonction de la science et de la philosophie du XIIIe siècle. Spécialement, il n'avait pas eu à contredire l'affirmation de l'inerrance de la Bible et, à sa suite, des hommes du XVIe siècle, méconnaissant l'esprit et les connaissances de leur propre temps, acceptaient encore comme *de foi* toutes les allégations *de fait* que contenait le vieux Livre. Ils préparaient ainsi à l'Eglise une suite inépuisable d'irritantes et dangereuses difficultés.

Depuis le Concile de Trente, l'Eglise a donc professé une doctrine officiellement immobile et dont, en fait, la capacité d'adaptation se trouvait réduite à l'extrême. Et, ce qui est encore plus grave que cette espèce de défi à la vie, elle a lié cette doctrine, elle l'a presque confondue avec un *système intellectuel* qui se trouvait déjà dépassé de beaucoup et désuet à l'époque où les Jésuites s'y attachaient délibérément et y attachaient le Concile. Du point de vue intellectuel, *c'est donc encore vers le passé que l'Église a regardé*; c'est vers lui qu'elle s'est retournée, au moment même où la pensée laïque s'orientait vers l'avenir. Et, ce passé, c'est lui qu'elle s'est acharnée à ressusciter, en même temps qu'elle semblait nier l'avenir, se clore les yeux pour ne pas le voir, se condamner à le contrarier et à l'arrêter dans son progrès, ou à être bousculée par lui et jetée hors de la vie.

La position politique prise par l'Eglise s'est d'ailleurs parfaitement accordée avec cette position intellectuelle; elle aurait sans doute suffi à la déterminer; elle l'a, en tous cas, consolidée et fait paraître nécessaire.

II

Nécessité pour l'Église de rester maîtresse de l'éducation. — Pourquoi elle supporte bien la réorganisation scolaire de la Révolution et de l'Empire. — L'ignorance des fidèles. — Sa persistance. — La timidité intellectuelle et la crédulité des catholiques. — La mystification Léo Taxil. — La leçon ne porte pas. Pourtant l'état d'esprit qu'elle n'a pas entamé doit changer peu à peu.

Tant qu'elle est restée maîtresse de l'éducation, l'Eglise n'a point connu de sérieuses difficultés pour maintenir l'ensemble de ses fidèles dans la soumission intellectuelle. C'était pour elle un point de première importance, car la révolte et l'hostilité de l'apostat lui font moins de peur et, en vérité, lui causent moins de dommage que la menace d'une crise de conscience provoquée parmi ses ouailles par une inquiétude de l'esprit. Une attaque violente, comme celle que les *philosophes* du xviiie siècle ont menée contre elle, lui a fait perdre des brebis, mais elle n'a point dispersé le troupeau et, en un sens, elle l'a plutôt raffermi. Quand le clergé a eu perdu le monopole de l'enseignement, du fait de la réorganisation scolaire de la Révolution et de l'Empire, il a commencé à entrevoir le péril[1] ; mais, en réalité, il ne l'a pas encore cru très instant, parce qu'en ce temps-là le peuple ne savait pas et ne pouvait pas savoir, tandis que les *cléricaux* voulaient délibérément ignorer. Pendant longtemps personne, ou à peu près, n'essaiera de s'éclairer vraiment sur la dogmatique orthodoxe, et les premiers savants en la matière, qui se formeront au xixe siècle, feront d'abord de louables efforts pour n'inquiéter ni ne contrister les simples et leurs pasteurs.

Pendant longtemps, donc, jusqu'à l'époque qui nous touche tout à fait, l'immense majorité des catholiques, à quelqu'étage social qu'on les prît, n'a rien su du passé chrétien ; elle a même ignoré l'essentiel de sa religion. Aujourd'hui, les fidèles éclairés s'en plaignent souvent[2] et, du reste, comme cette double ignorance n'a pas disparu,

---

1. Au temps de la réaction thermidorienne, le clergé protestait déjà contre l'école *neutre*. Après le Concordat les évêques mettent pratiquement la main sur l'enseignement primaire ; l'éducation religieuse fait partie des programmes de l'enseignement secondaire de l'État et l'épiscopat, sous prétexte de la contrôler, obtient un véritable droit de regard sur les études des lycées et collèges, auxquels, d'ailleurs, il cherche à faire concurrence avec ses petits séminaires. — Cf. Lévy-Schneider, *Champion de Cicé*, p. 406 et s.

2. Chaine, *Cathol. français*, t. II, p. 347 ; Le Roy, ap. *Sent. religieux*, p. 177 ; Rocafort, *Résistances*, p. 77.

il est bien facile de la constater. Combien de fois ne m'est-il pas arrivé de relever dans la conversation de catholiques, par ailleurs assez instruits, les erreurs ou confusions dogmatiques les plus fâcheuses ![1] Il faut dire que l'Église s'est rarement montrée très exigeante sur l'éducation dogmatique de ses fidèles ; elle se contente volontiers de leur enseigner le catéchisme avant leur première communion et, ensuite, de réclamer d'eux une bonne pratique ; le confesseur, directeur de conscience, pourvoit au reste.

Le résultat de cette négligence, qui n'est pas toujours involontaire, c'est de maintenir la plupart des catholiques dans un état de timidité intellectuelle et de crédulité qui étonne, dans un temps où le sens critique est roi[2]. C'est là ce qui leur donne si souvent une apparence vieillotte et presque archaïque, dont souffrent et se trouvent humiliés ceux de leurs frères qui ont voulu s'instruire. Le commun des catholiques vraiment convaincus se plie sans la connaître à la recommandation que formulait naguère l'abbé de Broglie et qui est de prendre la foi comme « *une conviction permanente de certaines doctrines, accompagnée de l'idée que les croire vraies est un devoir et que les mettre en doute est une pensée coupable*[3] ». Ne pas croire assez, je l'ai déjà dit, comme ne pas assez obéir, est la grande crainte des *bien pensants* d'aujourd'hui, et la confiance, volontaire-

1. Cf., par exemple ap. Chaîne, *op. cit.*, t. II, p. 121, ce que dit son correspondant de l'*Immaculée Conception*.
2. Chaîne, *Cathol. français*, t. I, p. 107.
3. Ap. Houtin, *Crise*, p. 41.

ment aveuglée, leur tient lieu d'information : *magnum compendium et nullus labor*, aurait dit saint Augustin ; j'entends que, ce faisant, ils épargnent leur temps et leur peine.

Il arrive pourtant que cette crédulité fidéiste et intellectuellement humiliante, conduise, dans le domaine proprement religieux, à des aberrations que nous retrouverons bientôt et, dans le courant ordinaire de la vie, à des aventures si étranges qu'on refuserait d'y ajouter foi, n'était l'abondance des preuves et le nombre des témoins. La plus extravagante et la plus probante est celle où les autorités de l'Église elles-mêmes se sont jetées, à la suite d'un audacieux mystificateur, entre 1885 et 1897. Je veux parler de l'affaire Léo Taxil. [1] Ce pamphlétaire sans scrupule, d'abord violent et grossier adversaire de l'Église, s'était dit touché de la grâce, le 24 avril 1885, et il avait reçu l'absolution du nonce, Mgr di Rendi, en personne. Il s'était alors tourné contre la maçonnerie, la bête noire des catholiques [2], et, comme ses premières *révélations* sur les Loges avaient trouvé bon accueil dans les milieux bien pensants, il n'avait pas tardé à se répandre en inventions horrifiques dont l'outrance folle avait assuré le succès jusqu'à Rome. Il avait imaginé une certaine Diana Vaughan, grande prêtresse du culte de Satan dans la franc-maçonnerie féminine, et il publiait ses confidences ! Cette repentie vouait

1. Elle a été très bien résumée dans une brochure de H.-Ch. Lea, *Léo Taxil, Diana Vaughan et l'Église romaine*.
2. Cf. Leroux, *La Franc-Maçonnerie sous la 3e République*. 2 vol.

sa vie à la défense de la vérité catholique et cette bonne nouvelle faisait frémir de joie l'Église entière. Il était d'ailleurs entendu que, pour échapper à la vengeance certaine des francs-maçons, miss Vaughan se cachait avec soin. Il fallut une bonne dizaine d'années pour que des doutes osassent se produire, doutes que l'organe des Jésuites, la *Civiltà cattolica*, repoussa comme inventions de la franc-maçonnerie elle-même (sept. 1896) ! On ne sait pas jusqu'où Léo Taxil serait allé dans une entreprise qu'évêques, cardinaux et Pape encourageaient à l'envi, s'il ne s'était, à la fin, lassé d'abuser d'une crédulité qu'il avait, dans toutes ses expériences, reconnue supérieure à son imagination. Il se résolut donc à se donner, en conclusion, le spectacle de la confusion de ses dupes : il en réunit un choix distingué dans la salle des séances de la Société de Géographie, le 19 avril 1897, sous prétexte de leur présenter Diana Vaughan et là il leur avoua cyniquement qu'il s'était joué d'elles jusqu'au delà de toutes les limites de l'absurde ; puis il s'enfuit sous la protection de la police [1].

Ce fut un beau scandale, mais ce ne fut pas une bonne leçon pour les catholiques ; je veux dire que leur amour-propre la leur fit oublier vite et qu'ils n'en profitèrent pas pour devenir plus circonspects à l'égard des *révélations* séduisantes. La seule affaire Dreyfus le prouverait surabondamment. — Ce gros public catholique reste

---

1. Lea remarque (p. 27) que les publications de Léo Taxil et consorts, relatifs au satanisme, au palladisme, etc. ne sont pas à l'*Index* !

toujours très facile à leurrer ; il prend ses désirs pour la réalité avec une promptitude étonnante et il marque, *en masse*, une telle simplicité d'esprit que ses conducteurs n'ont pas grandes précautions à garder pour lui faire accepter ce qu'ils veulent. Si l'Eglise pouvait l'entretenir toujours dans l'état où elle l'a mis et dans sa confiance absolue en elle, elle se trouverait garantie contre tout risque de graves difficultés intérieures. Par malheur, le maintien de cet état d'esprit devient de plus en plus difficile, car il est désormais impossible de parquer le troupeau des fidèles derrière une muraille de Chine. Chaque jour l'esprit moderne se fortifie et pousse plus énergiquement son assaut contre les positions intellectuelles de l'Eglise.

III

L'esprit critique moderne et l'esprit théologique. — L'application à la religion de la double idée de l'adaptation et de l'évolution. — Volonté moderne de répandre les connaissances acquises. — L'inévitable conflit.

L'esprit moderne est, ici comme ailleurs, un esprit de liberté. Il prétend examiner à sa guise toute affirmation, toute idée, toute opinion et en juger librement. Le théologien qui démontre part d'une proposition qu'il considère comme certainement vraie ; ainsi que le fait un mathématicien qui vient de poser un théorème classique, il borne son initiative à chercher la démonstration la plus claire : il sait où elle doit le conduire et il la dirige sûrement vers le but. Le chercheur moderne ne procède pas ainsi ; il ne pose pas de théorème ; il n'accepte rien comme vrai préjudiciellement, sinon le principe même de son doute préalable ; il recueille des faits et des raisons, les examine l'un après l'autre, les classe, les compare et conclut dans le sens que son expérience lui impose. Longtemps la foi a joui d'une véritable immunité au regard de cette méthode ; elle l'a perdue de nos jours.

L'esprit moderne est tout pénétré de la double idée de l'adaptation et de l'évolution ; la religion, qu'il considère comme un phénomène social, né de la société et pour elle, ne lui paraît pas échapper à la double loi dont il constate la souveraine influence sur toute vie physique et sociale. L'esprit moderne est donc *scientiste* fondamentalement ; il croit à la science. Non pas certes qu'il en fasse une « nouvelle idole » et qu'il lui prête le pouvoir de tout savoir et de tout expliquer, mais il s'est persuadé qu'elle seule est capable de nous donner chaque jour un peu plus de clartés sur le monde et sur la vie. Or, ce n'est point dans le sens des affirmations de la Bible ni de celles de saint Thomas que la recherche scientifique a jusqu'ici conclu.

L'esprit moderne enfin réclame la diffusion aussi large que possible de toute vérité acquise ; il veut que l'instruction de tous les hommes gagne sans cesse en étendue et en profondeur et qu'elle ne se borne point à leur inculquer des affirmations et des aphorismes, mais qu'elle s'attache à des faits contrôlables, à des vérités démontrées et à des méthodes d'examen et de critique.

Il est donc difficile de concevoir plus complète opposition que celle qui sépare l'esprit traditionnel de l'Église et l'esprit de notre temps ; on comprend qu'un conflit entre eux n'ait pu être évité. La gravité de ce conflit tient à ce qu'il porte nécessairement sur les définitions orthodoxes de la foi, que l'Église juge irréformables et que la conscience moderne, en vérité, accepte aussi mal que le peut faire l'esprit moderne lui-même. Que la religion chrétienne proprement dite, la religion de l'Evangile, puisse être dégagée des difficultés où se trouvent jetées les représentations catholiques, on le dit et on a, sans doute, raison de le dire, mais ce n'est point de cela qu'il s'agit et la vraie question est celle-ci : Est-ce que le catéchisme et les décrets de Trente, dans leurs affirmations fondamentales et dans leurs formules, peuvent satisfaire l'esprit moderne, s'il les examine et les critique ? Est-ce que les postulats du système intellectuel de l'Église résisteront aux opérations de ce même esprit ? Si la réponse est négative, cela voudra dire que la troisième ligne de résistance de l'Église et le réduit même de sa défense sont directement menacés.

Il arrive que, pour détourner le péril, des hommes d'Eglise mettent en avant un argument qui est dans l'esprit et dans la logique de la tradition : la science, de sa nature inquiète et incertaine, ne fait pas le bonheur ; laissez aux simples les réconfortantes certitudes ; ne troublez pas les âmes candides ! L'esprit moderne répond : la science, avant le bonheur, cherche la vérité, dont il n'est pas sûr qu'elle ne devienne pas un jour la grande joie de l'homme ; il n'y a pas que des simples dans le monde ; prenez garde de ne pas scandaliser les savants ! Or, le nombre des savants — j'entends des hommes qui savent pour avoir appris, sinon pour avoir découvert — le nombre des savants croît tous les jours, tandis que celui des simples diminue.

CHAPITRE VI

Le conflit de l'Église et de l'Esprit moderne.

I

Comment l'Église a posé ses principes. —
Comment elle les a soutenus.

Il faut rendre à l'Église cette justice que, voyant inévitable l'antagonisme entre l'esprit moderne et elle, elle n'a pas cherché à l'atténuer et que, se jugeant au plein de son devoir, elle n'a pas refusé le combat. C'est même elle qui a posé la première le choix redoutable : *Lui ou moi !* Et elle a pris dès l'abord une attitude d'intransigeance, qui ne l'a pas empêchée, ensuite, de faire de notables concessions quand la force de l'attaque les a rendues nécessaires, mais qui, du moins, n'a laissé à ses adversaires aucun doute sur ses intentions ni sur ses principes.

Avant 1870 déjà, c'est-à-dire avant le moment où s'est organisé chez nous le grand effort pour répandre les connaissances positives dans les masses populaires et où le progrès des sciences critiques a conduit à des résultats vulgarisables, l'Église avait nettement dit comment elle envisageait la question qui nous occupe. Les grandes déclarations pontificales que nous avons rencontrées dans le domaine politique ou social, l'encyclique *Mirari vos*, l'encyclique *Quanta cura*, le *Syllabus*, ont, pour ainsi dire, une face intellectuelle et ce n'est pas seulement au regard de la démocratie qu'elles condamnent les doctrines de liberté. L'enseignement qui en ressort avec évidence, c'est que, seule, une folie impie peut soutenir le droit de l'homme à la liberté de conscience, à la liberté d'examen en matière religieuse, à la liberté d'exprimer ses opinions.

Ses principes rappelés, l'Église a fait front dans toutes les directions. Solidement appuyée sur l'armée des réguliers et spécialement sur les Jésuites, elle a su modifier sa tactique selon les circonstances. Résistances tenaces, malédictions et menaces, concessions de détail, et même surenchères sur les principes de ses adversaires, elle a tout essayé. De préférence, elle s'est attachée à mettre ses contradicteurs en opposition les uns aux autres, triomphant de leurs erreurs, du « mouvement » même de leur pensée et des transformations de leurs systèmes d'explication, et s'en autorisant pour proclamer l'intangible solidité de sa propre vérité toujours immobile. On est surpris qu'un si pitoyable argument ait pu retenir sa confiance et lui servir, sinon la servir, si longtemps. A vrai dire, la défense catholique, dont on peut admirer souvent l'énergie et l'héroïque mépris du danger, afflige, en trop d'occasions, par les pauvretés de tout genre, les poussées de mauvaise foi, les misérables arguties et les audacieuses ignorances qu'elle étale avec une inconscience déconcertante. Les meilleurs amis de l'Église avouent cette faiblesse et, de fait, elle n'est pas niable.

II

L'Église et la liberté de penser. — Elle prétend ne pas l'entraver. — Ce qu'elle en fait réellement. — Le conflit de l'Église et de la science. — Diverses positions prises par l'Église au cours de ce conflit. — Place que les catholiques tiennent dans la science. — Valeur de l'argument qu'on tire du catholicisme de divers savants.

La grande ennemie de l'Église, c'est la liberté de penser. Le jour où elle admettrait cette liberté comme un droit inaliénable de chaque homme, on peut dire que ce serait pour elle la fin de tout. Il n'y a pour en douter que ceux-là qui n'entendent pas le sens redoutable des mots *pensée libre*, considérés à part l'un de l'autre ou pris ensemble. Aussi bien a-t-elle réprimé autant qu'elle a pu, chez ses fidèles, toute revendication de cette dangereuse liberté [1].

Pourtant, de bonne heure, elle n'a pas supporté sans impatience le nom de *libres-penseurs* que

1. On peut dire que c'est là l'intention primordiale des encycliques *Mirari* et *Quanta cura*.

se donnaient ses adversaires et il lui a paru injurieux d'être accusée de ne pas penser librement. Elle a commencé par retourner le reproche contre ceux qui le lui faisaient, et elle n'a pas toujours eu tort ; puis elle s'est mise à proclamer qu'elle aussi pensait en toute liberté, mais en demeurant *dans les limites de la vérité*, entre les bornes protectrices et bienfaisantes qu'elle a mises à la curiosité malsaine de l'esprit, aux confins de l'erreur. Ces limites étant librement acceptées par la foi librement consentie, que parle-t-on encore de contrainte de la pensée dans l'orthodoxie ? L'argument, excellent pour le fidèle, semble ridicule à l'incroyant, par ce qu'il revient à résoudre la question par la question. Pourtant c'est un fait qu'aujourd'hui les catholiques cultivés se montrent blessés quand on conteste qu'ils pensent librement. Ils affirment avec conviction que leur liberté de pensée s'exerce sur beaucoup plus de points qu'on ne croit, même en matière religieuse [1]. Sans doute ; mais la vraie question n'est pas là ; elle est en ceci : un catholique a-t-il le droit de penser ce qu'il veut de l'enseignement de l'Église, d'en prendre et d'en laisser à son gré, ou seulement de s'en écarter sur un seul point qu'elle ait défini ? La réponse est évidemment négative et nombreux sont les clercs qui ont éprouvé à leurs dépens les effets de cette restriction. [2] Il existe assurément des penseurs catholiques libres, ou qui se croient tels ; je veux dire que, vraiment catholiques, ils

---

1. Chaîne, *Menus propos*, t. I, p. 173.
2. Houtin, *Modernisme*, p. 398.

ont l'illusion de se croire libres, ou que, vraiment libres, ils s'imaginent qu'ils sont correctement catholiques ; mais je ne crois pas contestable que, dans tous les cas, ils sortent de l'orthodoxie s'ils pensent librement sur le dogme ; car pensée libre et dogme orthodoxe sont, par définition, termes contradictoires. Le grand argument mis en avant par ces penseurs libres de l'Église, c'est qu'*ils se sentent libres*, libres dans leur adhésion à la foi, libres dans leur vie en elle ; mais cela revient à dire, au jugement des incroyants, que le seul usage qu'ils aient jamais fait de leur liberté a été de consentir délibérément à n'en plus user que dans les limites permises ; donc, à n'en plus user du tout.

Il n'est, au reste, pas douteux que l'Église ne tire avantage, auprès de beaucoup d'hommes, de la fermeté de la direction intellectuelle qu'elle leur prescrit, de la fixité de la règle de foi qu'elle leur impose ; ils se complaisent dans le déterminé et y trouvent une sécurité réconfortante. Mais c'est là encore *donnant, donnant* ; ce que donne le fidèle, c'est tout justement sa liberté de penser.

Il ne paraît pas moins certain que les limites orthodoxes entre lesquelles la pensée de la plupart des catholiques se sent à l'aise, semblent trop étroites à une minorité plus exigeante, et qu'elle demande qu'on les recule, et que ce serait sans doute possible si l'Église n'avait pas fait la confusion initiale, dont nous avons parlé, entre le *religieux* et l'*intellectuel* [1]. Mais je ne m'occupe

---

1. Cf. le recueil de consultations catholiques publié par Ri-faux dans *Les conditions du retour*.

pas ici de ce qui pourrait être ; je ne considère que ce qui est. On peut croire très sage — et très moderne — de conseiller à l'Église de ne pas s'attacher à une « *certaine conception trop rigide de la vérité* »[1], qui rendrait impossible toute conciliation avec la science ; c'est pourtant à cette conception-là qu'elle s'attache, parce qu'elle n'admet pas de commune mesure entre sa vérité et la demi-vérité de la science, et qu'elle sent bien que céder sur un point ébranlerait tous les autres. Il ne convient pas, d'ailleurs, de s'arrêter aux exceptions, aux personnalités qui débordent la moyenne en la choquant, comme c'est le cas des catholiques d'élite auxquels je songeais il y a un instant, mais à cette moyenne elle-même, qui est, en fait et selon toutes les apparences, représentative du corps de l'Eglise. Je citerai un seul texte qui fera très clairement comprendre ce que c'est que la liberté de penser pour un catholique véritable. Le bénédictin dom Plaine disait un jour : « *Avant de composer un travail, je regarde quel est, sur mon sujet, l'enseignement de l'Église, particulièrement dans sa sainte liturgie, quelle est la tradition de notre ordre et la pensée de dom Guéranger et ce que l'on nous a appris au noviciat* »[2]. Après toutes ces précautions notre chercheur peut marcher librement ; sa pensée est en garde contre les folles aventures.

La vérité est qu'au-dessus de toutes les libertés, y compris celle de la pensée, l'Eglise conti-

---

1. Loisy, *Autour d'un petit livre*, p. 208.
2. Ap. Houtin, *Modernisme*, p. 16.

nue de placer son *autorité*. On n'a pas raison
contre elle et les seuls travailleurs de l'esprit
qu'elle approuve sont ceux « *qui veulent et savent
unir la foi intégrale avec le progrès scientifique* »[1].
On ne nous dit pas si la volonté suffit et si le
résultat cherché est facile à obtenir ; mais, ce que
nous savons, c'est que, dans tous les cas, le dernier mot reste à l'autorité. Un Jésuite exprimait
fort bien cette nécessité au lendemain de la condamnation de M. Loisy : « *L'autorité de l'Église,
disait-il, doit peser plus, au regard de la raison,
que l'autorité de M. Loisy... L'Église, même quand
elle n'use pas du privilège de l'infaillibilité, ne
laisse pas d'être assistée par l'Esprit saint dans
le gouvernement des âmes et la distribution de
la doctrine. Un croyant n'en doute pas* »[2]. Évidemment ; mais un homme pénétré de l'esprit
moderne en doute et, pour qu'il adhère à la condamnation d'une opinion, il veut qu'on lui prouve
que cette opinion est fausse, et qu'on le lui prouve
par des arguments recevables en raison et non
par un appel à l'autorité du Saint-Esprit. Pour un
tel homme, « *la vraie vérité n'a qu'un intérêt, qui
est la vérité même* »[3], et l'*a priori* d'une croyance
ne saurait l'arrêter dans sa recherche. C'est donc
un conflit de principes et de méthode, plus encore
qu'une divergence de conclusions, qui oppose le
chercheur indépendant au savant confessionnel, et
certains catholiques éclairés voient parfaitement
que *l'argument d'autorité, ultima ratio* de l'Église

1. Portalié, ap. *Études* du 5 août 1908, p. 351.
2. Emonet, ap. *Études*, du 5 mars 1904, p. 753.
3. Loisy, *Autour d'un petit livre*, p. 219.

pour arrêter les curiosités indiscrètes et les raisonnements dangereux, constitue l'obstacle invincible à un véritable accord entre elle et l'esprit moderne[1].

A vrai dire, dans la pratique de l'Eglise, il ne s'agit pas seulement d'un argument, mais de toute une méthode qui se contente d'entasser des « autorités », au lieu d'organiser des raisons. Méthode funeste à la connaissance ; elle a sévi durant tout le xixᵉ siècle et elle garde encore aujourd'hui des fidèles[2]. On trouve des catholiques, tel M. E. Le Roy, qui croient se tirer de la difficulté en affirmant qu'il « *y a une infinité de manières de concevoir l'autorité et le dogme*[3] ». Pour eux, c'est possible, mais non pas pour l'Eglise, et l'infinité de ces manières, sauf une seule, a les plus grandes chances de les conduire hors de l'orthodoxie ; l'exemple de M. Le Roy lui-même n'est pas pour prouver le contraire.

En fait l'Eglise, dans les temps modernes, a mené contre la science une lutte acharnée. La science est imparfaite ; il n'y a que les ignorants pour croire le contraire ; mais elle ne peut progresser qu'à la condition de demeurer dans la dépendance absolue du fait et de l'expérience, de la démonstration objective et de l'argument positif ; c'est à la religion de s'arranger des conclusions du savant. En ce sens, et en ce sens seulement, se trouve vraie l'affirmation qu'il ne peut y avoir contradiction entre la science et la véritable foi. Mais l'Église, en posant ce dernier principe, en a fait

1. Abbé Girodon, ap. Rifaux, *Conditions du retour*, p. 213.
2. Houtin, *Question biblique au XIXᵉ siècle*, p. 44.
3. Le Roy, ap. *Sentiment relig.*, p. 176.

une application inverse de celle qu'admet le savant,
en professant que, la vérité de la foi révélée primant celle de l'expérience incertaine des hommes,
c'est à la science de se conformer au dogme. C'est
pourquoi elle a lutté pied à pied contre tout progrès scientifique que ses théologiens jugeaient
subversif, donnant ainsi aux hommes d'esprit indépendant l'impression qu'elle était toujours, pour
la vérité scientifique, l'obstacle et la contradiction.
Huxley disait justement que le naturaliste rencontrait à chaque pas sur son chemin un écriteau
portant ces mots : « *On ne passe pas ! Signé :
Moïse* » [1] ! Toutes les routes de la science que
l'orthodoxie a cru prudent d'interdire se sont
trouvées jalonnées de même sorte.

Au regard de la science, à partir du moment
où le conflit s'est engagé, l'Église et les catholiques
orthodoxes ont pris successivement quatre positions différentes.

Ils ont dit d'abord que la Vérité révélée demeurait « *hors des atteintes de la science et de l'esprit
d'examen* » ; que la science lui devait le respect et
se trouvait dans l'obligation de garder ses distances par rapport à elle [2]. S'il se produit un désaccord, tant pis pour « *les délires de la fragile science
humaine* », car « *l'esprit ondoyant du siècle* » ne
saurait prévaloir contre « *la dignité immuable de
l'Église* » [3]. Du reste, est-ce que la science n'a pas

1. *Ce qu'on a fait*, p. 249.
2. J. de Maistre, cité par D. du Dézert, *Égl. et État*, t. II,
p. 27 ; Constitution *Dei filius* et *Schema de fide* du Concile du
Vatican.
3. Enc. *Communium rerum*. Cf. Pernot, *Politique*, p. 214.

fait faillite ? Brunetière l'a proclamé et Henri Poincaré l'a pensé. Hélas ! Quand il parlait de science positive, le dogmatique-né qu'était Brunetière ne savait peut-être pas s'arrêter à temps, ni établir les distinctions qu'il aurait fallu. Il avait parfois pris pour *la science* ce que Duclaux appelait justement « *des boniments de tréteaux* [1] ». Et H. Poincaré pensait et disait tout autre chose que les truismes que lui prêtaient des exégètes ingénus. C'est une transposition hardie que d'avoir transformé en détracteur de la science un des plus grands savants qu'il y ait jamais eu, un homme qui n'a vécu que pour la recherche et la découverte.

Les « anti-scientistes » disent encore : Est-ce que la science n'est pas inévitablement un orgueil, c'est-à-dire une déformation du jugement ? C'est l'argument qui répond à tout, sinon à la raison [2]. « *Rome*, a dit pittoresquement Schnitzer, *a aimé les sciences... aussi longtemps qu'elles l'ont docilement servie, se résignant à porter la queue de sa robe.* »

Seconde position : *Il ne peut y avoir de contradiction* véritable entre la foi et la science parce qu'elles sont l'une et l'autre d'origine divine. Sans doute les apparences donnent parfois de l'inquiétude et nous ne voyons pas toujours comment l'accord se pourra faire ; mais soyons assurés qu'il se fera un jour ou l'autre, car il n'est pas douteux que si un peu de science éloigne de Dieu, beaucoup de science y ramène. — Il faut une confiance

1. *Revue des Revues*, 15 mars 1900.
2. J. de Bonnefoy, *Cathol. de demain*, p. 118.

robuste pour attacher quelque valeur à des considérations de sentiment, qui ne sauraient résister à l'analyse la plus superficielle.

Troisième position : La science et la foi ne peuvent se contredire parce qu'*elles ne doivent pas se rencontrer*. Elles se développent sur deux plans parallèles qui ne se confondent qu'à l'infini, c'est-à-dire en Dieu. La sagesse est donc d'abandonner toutes les tentatives de *concordisme*, qui tombent trop aisément dans la puérilité, de ne pas gêner les savants en leur opposant la théologie, ni les théologiens en leur objectant la science. Et on insiste : La religion n'est pas « *un système intellectuel* » ; c'est « *une vie* » ; c'est une *métaphysique*, sur laquelle la science, toute *physique*, n'a pas prise [1]. Un instant de réflexion prouve que toutes ces affirmations ne tiennent que si on les arrête aux droits généraux du *sentiment religieux*, mais qu'elles tombent toutes si on prétend les confronter aux précisions de fait de l'*enseignement orthodoxe*, qui est par un côté un *système intellectuel* et qui a ses opinions sur la vie physique comme sur la vie spirituelle.

Enfin, quatrième position, celle que prennent le plus volontiers aujourd'hui beaucoup d'apologistes avertis et même quelques autres [2] : La science

1. Chaîne, *Cathol. français*, t. I, p. 111 ; Rifaux, *Conditions du retour*, p. 59 ; 137 et s. ; 205.

2. E. Julien, *Civisme et catholicisme*, p. 15-20, est assez caractéristique de la manière de ces derniers. — Dès 1838 les *Annales de philosophie chrétienne* (fondées en 1830), sous la direction d'Augustin Bonnetty, entreprennent de prouver que toutes les découvertes scientifiques confirment la foi. Bonnetty a trouvé depuis de nombreux imitateurs, par exemple l'abbé Vigouroux, dont les livres ont été très lus dans le clergé.

et la foi ne se contredisent pas du tout ; elles sont parfaitement d'accord. On a pu croire le contraire jadis ; mais c'était une erreur d'appréciation, qu'une vue plus exacte de la réalité a réformée. Et voici dans quel sens il convient d'entendre que se fait l'accord : « *La science d'aujourd'hui est forcée de se rallier de toutes parts aux enseignements de l'inspiration. Si le naturaliste pénètre dans les profondeurs du globe, c'est pour y apercevoir les six jours de la création mosaïque gravés couche par couche sur le granit... Si la physique découvre le système des ondulations, c'est pour absoudre la Genèse d'avoir fait de la substance lumineuse un être créé avant le soleil. Si la phrénologie explore le crâne humain, c'est pour retrouver les trois fils de Noé qui se sont partagé la terre. On dirait que, depuis la Genèse, le génie, en expiation de quelqu'ancien blasphème, ne peut remuer aucun mystère sans en faire sortir le Dieu des chrétiens. La science ne fait rien autre chose que de se vouer au ridicule en s'obligeant à des retraites ignominieuses...* » Et l'abbé Gaffre, qui, lui, ne craint pas le ridicule, continue sur ce ton deux pages durant [1]. Et il a de nombreux émules dont l'intrépidité en impose aux ignorants. Toutefois l'affirmation de l'accord de la science et de la foi ne se présente pas que sous cette forme puérile et offensante au savant ; elle s'appuie souvent de considérations et d'interprétations spécieuses qui, par exemple, présentent le transformisme comme une représentation si orthodoxe de la vie sur la terre qu'on en vient

______

1. Gaffre, *Le Christ et l'Église*, p. 275 et s.

à se demander comment des catholiques peuvent encore se refuser à l'admettre [1] ! Dans un autre domaine de la science, qui ferait confiance aveugle aux travaux du P. Lagrange ou du chanoine Batiffol demeurerait persuadé que l'Église n'a pas de meilleures auxiliaires que l'exégèse et l'histoire.

Pour juger de la valeur de ces solutions diverses et contradictoires du redoutable problème que l'esprit moderne a posé, et au plein duquel se débattent tant de malheureux, déchirés par des amours contraires, il suffit de mesurer la place que les catholiques tiennent chez nous dans la science. Elle n'est pas large. Dès l'abord on constate que *« les maîtres de la pensée moderne n'appartiennent pas au catholicisme* [2] *»* ; l'Eglise a perdu la direction de l'esprit. Dès 1868, le cardinal Grasselini, homme d'esprit très ouvert, disait au P. Hyacinthe Loyson à Rome : *« Si nous n'avions pas les promesses de l'Évangile, nous n'aurions guère à compter sur l'avenir. Nous ressemblons à un fleuve qui tarit. La science nous a dépassés. »* Et : *« L'influence de l'Église dans le passé tient en grande partie à ce qu'elle était à la tête de la science. Aujourd'hui elle est à la queue* [3] *».* Cet aveu demeure véridique. Mais, objecte-t-on, il y a Pasteur et Lapparent et Branly, trois maîtres et trois catholiques. L'argument ne porte pas parce que ces trois éminents savants ont appliqué d'instinct la théo-

---

1. P. Teilhard de Chardin, *Comment se pose aujourd'hui la question du transformisme.* Ap *Études* du 5 juin 1921, p. 544.
2. D. du Dézert, *Égl. et État*, t. II, p. 270.
3. Journal du P. Hyacinthe, ap. Houtin, *Le Père Hyacinthe*, p. 177 et n.

rie des plans parallèles ; ils ont étudié à fond qui la biologie, qui la géologie, qui la physique ; ils n'ont pas étudié en raison et scientifiquement le catholicisme. Ils lui ont gardé un compartiment étanche au fond de leur sentiment, mais leur opinion sur lui a moins de valeur que celle d'un apprenti d'exégèse. Quand on nous dit [1] qu'il y a encore nombre de savants qui « *adhèrent de toute leur âme à la doctrine catholique* », il ne faut pas oublier que la science ne sollicite pas l'âme. Il faut surtout se demander de quels savants il s'agit, de quelle science ils s'occupent, car, enfin, un mathématicien, ou un entomologiste, ou un juriste peuvent aller loin dans leurs recherches sans que leur foi s'inquiète ; il faut encore se rendre compte de ce que ces savants connaissent de la doctrine catholique et savoir à quoi ils adhèrent exactement. Un catholique, juriste éminent [2], estime « *à une douzaine le nombre des clercs qui comptent en France parmi les vrais savants* » ; à quel chiffre faudrait-il ramener cette douzaine si l'on n'y retenait que les clercs qui s'appliquent aux sciences critiques ?

Ce n'est point l'infériorité des aptitudes, c'est la contrainte de l'éducation catholique et, plus encore, celle de la profession cléricale qui expliquent cette carence, que les affirmations les plus osées dans l'optimisme n'arrivent pas à dissimuler. Qui-

----

1. Rifaux, *Conditions du retour*, p. 34. — Voir surtout A. Eymieu, *La part des croyants dans les progrès de la science au XIXe siècle*. 2 séries, Paris 1920 et 1921, qui prétend établir que cette part a été énorme, que les croyants sont en grande majorité parmi les savants, etc.

2. Beudant, ap. Rifaux, *op. cit.*, p. 97.

conque vit au contact journalier de jeunes gens catholiques, désireux de travailler et de s'instruire, sait exactement à quoi s'en tenir et il n'y aurait pas besoin de chercher loin les exemples publics qui authentiqueraient cette expérience privée [1].

III

L'Église et les diverses sciences au XIXe siècle. — La philosophie. — L'histoire. — L'exégèse biblique. — La contre-exégèse orthodoxe. — Sa portée.

L'histoire des rapports de l'Eglise et des sciences au XIXe siècle est généralement celle d'une constante opposition, mais aussi celle d'un repli lent et disputé, coupé de retours offensifs assez surprenants. Je ne la retracerai pas ici et me contenterai de quelques remarques [2].

C'est par la philosophie d'une époque que l'on juge des directions et des tendances de son esprit ; celle de notre temps semble dominée par le *criticisme* de Kant, par le *positivisme* d'Auguste Comte et par l'*expérimentalisme* des Anglais, avant l'*intuitionisme* bergsonien. L'Eglise a marqué autant d'horreur pour l'un que pour les autres, et cela se comprend puisque ces trois efforts admirables de la pensée se sont également et exclusivement

1. La carrière du regretté abbé Paul Lejay en fournirait, à elle seule, plusieurs.
2. Cf. Les livres de A. Houtin signalés à la Bibliographie et Français, *L'Église et la science*, Paris, 1908, petit résumé informé et commode.

appuyés sur les données de la raison et de l'expérience humaines. En face d'eux et contre eux les théologiens catholiques ont dressé la prétention, si chère à Léon XIII, de restaurer le *thomisme* intégral, c'est-à-dire, en vérité, de fausser la pensée de saint Thomas, de la dénaturer pour l'appliquer à des problèmes qu'elle n'avait pu prévoir et que le progrès de la vie intellectuelle a posés. Ils ont volontiers soutenu que les méthodes et les principes du grand scolastique suffisaient encore parfaitement à toutes les nécessités de la science moderne [1].

A l'égard de l'histoire, dont les méthodes se sont précisées et les conquêtes étendues, les inquiétudes et les défiances de l'Église se sont montrées également actives. Comment s'en étonner, puisque l'histoire, dans sa libre recherche, en vient à contredire souvent les vues sur le passé que l'apologétique considère comme correctes et nécessaires ? Les protestations de confiance dans les résultats de l'enquête historique ne manquent pas sous les plumes ecclésiastiques les plus autorisées, mais de quelles restrictions il est entendu que s'entoure cette enquête, une simple citation, du plus libéral des prélats contemporains, en fera juger : « *Remarquons*, dit Mgr Mignot [2], *qu'elle (l'Église) ne conteste pas à l'historien le droit de chercher, de donner ses preuves, de tirer des conclusions. Elle conteste seulement le droit de conclure suivant les idées préconçues de l'auteur et*

1. *Syllabus*, XIII.
2. *Critique et tradition*, ap. *Le Correspondant*, 10 janv. 1904.

contrairement à sa propre doctrine. Accepter cer-
taines affirmations serait pour l'Église un suicide. »
Est-il besoin d'insister sur ce que semblables réflexions ont d'inacceptable et de ruineux pour
l'histoire ? Elles ramènent à la mémoire une page
suggestive de Renan[1] : « *Il est une chose qu'un théo-*
logien ne saurait jamais être, je veux dire histo-
rien. L'histoire est essentiellement désintéressée...
Le théologien a un intérêt : c'est son dogme. Ré-
duisez ce dogme autant que vous voudrez, il est
encore pour l'artiste et le critique d'un poids insup-
portable. Le théologien orthodoxe peut être com-
paré à un oiseau en cage : tout mouvement propre
lui est interdit. Le théologien libéral est un oiseau
à qui on a coupé quelques plumes de l'aile. Vous
le croyez maître de lui-même et il l'est en effet
jusqu'au moment où il s'agit de prendre son vol.
Alors, vous voyez qu'il n'est pas complètement le
fils de l'air. »

En fait, les hommes d'Église n'ont pas toujours
résisté à la tentation de corriger l'histoire dans
leur enseignement et ils ont fini par établir une
espèce d'histoire orthodoxe, histoire truquée et
mensongère dont s'indignent les honnêtes gens[2]
et qui constitue, en vérité, un argument accablant
contre les affirmations les plus chères à ceux qui
l'ont crue nécessaire. L'histoire des Papes, celle
de l'Inquisition, celle de toutes les questions où
l'Église risque de ne paraître point à son avan-

---

1. *Vie de Jésus*, Préface, p. ix et s.
2. Chaîne, *Cathol. français*, t. I, p. 89 et s., écrit tout un
chapitre sur ce sujet.

tage, sont ainsi déformées, soit par l'introduction de lacunes opportunes, soit par l'imposition de redressements favorables. Il arrive bien que la précaution soit rendue inutile, voire nuisible, en ce que le hasard, ou des études sérieuses, viennent enseigner plus tard la vérité à ceux qu'on a trompés sur elle et qu'ils s'offensent de la duperie. A l'ordinaire pourtant, elle suffit à installer dans l'esprit de ceux qui l'ont subie une série de convictions historiques erronées, mais profitables et qui ont chance de durer.

Il est tout particulièrement un champ du domaine historique dont l'Église aurait voulu interdire l'entrée aux savants mal pensants ; c'est celui où se trouve la Bible, l'Ancien et le Nouveau Testaments. Pour défendre la thèse de l'inerrance absolue de la Bible, pour maintenir les méthodes et consolider les résultats de l'exégèse orthodoxe, elle a livré depuis cinquante ans, contre la critique indépendante, une bataille incohérente, mais acharnée. Elle répète volontiers qu'elle l'a gagnée : en réalité, elle l'a perdue sur toute la ligne. Il n'est plus aujourd'hui un seul homme compétent qui, par exemple, considère comme exacte la cosmogonie et la cosmologie de la Genèse, qui regarde le *Pentateuque* comme l'œuvre de Moïse, qui croie le *Livre de Daniel* contemporain de Nabuchodonosor, et qui accepte l'authenticité du Verset des *trois témoins célestes*. Le *concordisme biblique*, malgré ses transformations et ses adaptations contradictoires, a fini dans le ridicule, et il faudrait aujourd'hui un courage aveugle ou une ignorance intrépide pour oser reprendre les thèses qui ont illustré l'abbé Fulcran Vigouroux [1]. J'en dirai autant de celles de son collaborateur l'abbé Bacuez et la différence qui sépare son *Manuel Biblique* de la réédition qu'en a donnée l'abbé Brassac [2], permet de mesurer le recul de l'Église sur la question de l'exégèse. Elle s'est trouvée contrainte d'admettre son existence et d'avoir l'air au moins de reconnaître ses droits, en affectant, d'ailleurs, la plus belle confiance au regard de ses conclusions.

Aussi bien, elle n'a point renoncé à lui lier les mains et à lui bander les yeux. Voici ce qu'écrivait naguère un évêque dont les amis vantent volontiers le grand libéralisme et l'intelligence ouverte [3] : « *Mon droit se borne à dire : Au nom de la science critique, je vais tout fouiller : exactitude et sens littéral des textes, arguments intrinsèques et extrinsèques, pour arriver à la conclusion que je tiens d'avance pour certaine, ou mieux, à la démonstration que j'ai le droit d'opposer aux incroyants* ». L'incroyant ne manque pas de se dire que c'est vraiment beaucoup de temps et de peine perdus pour arriver à ce résultat arrêté d'avance, et qu'autant aurait valu le proclamer dès l'abord.

Nombreux sont les clercs qui ont éprouvé ce qu'il en pouvait coûter, dans l'Église, de chercher à traiter les textes saints par les méthodes critiques reconnues valables pour les textes profanes. Je le

---

1. Cf. Houtin, *La question biblique au XIX⁰ siècle* et *La question biblique au XX⁰ siècle.*
2. Vigouroux, Bacuez et Brassac, *Manuel biblique, Nouveau Testament.* 2 vol., Paris, 1908 et 1909.
3. Le Camus, *Fausse exégèse, mauvaise théologie*, p. 9, cité par Houtin, *Quest. bibl. au XX⁰ s.*, p. 123, n. 2. Il s'agit spécialement, dans le passage que je vise, de l'authenticité, de l'historicité et de l'inspiration du IV⁰ Évangile.

comprends parfaitement, car l'expérience m'a appris à moi-même que l'exégèse scientifique, pratiquée en toute neutralité, est habituellement mortelle à l'orthodoxie et qu'on ne rentre jamais dans la foi lorsqu'on en sort par la porte de la critique. « *Si cette critique et cette exégèse sont dans le vrai*, écrivait Mgr Turinaz, *s'il leur est permis de nier la véracité ou l'inspiration d'un seul des livres que l'Église a définis être canoniques, l'Église s'est trompée ; si l'Église s'est trompée, Jésus-Christ n'est plus Dieu ; si Jésus-Christ n'est pas Dieu, il n'y a pas de religion vraie et je pourrais ajouter : Dieu n'existe pas !* » La logique du fougueux prélat n'est sans doute pas inattaquable et plusieurs des anneaux de sa déduction ne semblent pas très solidement soudés ; toutefois on ne saurait contester qu'il n'ait, dans l'ensemble, raison, et que l'exégèse scientifique ne soit ordinairement funeste aux justifications scripturaires de l'orthodoxie.

Comme les menaces et les négations, même héroïques, ne suffisaient pas à arrêter le péril, Rome a cherché à le neutraliser en instaurant, elle aussi, une exégèse « scientifique » orthodoxe, une exégèse sagement critique, par quoi la vérité catholique, évidemment certaine, ne manquerait pas de triompher, pour la confusion de ses adversaires et grâce à leurs propres méthodes. C'est à cette intention, un peu naïve, qu'a répondu la fondation, en 1909, de l'*Institut pontifical d'études bibliques*, placé sous la rassurante direction d'un Jésuite, le P. Fonck et qui n'a, naturellement, rien donné de ce que Pie X attendait de lui. La

Commission biblique — conçue en principe comme une haute cour d'appel pour tous les cas douteux d'exégèse et comme la suprême autorité chargée de conférer les grades en Écriture sainte — parce qu'elle a été composée sans aucun souci de la véritable compétence et qu'elle a prononcé sans aucun souci de la vérité des faits, s'est signalée par quelques sentences dont les amis éclairés de l'Eglise se sont justement affligés. Au reste, l'*Index* veille, et les « témérités » qu'une coupable indulgence aux écarts de la critique pourrait faire tolérer aux exégètes pontificaux, sont par lui promptement réprimées. Une toute récente aventure, dont un savant professeur de l'Institut catholique de Paris a été l'involontaire héros, a prouvé que vérité digne d'éloges au delà pouvait être erreur condamnable en deçà de la barrière qui sépare à Rome la tolérance scientifique de l'invariabilité dogmatique. En réalité, les institutions bibliques pontificales ne tendent nullement au progrès, mais bien à la contrainte; elles ne veulent que former des professeurs de *bonne exégèse* et donner des modèles de *bonnes études bibliques* [1]. Les savants indépendants restent justement en défiance.

---

1. Toutefois, de bonnes études philologiques et d'estimables travaux d'histoire de l'exégèse peuvent sortir de l'Institut biblique pontifical ; cela n'est certes pas négligeable, mais c'est, présentement, d'autre chose qu'il s'agit. Pour être fixé sur ce qu'on pense à Rome de cette autre chose, il suffit de lire l'encyclique *Spiritus paraclitus* (sept. 1920) et le commentaire qu'en a fait le P. Huby, S. J., dans les *Études* du 5 janvier 1921. Le texte se trouve dans les *Actus sedis apostolicæ* du 15 septembre et la traduction dans la *Documentation catholique* des 16 et 23 octobre 1920. Il s'agit d'affirmer une fois de plus: 1° que « comme l'inspiration, l'inerrance s'étend à toutes les parties de

La guerre a fourni aux apologistes catholiques un argument qui n'est pas excellent, ni même parfaitement honnête, mais auquel les circonstances prêtent auprès des lecteurs incompétents une valeur de sentiment considérable ; c'est à savoir que l'exégèse libérale est allemande d'origine, qu'il la faut donc considérer comme de la « camelotte » scientifique. Ses systèmes hasardeux se ruinent les uns les autres et leur existence éphémère, à tous, prouve leur peu de solidité ; ce qu'il est possible — en vraie science — d'en retenir, confirme les inébranlables conclusions de l'exégèse orthodoxe. On a un peu de honte à voir un érudit comme le P. Lagrange[1] prêter l'autorité de son nom à de pareils expédients, qui, naturellement, n'abusent pas un instant les hommes informés et qui, pourtant, supposent une opinion préjudicielle sur l'esprit critique des milieux catholiques vraiment peu flatteuse pour eux.

Il est d'ailleurs certain que toute cette défense orthodoxe n'est pas sérieusement destinée à réduire les adversaires ; elle se préoccupe d'abord des fidèles, qu'il convient de rassurer en les persuadant qu'il y a dans l'Église des savants qui ont pulvérisé la critique incroyante et fondé la Vérité aussi solidement sur le terrain de la science qu'elle l'était déjà sur celui de la foi. Cette intention se

---

la Bible, et (que) toute assertion de l'écrivain sacré est exempte d'erreur » ; 2° qu' « on n'aborde pas l'Écriture sainte comme on aborde un livre profane... Pour s'en approcher avec fruit, il faut une préparation diligente, une volonté bien disposée, une âme accordée aux choses divines » (Huby, p. 8-10). On ne saurait plus clairement parler.

1. Lagrange, *Le sens du christianisme d'après l'exégèse allemande.* Paris, 1918.

révèle au soin que prennent les apologistes de doser leurs réponses aux objections de la « fausse science », et plus encore, de varier *le ton* de ces réponses, d'après *les étages* de la société catholique auxquels ils s'adressent.

IV

L'Église et la liberté de la presse.
— L'Index. — L'Imprimatur.

Si l'Église ne peut pas se flatter d'empêcher les idées nuisibles de naître, elle voudrait au moins les stériliser, en les empêchant de se répandre. C'est pourquoi, tout au long du xix⁰ siècle, on l'a vue au premier rang des adversaires de la liberté de la presse. Elle l'a toujours condamnée comme une des pires erreurs modernes, et il n'en était pas, en effet, qui dût plus légitimement lui paraître contraire à l'esprit même de l'institution ecclésiastique. Aujourd'hui qu'il lui est devenu impossible de contester le fait acquis, elle n'a pas encore cédé sur le principe et, pratiquement, elle use des moyens en son pouvoir, par exemple les exhortations en chaire, appuyées, au besoin, du refus d'absolution et du refus de communion, pour interdire à ses fidèles la lecture des journaux qu'elle juge dangereux, et parfois celle de toutes les productions présentes et futures d'un écrivain réprouvé par elle. Si grande que soit sa confiance dans l'excellence de ses raisons sur tous les points où ses affirmations sont contestées, elle aime autant que les catholiques n'aient pas à les confronter à celles de ses adversaires et ce n'est pas de la libre discussion qu'elle attend la lumière.

Elle tient pour la quiétude dans la position qu'elle a choisie. C'est pourquoi l'institution de contrainte que la Contre-Réforme a organisée, la *Congrégation de l'Index*, continue de ligoter la liberté de lecture de tous les fidèles et de peser sur la pensée des écrivains catholiques. Ce n'est pas qu'elle ne s'occupe aussi des autres, mais ils ne prennent d'elle aucun souci. L'*Index* enquête dans le mystère et prononce sans donner ses raisons. Un livre peut être condamné pour son esprit ou pour une simple inadvertance ; l'auteur ne le sait jamais que par hasard ou par une indiscrétion. Il faut une permission spéciale des autorités compétentes pour lire un livre mis à l'*Index* et les listes de l'*Index* comprennent tous les écrits, même catholiques d'intention et d'esprit, où se marque quelque indépendance de pensée. Elles réduisent les catholiques scrupuleux à s'enfermer dans une sorte de *ghetto* intellectuel, où foisonnent des livres amorphes et vides et où règne le plus morne ennui. Le résultat ultime de cette tyrannie s'exprime à merveille dans la boutade bien connue : *acatholica damnantur, catholica non leguntur.*

L'*imprimatur*, dont doit être revêtu tout livre catholique, n'est pas autre chose que « l'autorisation préalable », qui a toujours passé, dans tous les pays du monde, pour la marque de la servitude de la presse. Il est accordé ou refusé par les autorités ecclésiastiques dont dépend l'auteur ; il ne le met pas à l'abri de *l'Index*, plus exigeant et moins accessible aux considérations personnelles que les censeurs épiscopaux ; mais il suffit à déconsidérer un ouvrage dans l'opinion des savants indépendants. Je n'entends pas dire que tous les écrits revêtus de *l'imprimatur* soient sans valeur scientifique, mais il est incontestable qu'ils font dès l'abord figure d'écrits expurgés et nivelés, et qu'ils ont de légitimes préventions à dissiper avant qu'on ne les prenne en considération. Il arrive que des scrupules viennent aux autorités ecclésiastiques après l'octroi de *l'imprimatur* et qu'elles exigent des « cartons » dans un livre déjà imprimé [1].

En somme, tous les obstacles que l'Église a pu accumuler contre la liberté d'imprimer, elle les a mis au travers du chemin, et elle a, depuis 1907, fait un effort plus énergique encore pour exhausser et rendre infranchissables les barrières qu'elle a élevées autour de ses séminaires, afin, semble-t-il, de retrancher, autant que possible, ses apprentis clercs du monde de l'esprit et de la vie de l'intelligence.

1. Dans l'exemplaire de l'ouvrage de Gaffre, *le Christianisme et l'Église dans la question sociale*, que j'ai plusieurs fois cité, un certain nombre de phrases, jugées, après impression, imprudentes, sont recouvertes d'une petite bande de papier collé, qui porte un texte édulcoré.

CHAPITRE VII

La lutte pour l'École.

I

Ce que l'Église gagnerait à tenir l'École en son pouvoir. — Son point de vue et celui de Napoléon. — Le conflit sur la question scolaire. — Les sentiments de l'Église pour l'Université. — Les étapes du conflit. — La Restauration. — La Monarchie de Juillet.

J'ai déjà dit que la plupart des difficultés que l'Eglise rencontre dans la France d'aujourd'hui, seraient singulièrement amoindries, si elle avait gardé la haute main sur l'éducation de la jeunesse. Elle ne l'ignore pas ; c'est pourquoi elle a fait, depuis le temps du Concordat, un très tenace effort pour s'emparer de la direction de l'enseignement à tous les degrés. Y réussir ne suffirait pas à supprimer les objections périlleuses ; mais ce serait déjà un sérieux avantage que de les *extérioriser* complètement, de les réduire à n'être qu'une opposition du dehors, une opposition d'avance dépréciée et pratiquement ruinée par une présomption inculquée dès le plus jeune âge et passée à l'état de sentiment fondamental chez l'enfant. Instruire la jeunesse, c'est certainement assurer l'avenir autant qu'on le peut faire. C'est bien ce qu'avait pensé Napoléon en établissant le monopole de l'Université, au fond contre l'Eglise, car, s'il avait laissé l'enseignement primaire aux soins des Frères de la Doctrine chrétienne, c'est qu'il se désintéressait de lui et souhaitait qu'il végétât [1]. Dès le moment qu'il eut compris que l'épiscopat cherchait à prendre la haute main sur les écoles secondaires, ce fut à des maîtres dont il avait contrôlé l'esprit et éprouvé le zèle qu'il entendit confier le soin « *d'élever de la même manière les générations successives* » dans les lycées et collèges de l'Empire, d'inculquer la « *doctrine nationale* » à tous les fils des familles à l'aise. Il entoura l'enseignement libre de telles restrictions, qu'il lui rendit la vie impossible, et sa *congrégation laïque* de professeurs d'Etat remplaça les anciennes congrégations de moines éducateurs.

Il ne souhaitait le progrès de l'instruction publique que dans son propre sens. Ce sont là également les points de vue de l'Église. Elle a tout à craindre du développement d'un enseignement large et moderne chez elle et elle n'a jamais souhaité l'y établir. Bien plus, elle a toujours es-

---

1. Il ne consent pourtant pas à l'abandonner en droit à l'Église. Le 23 avril 1805, l'évêque de Versailles, appuyé d'ailleurs par le ministre Portalis, a demandé qu'on rendît aux évêques la nomination des maîtres d'école des petites communes, conformément à l'édit de 1695. Napoléon suit l'avis de Cambacérès qui marque bien l'archaïsme désuet de cette prétention. Cf. Lévy-Schneider, *Champion de Cicé*, p. 409.

sayé d'empêcher l'État de l'établir dans ses propres écoles. En 1867, les cléricaux mènent une véritable croisade contre Duruy parce qu'il a entrepris de multiplier les écoles primaires, d'organiser l'enseignement secondaire des jeunes filles, de fonder des bibliothèques populaires. Un peu plus tard, quand la troisième République réforme et restaure l'enseignement primaire, la même opposition se dresse aussi bien contre les deux principes d'*obligation* et de *gratuité* que contre celui de *laïcité*. Quand le fait a fini par convaincre l'Église qu'elle n'arrêterait pas un mouvement qu'imposait irrésistiblement le progrès de l'esprit moderne, elle a cherché à l'accaparer, pour le régler à sa guise. Assurément, c'est là un des points où sa conduite lui était le plus clairement imposée par le souci de son intérêt immédiat ; mais comme les libéraux sentaient, à l'égal, la même nécessité en sens inverse, la question scolaire est devenue l'occasion d'un conflit très grave et qui, selon toute apparence, n'est pas près d'être réglé à la satisfaction commune.

Il faut reconnaître que, d'instinct, l'Église n'a jamais aimé l'Université parce que l'esprit universitaire l'offense. L'*universitaire* est souvent catholique, car nombre de disciplines scolaires se développent hors du champ de la foi et ne troublent d'aucune sorte celui qui les suit ; mais il est rarement clérical. Ses études lui ont ouvert et élargi l'esprit ; il est libéral dans tous les sens du mot. Il sait pour lui-même le prix de la liberté de penser, c'est pourquoi il ne la refuse pas aux autres, et il ne se fait point faute de dire qu'il la juge nécessaire pour tous. Cela suffit : l'Université, foyer de libéralisme, de libre recherche et de critique, ne peut échapper à l'hostilité de l'Eglise, d'autant plus que ce sont le plus souvent de ses membres qui s'appliquent aux recherches que l'orthodoxie redoute le plus. Il n'en allait pas encore ainsi au temps où le conflit dont je parle a commencé ; mais, alors, l'Église se souvenait qu'avant la Révolution, les Universités étaient sa chose et que c'était de sa libre volonté qu'elle les avait laissé tomber en décadence. Dans le riche répertoire des injures que les cléricaux de tous les temps ont consacrées aux hommes et aux institutions qui leur ont déplu [1], je crois que c'est le chapitre consacré à l'Université et aux universitaires qui l'emporte en opulence et en éclat. La *Civiltà Cattolica* les résumait toutes en une seule figure, lorsque, en 1868, elle qualifiait les Universités d'*ossa non pur aride ma fetenti* : ossements non seulement desséchés mais puants.

Dès le lendemain de la Restauration, on vit l'Eglise réclamer le monopole de l'enseignement, à tous les degrés [2]. Elle prétendait se conformer à la volonté du Christ lui-même, qui lui a dit : *Allez ! Enseignez toutes les nations !* Le gou-

1. On trouvera des indications bibliographiques et des citations caractéristiques dans D. du Dézert, *Église et État*, t. II, p. 78 et s. et dans Debidour, *Église et État*, p. 442 et s. ; on serait déjà très convenablement édifié en lisant le *Mémoire aux évêques* de l'abbé Combalot (1843). Dès 1806 le P. Servat soulève un scandale à Arles en attaquant en chaire l'enseignement de l'État comme infecté de doctrines d'immoralité ; ce thème sera souvent repris dans l'Église.

2. C'est une des thèses soutenues par Lamennais en ce temps-là ; il qualifie les établissements universitaires de *vestibules et séminaires de l'enfer*. Cf. D. du Dézert, *op. cit.*, t. II, p. 51.

vernement, si inféodé qu'il fût à la Congrégation, recula devant l'énormité de la concession qu'elle lui réclamait et, finalement, il se déroba. Alors l'Église chercha à s'emparer de l'Université. Elle obtint l'*épuration* du personnel enseignant ; elle fit donner aux évêques une place dans les conseils universitaires, qui les en rendait maîtres, pendant que les curés recevaient le contrôle de l'école primaire. La chute de la *Chambre introuvable* entraîna l'échec d'un projet qu'elle se disposait à voter et qui aurait remis aux évêques le soin de surveiller l'enseignement dans les collèges secondaires, d'en nommer les principaux et même les professeurs. Toutefois, en 1822, quand l'abbé Frayssinous devient son Grand-Maître, l'Université se trouve pratiquement livrée à l'Église; le cours de Guizot est suspendu ; les mal pensants sont exclus de l'École de Médecine ; l'École normale est supprimée ; les clercs s'emparent de nombreuses chaires dans les collèges. Et pourtant les ultras trouvent encore Frayssinous trop tiède[1]!

Sous la monarchie de Juillet, la campagne contre l'Université se développe et s'exaspère[2], spécialement au temps où Guizot cherche tous les moyens de barrer la route aux idées socialistes. Les cléricaux se sont mis d'accord pour réclamer la *liberté de l'enseignement*[3], c'est-à-dire le droit

1. Debidour, *Église et État*, p. 371.
2. Cf. Charléty, *Hist. de France contemporaine* (de E. Lavisse), t. V, p. 324 et s., qui donne d'abondantes indications bibliographiques.
3. Montalembert insiste sur ce point dès 1836. — Génin, *Les Jésuites et l'Université*, p. 157, fait remarquer déjà que *liberté*, selon l'Église, c'est « *liberté pour elle et domination* ».

pour les évêques d'organiser un système d'éducation catholique et le devoir pour l'Etat de ne pas confier l'enseignement dans ses propres collèges à des hommes hostiles à la foi « *de trente-trois millions de catholiques* ». L'abbé Combalot, dans son *Mémoire à consulter adressé aux évêques de France et aux pères de famille* (1843) indique de bons moyens pour réduire l'Université à abandonner son monopole : défense aux parents chrétiens d'envoyer leurs enfants dans ses collèges ; mise en interdit de ses chapelles ; refus des sacrements à ses élèves, spécialement interdiction de les admettre à la première communion[1]. Alors, « *comme au jour du passage de la mer Rouge, les Pharaons du monopole disparaîtront sous les flots de l'indignation publique, et le char universitaire, qui traînait nos enfants dans l'abîme, se brisera aux applaudissements des anges et des hommes*[2]. »

Gombalot, qui fut condamné en Cour d'assises, est un de ces fanatiques absurdes qui compromettraient les meilleures causes ; mais on aurait tort de croire qu'il ne soit en son temps qu'un isolé. Il a des émules, tel l'abbé Desgarets, de Lyon, qui, dans son *Monopole universitaire*, de 1843, affirme que les « *infâmes ouvrages du marquis de Sade* » ne peignent que des *églogues* à côté de ce qui se passe dans l'Université[3]. C'est tellement fort que l'archevêque de Paris est obligé de dé-

---

1. *Mém. aux évêques*, p. 66.
2. *Mém. aux évêques*, p. 49.
3. Voir également : *L'Université jugée par elle-même*, 1843 et abbé Védrine, *Simple coup d'œil sur les douleurs et les espérances de l'Église aux prises avec les tyrans des consciences et les vices du XIX* siècle, 1843.

savouer l'auteur du factum. A partir de mai 1840, où un libelle de l'abbé Garot, de Nancy, inspiré par les Jésuites, a posé de nouveau la question du monopole universitaire, se développe une campagne furieuse, accompagnée d'une extraordinaire floraison de pamphlets cléricaux, de dénonciations contre les personnes, de manifestations de la jeunesse cléricale, et encouragée par la pitoyable faiblesse des pouvoirs publics [1]. Guizot serait bien tenté de céder sur le principe, mais il n'entend pas que l'enseignement secondaire tombe au pouvoir des Jésuites, dont il a reconnu la main dans toute cette agitation. Les cléricaux, Dupanloup et Montalembert en tête, croyant la partie gagnée, ne veulent pas accepter la restriction proposée par Villemain (2 février 1844), à savoir que tout directeur ou professeur d'un établissement libre d'enseignement déclarerait par écrit n'appartenir à aucune association ou congrégation non autorisée. Alors Thiers dérive le débat sur les Jésuites (2 mai 1845) et le gouvernement laisse tomber son projet.

II

La loi Guizot et la conquête de l'enseignement primaire. — La loi Falloux et la conquête de l'enseignement secondaire. — La réaction cléricale de 1871. — La campagne de la Ligue de l'enseignement. — La loi de 1875 et la conquête de l'enseignement su-

1. Debidour, *Église et État*, p. 446 et s.

*périeur. — L'enseignement supérieur ecclésiastique.
— L'enseignement secondaire. — L'enseignement
primaire. — Insuffisance des succès obtenus.*

Pour avoir voulu tout gagner d'un seul coup,
les cléricaux avaient compromis jusqu'au principe de leur revendication. Ils n'avaient pourtant
pas complètement perdu leur effort, car la loi
Guizot, sur l'organisation de l'enseignement primaire (loi du 28 juin 1833), avait introduit les curés dans les comités de surveillance de l'école,
donné, dans le programme scolaire, la première
place à l'instruction religieuse et morale, et permis la concurrence des écoles libres. Et c'est là
proprement la première des grandes conquêtes de
l'Église dans le domaine de l'enseignement, la
première grande brèche pratiquée dans le système
du monopole.

C'est la loi Falloux qui représente la seconde.
Après l'insurrection de juin 1848, la bourgeoisie,
épouvantée, se montrait disposée à remettre l'éducation de la jeunesse à l'Eglise, parce qu'elle
n'avait plus confiance que dans le clergé pour détourner le peuple de la séduction du socialisme.
C'est pourquoi on vit Thiers lui-même présider
avec bienveillance la commission de l'Assemblée
législative qui étudia et prépara la loi sur l'enseignement[1]. Il collabora de la sorte avec Dupanloup et Falloux, pour faire triompher des dispositions dont il avait assuré l'échec moins de cinq

---

1. Debidour, *Église et État*, p. 510 et s. — Il préconisait le
rapprochement des « *deux sœurs immortelles* », la religion et
la philosophie.

ans auparavant. Le vote de la loi Falloux (15 mars 1850) marque le couronnement de ce que Montalembert a appelé « *l'expédition de Rome à l'intérieur* », c'est-à-dire l'effort réactionnaire commencé en juin 1849. Que l'Assemblée législative l'ait acceptée comme une mesure de précaution et de conservation sociales, c'est ce qui résulte clairement des arguments mis en avant dans la discussion. Voici, par exemple, le thème que développait Montalembert : « *La société périra si l'on ne restaure l'autorité et le respect. Qui donc défend l'ordre et la propriété dans nos campagnes ? Est-ce l'instituteur ? Non, c'est le curé. Je dis qu'aujourd'hui... les prêtres... représentent l'ordre, même pour ceux qui ne croient pas* [1]. »

Les exagérés de droite (Veuillot par exemple) jugèrent la loi insuffisante et inacceptable, mais les catholiques raisonnables l'accueillirent avec allégresse : Lacordaire la nomma « *l'édit de Nantes du XIXᵉ siècle* » et Pie IX voulut bien avouer qu'elle marquait « *un progrès* », dont il convenait de se servir, en attendant mieux. En réalité elle livrait l'enseignement primaire à l'Église et elle lui ouvrait l'enseignement secondaire, où le clergé pouvait désormais organiser contre les établissements de l'État telle concurrence qu'il lui plairait ; elle lui donnait la haute main sur les conseils universitaires et elle plaçait l'Université sous sa surveillance ; elle lui abandonnait le droit d'enseigner, sans même exiger d'elle les garanties universitaires, puisqu'il suffisait à un clerc de présenter

---

1. Cf. Seignobos, *Hist. de France contemp.*, t. VI, p. 148.

une *lettre d'obédience* de ses supérieurs pour être dispensé des grades imposés aux instituteurs et aux professeurs de l'État [1].

On a pu justement dire que cette loi Falloux, dont ses auteurs ont prôné le libéralisme, constituait « *la grande charte de l'enseignement clérical en France* » [2]. Victor Hugo la qualifiait de « *loi stratégique* », de « *loi qui a un masque* », de « *monopole aux mains de ceux qui tendent à faire sortir l'enseignement de la sacristie et le gouvernement du confessionnal* ». On aurait du mal à le contester. Quoi qu'il en soit, l'Église a tiré un profit énorme de sa conquête ; c'est grâce à elle qu'elle a organisé ce puissant enseignement congréganiste qui a promptement pris la haute main sur l'éducation des enfants de la noblesse et de la bourgeoisie [3] ; c'est par elle qu'elle est parvenue à dresser une moitié de la jeunesse de France contre l'autre. « *La haine des ennemis du catholicisme ne s'égare pas*, avoue un biographe de Falloux [4], *quand elle fait de cette loi... l'objet de ses sempiternelles invectives.* » Dès 1854, les effets de la nouvelle « *loi organique de l'enseignement* » sont tels, que le Gouvernement en prend de l'inquiétude et qu'il cherche au moins à remettre l'Uni-

---

1. Dans la discussion de la loi, Beugnot a déclaré que « *le brevet de capacité, inutile pour constater l'aptitude des membres des congrégations religieuses, n'était pas, à leur égard, sans inconvénient... et leur faisait contracter des habitudes d'indépendance contraires à leurs vœux* » !

2. Debidour, *Église et État*, p. 502 et s.

3. Dès la fin de 1851, il y a 257 établissements secondaires congréganistes, dont plusieurs collèges communaux. Dès 1853, il y a une vingtaine de maisons de Jésuites. Seignobos, *Hist. de France contemp.*, t. VI, p. 150.

4. De Lanzac de Laborie, *Falloux*, p. 22.

versité d'Etat entre les mains laïques de ses propres fonctionnaires et à y amoindrir discrètement l'autorité des évêques.

La réaction cléricale de 1871 conduisit contre l'Université un nouvel assaut, favorisé par la complaisance et les faiblesses du ministre Jules Simon [1]. L'épiscopat rentra dans les Conseils universitaires, en la personne des plus déterminés de ses membres, tels Dupanloup et Freppel. Ils n'étaient pas hommes à ne point profiter de la situation et ils le firent de telle sorte que les libéraux s'alarmèrent. Ils se groupèrent autour de la *Ligue de l'enseignement* [2], qui, avec l'appui des loges maçonniques et des journaux républicains, commença une campagne pour l'école primaire obligatoire, laïque et gratuite. Les cléricaux, et spécialement Freppel, entrèrent en fureur contre la Ligue ; ils la firent réprouver par le Pape dans l'encyclique *Etsi multa luctuosa* (21 nov. 1873) et multiplièrent contre elle toutes les tracasseries imaginables sous le gouvernement de l'ordre moral. Mais ce n'était là qu'un coin de la bataille ; l'action principale de l'Eglise se développait en vue de la conquête de l'enseignement supérieur qui lui échappait encore [3].

Elle réclamait la liberté absolue d'organiser cet enseignement chez elle, avec le droit d'y conférer des grades, qui seraient reconnus équivalents à ceux de l'État, pour ouvrir des carrières

1. Debidour, *Église cathol.*, t. I, p. 88 et s.
2. Fondée par Jean Macé, le 15 novembre 1866 et anathématisée par l'évêque de Metz dès l'année suivante.
3. Debidour, *Église cathol.*, t. I, p. 139 et s.

d'Etat, et sans le contrôle de l'Etat. C'était un détour pour arriver au monopole ; on en trouvait l'aveu sous des plumes cléricales. La loi du 12 juillet 1875 accorde le principe de la liberté de l'enseignement supérieur et l'Eglise en profite pour constituer sans retard ses groupes universitaires de Paris, Lyon, Lille et Angers. Beaucoup de libéraux avaient voté la loi parce qu'ils attendaient d'heureux effets de la liberté et de la concurrence, mais ils avaient fait réserver aux Facultés de l'État le droit de conférer le baccalauréat et imposé des jurys mixtes pour la collation des autres grades. Cette restriction constituait un sérieux échec pour le parti clérical. Néanmoins l'Eglise possédait désormais le moyen légal de faire concurrence à l'enseignement de l'État aux trois étages de son organisation. Le Père Didon a parfaitement indiqué sur quel principe fondamental devait reposer l'enseignement supérieur ecclésiastique : « *L'Université catholique*, a-t-il dit, *ne méritera son nom que le jour où elle enseignera le savoir humain tel que le comprend la doctrine chrétienne* [1]. » Assurément, et il n'est point contestable que l'Église a le droit d'essayer de faire prévaloir sa représentation du savoir ; par malheur, l'esprit moderne n'est point disposé à l'accepter et tous les moyens essayés pour l'y décider sont demeurés inefficaces. Dans le principe, ou, si l'on préfère, dans la pensée des évêques qui en avaient réclamé la fondation, les Universités libres étaient destinées à l'éducation

---

1. Debidour, *Église cathol.*, t. I, p. 90.

supérieure des laïques ; ce fut le Pape qui enjoignit d'y ajouter des Facultés de théologie et, du coup, changea leur caractère ; il les orienta vers l'éducation supérieure des clercs. C'était là, en réalité, une entreprise singulièrement hasardeuse, parce que l'idée de l'indépendance nécessaire de la science s'impose vite à tout homme qui travaille honnêtement et parce que la concurrence inévitable des « savants de l'État » oblige ceux de l'Eglise à une certaine « tenue scientifique », très mauvaise conseillère. En fait, les désirs de rénovation des études religieuses dans le clergé, les espoirs d'émancipation intellectuelle des clercs sont sortis de ces Universités libres [1]. Mgr Duchesne et M. Loisy se sont formés, sinon sous l'influence unique, au moins dans le milieu de l'Institut catholique de Paris, organisé en 1878 [2].

Au lendemain de la loi Falloux, les écoles secondaires libres se sont multipliées par les soins des congréganistes, Jésuites, Maristes, Eudistes, etc. Etablies le plus souvent hors des villes, sur des emplacements bien choisis et dans de bonnes conditions d'hygiène et d'agrément, organisées sur le principe de l'internat des maîtres et des élèves, elles répondaient parfaitement à leur but, qui était d'abord d'*éduquer* et non d'*instruire*. Elles pouvaient se contenter d'un personnel de petite culture et même de médiocre valeur intellectuelle ; il suffisait qu'il fût docile et dévoué, qu'il travaillât avec zèle, suivant des méthodes éprouvées, à embrigader pour la vie, dans

1. Houtin, *Crise du Clergé*, p. 20.
2. Houtin, *Modernisme*, p. 1.

une doctrine et une pratique, les enfants qu'on lui confiait. Dès ce temps, il devint de style de dire que l'instruction se tenait à un niveau plus élevé dans les lycées de l'État que dans les collèges libres, mais qu'en revanche l'éducation y demeurait bien inférieure. Ces « Messieurs » soignaient la bonne tenue, les belles manières, les arts d'agrément, tout l'extérieur de l'élève et, dans les classes de la société où l'on tient à tous ces avantages beaucoup plus qu'à l'étendue et à la solidité des connaissances, ils obtinrent un vif succès. Il atteignit son comble lorsque, dans un but facile à voir, les plus notables établissements congréganistes s'appliquèrent spécialement à la préparation aux grandes Écoles, polytechnique, navale et Saint-Cyr.

La clientèle scolaire de l'Église lui venait des familles qui lui étaient déjà acquises, ou de celles que leur intérêt, leur vanité, ou toute autre cause plus noble poussait à se rapprocher des bien pensants ; mais, si c'était certainement pour elle un sérieux avantage et une réconfortante garantie que de pétrir à sa guise l'intelligence des jeunes nobles et des jeunes bourgeois catholiques, elle ne disposait d'aucun moyen d'action sur celle des autres enfants de France. Elle ne pouvait supprimer la concurrence de l'État qui, par le jeu de ses bourses, faisait monter du peuple des valeurs intellectuelles redoutables et qui, grâce à la supériorité et à la liberté de son enseignement, les poussait beaucoup plus loin que ne pouvaient et ne voulaient le faire de leurs propres élèves les éducateurs congréganistes. Il est vrai que l'État s'abstenait d'inféoder les enfants à une doctrine, qu'il se gardait même de contrarier celle de l'Eglise — quand il ne la favorisait pas — et qu'il acceptait dans chacun de ses établissements scolaires, en la personne de l'aumônier, un contrôleur et presqu'un inspecteur de l'enseignement. Il fallait beaucoup de prudence et de circonspection à un professeur tant soit peu libéral pour éviter une dénonciation souvent préjudiciable. Jusqu'en 1905 il en sera ainsi plus ou moins et, comme les habitudes prises ne se perdent pas aisément, celle-là a duré même après la Séparation, sous le couvert de la *neutralité scolaire*. Aujourd'hui même, un professeur de philosophie ou d'histoire doit prendre garde de ne pas s'attirer les défiances des autorités ecclésiastiques. Un exemple récent, fourni par l'Académie de Bordeaux, prouve qu'elles s'enhardiraient vite à réclamer « des sanctions » contre la moindre imprudence vraie ou supposée. En fait, des questions essentielles touchant la formation moderne du jeune homme, des questions que les maîtres ecclésiastiques traitent librement de leur point de vue, dans leurs chaires, par exemple toutes celles qui touchent à l'histoire des religions, demeurent interdites au professeur de l'Etat, qui ne peut les aborder sans risques que pour les escamoter, à moins que la complicité assurée de ses élèves ne lui garantisse leur silence.

Les écoles primaires ecclésiastiques se sont également établies nombreuses après la loi Falloux. Elles ont été confiées d'ordinaire aux *Frères de la doctrine chrétienne*, que les malintentionnés avaient surnommés les *Ignorantins*, et, pour les petites filles, à diverses congrégations de *Sœurs*. A vrai dire, on ne donnait dans leurs écoles qu'un enseignement très élémentaire, et le catéchisme, le chapelet, les prières et les cantiques y tenaient beaucoup de place ; mais le peuple des campagnes le jugeait encore plus que suffisant et il l'appréciait surtout parce qu'il n'était point coûteux. Les autres écoles, celles de l'État et les pensionnats laïques se trouvaient obligés, pour vivre, de prendre l'allure cléricale, au moins dans les petites villes et de mériter, par leur « bon esprit » et leurs complaisances, la bienveillance du clergé. Cependant les Frères ne supprimèrent pas l'Instituteur ; l'école de l'État subsista, et comme la République, qui devait nécessairement lui être favorable, s'établit en 1875, l'Eglise perdit toute chance de faire jamais le pas décisif, je veux dire de s'emparer du monopole de l'enseignement primaire. Bientôt même ce devint une question de savoir si elle conserverait ses privilèges scolaires.

III

La résistance : les lois scélérates. — Leurs conséquences pour l'Église. — Coup que lui porte l'organisation de l'enseignement secondaire des jeunes filles. — L'État républicain n'a pas poussé ses avantages à fond. — Sens de la lutte qui se poursuit.

On sait comment les tentatives cléricales qui se placent entre 1870 et 1877 posèrent devant les républicains le problème de l'éducation nationale et de l'instruction du peuple, et comment ils le résolurent par *les lois scélérates*. Du point de vue de l'Eglise, elles ont parfaitement mérité cette épithète et elle n'a pas tort de les détester, car elles ont interrompu le cours de sa fortune. Quand elle parle aujourd'hui de la situation scolaire qu'elle tenait vers 1882, ce n'est plus pour se plaindre de ses insuffisances, comme avait fait Dupanloup jusqu'à sa mort (11 octobre 1878) et comme le faisait encore Freppel; c'est pour gémir sur le bien qu'elle a perdu. « *L'Église chez nous en était* (de l'école) *maîtresse universelle, incomparable, quand, en 1882, les lois de laïcisation proscrivirent l'instruction religieuse de l'école primaire laïque.* » C'est ainsi que se lamente un prélat d'aujourd'hui[1], et il a raison. En supprimant la lettre d'obédience et en exigeant le brevet élémentaire de tous les enseignants, en établissant l'obligation de l'enseignement primaire, la gratuité et la laïcité de l'école publique, en élargissant ses programmes, en préparant dans les écoles normales un corps de maîtres bien adaptés à leurs fonctions, en laïcisant le personnel de ses écoles, le tout réglé par une série de lois entre 1882 et 1886, l'Etat portait à l'action et à l'influence de l'Église un coup très douloureux. Cet accident entraînait des conséquences autrement graves que le fameux article 7 du projet Ferry de 1879 et l'interdiction d'enseigner aux congrégations non autorisées, car c'était l'éducation du peuple lui-même, et non pas seulement celle des classes privilégiées de la fortune, qu'il

---

1. Tissier, *Vie cathol.*, p. 46.

pouvait enlever à l'Église. Elle avait résisté avec acharnement et on n'avait jamais vu plus belle bataille parlementaire que celle qui s'était engagée autour de chacune des lois scélérates ; mais les républicains agissaient sous l'impression toute fraîche du 16 mai, et ni les violences de Freppel, ni l'éloquence insinuante et larmoyante de Jules Simon, dont le libéralisme abstrait faisait le jeu de la droite cléricale, n'avaient pu briser leur résolution.

Une autre épreuve pénible à supporter pour l'Église fut la fondation de l'École normale de Sèvres (juillet 1880) et l'organisation pratique de l'enseignement secondaire des jeunes filles (21 décembre 1880). C'était l'autre citadelle de l'Église : l'ignorance des femmes, que les libéraux entreprenaient de réduire[1]. La fureur des cléricaux ne connut plus de bornes et les universitaires n'ont pas perdu le souvenir des injures grossières, des calomnies abjectes, que certains d'entre eux, quittant toute pudeur, osèrent déverser sur l'enseignement nouveau, parfois du haut de la chaire des églises.

Il est hors de doute que si la République a vécu, si elle a dissipé les préventions qui éloignaient encore nos paysans d'elle après 1871, si elle s'est enracinée dans le pays, c'est à l'instituteur qu'elle le doit. Par lui l'esprit laïque s'est développé en

1. Il ne faut pas oublier que jusqu'alors l'éducation des filles des classes aisées se faisait presque exclusivement dans les couvents ou dans des pensionnats tout inféodés à l'Église. L'instruction qu'on y dispensait n'avait que bien peu de valeur, mais les « directions » générales, tant morales qu'intellectuelles, assuraient à l'Église une influence ordinairement définitive sur les élèves, leur vie durant.

France et la culture populaire s'est élargie ; par lui l'esprit de curiosité est né chez des hommes confinés jusqu'alors dans des préoccupations étroites et routinières. Il nous est facile, aujourd'hui que la besogne essentielle est accomplie, de critiquer « l'esprit primaire » ; il n'est certes pas à l'abri de tout reproche, mais il a eu ce mérite de représenter pour le peuple l'esprit moderne et de le représenter avec assez de vigueur pour obliger ses adversaires eux-mêmes à composer avec lui. Il suffit de comparer ce qu'on enseigne aujourd'hui dans une école libre avec ce qu'on y enseignait voilà quarante ans pour en être persuadé.

Pourtant, si rude qu'ait été le coup porté à l'Église par les *lois scélérates*, il ne lui avait pas été mortel, parce que l'État n'avait pas touché au principe de la liberté de l'enseignement et qu'il n'avait pas poussé à fond l'exécution de ses mesures contre les congrégations non autorisées. Sur ce libéralisme et sur cette tolérance l'Église a pu rebâtir. Elle a trouvé des ressources matérielles parmi ses fidèles, d'abord parce que le problème du maintien de l'enseignement confessionnel se présentait aux plus riches d'entre eux comme une nécessité *sociale*, une indispensable mesure de préservation contre le socialisme rouge ; ensuite parce que, lié au problème de la propagande, il était éminemment propre à exciter les zèles dévots. L'expérience a prouvé qu'il était plus facile de trouver de l'argent pour aider à ruiner « *l'école sans Dieu* », à combattre la propagande franc-maçonne, à enrayer le progrès de l'impiété dans le peuple que pour alimenter, depuis la Séparation, la caisse diocésaine du denier du culte.

Aussi bien, aujourd'hui encore, c'est sur le terrain scolaire que la grande bataille se poursuit, non seulement entre les cléricaux et leurs ennemis, comme le dernier épisode de la lutte politique, mais entre l'Église elle-même et les libéraux; j'entends les partisans de la pleine liberté intellectuelle. Et, au fond, c'est l'avenir de la foi orthodoxe qui constitue l'enjeu.

IV

L'enseignement libre aujourd'hui. — Les Universités catholiques. — Les écoles secondaires. — Leur personnel et leur enseignement- — Ses profits pour l'Église et ses défauts. — L'école primaire. — La question de l'école sans Dieu. — Position de l'Église; comment elle la justifie. — L'école libre ; son esprit. — Ses progrès pédagogiques et leur danger.

On peut dire que les Universités catholiques n'ont pas réussi. Ce n'est pas l'impression qu'en donnent les apologistes officiels de l'effort contemporain de l'Église [1] ; mais les notes officielles sont toujours optimistes. Le recrutement d'un personnel à la fois compétent et de doctrine sûre, pour les cinq groupes universitaires de Paris, de Lyon, d'Angers, de Lille et de Toulouse, offre les

1. Tissier, *Vie cathol.*, p. 51 et s.

plus grandes difficultés. D'autre part, les élèves ne sont ni assez nombreux, ni, en général, assez bien préparés par leurs études antérieures, pour donner grande satisfaction à leurs maîtres. Enfin, les grades conférés par ces Universités libres ne sont pas reconnus par l'Etat. L'Église — ce n'est un secret pour personne — ne renonce pas à réclamer pour eux l'égalité avec les grades des Facultés de l'État, mais elle n'a guère de chance de l'obtenir. Ce serait pourtant la seule acquisition qui pourrait relever ses Universités et leur donner une sérieuse influence.

Il est, du reste, remarquable que les plus médiocres résultats soient ceux des Facultés de théologie. Celles de Toulouse et d'Angers, particulièrement, sont tombées très bas. Les élèves y sont venus en trop petit nombre pour qu'il soit possible de pratiquer parmi eux une sélection sérieuse, et leur faiblesse a fait descendre l'enseignement à un point où il ne peut plus guère se dire supérieur. Les catholiques éclairés et compétents s'en affligent à juste titre. La cause principale de cette décadence est à chercher dans la défiance des évêques à l'égard des hautes études ecclésiastiques, dont la plupart d'entre eux se sont parfaitement passés : ils n'envoient pas leurs clercs à la Faculté de théologie. Quand l'Etat a résolu de faire une place officielle à une Faculté de théologie catholique dans le corps universitaire de Strasbourg, ce n'est pas une allégresse sans mélange qu'il a donnée aux autorités ecclésiastiques. Elles n'ont pas osé refuser le présent, mais elles ont pris, pour en user au moindre dommage, des précautions qui ont fait sourire ceux qui les ont connues ; elles révélaient une crainte des contagions intellectuelles séculières bien curieuse et bien instructive. En vérité, cette faillite des Facultés de théologie [1] est révélatrice des difficultés qui guettent l'Eglise dès qu'elle fait effort pour laisser ses clercs travailler librement, et aussi des renoncements intellectuels auxquels elle est résignée plutôt que de courir les risques de la liberté.

Ses écoles secondaires ont été plusieurs fois éprouvées depuis 1870 par les mesures contre les congrégations non autorisées, mais elles n'ont jamais été complètement détruites et les plus importantes ont duré sous le couvert d'une apparente sécularisation. Elles se reconstituent paisiblement, aujourd'hui qu'elles semblent avoir oublié les tribulations du passé, et que les autorités publiques ferment les yeux à leurs audaces. Le nombre de leurs élèves est remonté « *à un chiffre voisin de l'égalité avec l'enseignement officiel* [2] ». Leur clientèle se recrute surtout dans l'aristocratie et dans la bourgeoisie ; c'est donc d'abord une clientèle *de conservation* ; mais elle ne s'interdit pas la propagande : elle agit sur ses fournisseurs de l'industrie et du commerce et sur tous ceux qu'elle peut déterminer dans son sens par des considérations d'intérêt. Elle profite également de la longanimité de l'État, qui laisse volontiers ses fonc-

---

1. De même le Saint-Siège s'est-il montré peu favorable à l'absorption des Facultés de théologie catholiques par l'État en Allemagne et en Autriche. Cf. Pernot, *Politique*, p. 108 et s.

2. Tissier, *Vie cathol.*, p. 51. En 1900 les collèges libres comptaient officiellement 91.140 élèves contre 84.472 appartenant aux établissements de l'État.

tionnaires confier leurs enfants aux écoles libres ; le « monde militaire » particulièrement lui apporte un contingent considérable [1].

La difficulté de recruter un bon personnel enseignant n'a pas diminué, mais comme les exigences de la clientèle ne se sont point accrues, ni son sens critique, et qu'elle confond aisément le zèle avec la compétence, on arrive à la contenter très convenablement. Il serait d'ailleurs aisé d'améliorer sérieusement ce personnel en favorisant l'accès des jeunes clercs aux grades de l'État ; mais, en général, les évêques voient d'un mauvais œil tout effort dans ce sens. Il n'y a que les libéraux du catholicisme, des laïques pour la plupart, qui souhaiteraient que les clercs suivissent les cours des Universités de l'État et verraient avec plaisir les Instituts catholiques s'alléger des enseignements que donnent les maîtres officiels [2]. Les quelques prélats dont on peut croire qu'ils y consentiraient, sont obligés de taire leur sentiment, car les autorités supérieures de l'Église le jugent entre tous dangereux. Par une encyclique du 28 juillet 1906, Pie X a limité l'autorisation de fréquenter les cours des Facultés de l'État à des raisons très graves, exceptionnelles, et il l'a subordonnée à des précautions très sérieuses de la part de l'évêque [3]. A l'heure actuelle, la Congrégation romaine des Études continue d'agir dans

---

1. Le 6 novembre 1900, Viviani a bien demandé à Waldeck-Rousseau de faire interdire aux fonctionnaires de mettre leurs enfants dans les écoles congréganistes, mais cette motion n'a pas été adoptée et le principe de la liberté a été maintenu.
2. Beudant, ap. Rifaux, *Conditions du retour*, p. 117.
3. Mater, *Politique*, p. 341.

l'esprit de Pie X. Et c'est pourquoi l'infériorité moyenne du personnel enseignant des collèges libres est à la fois évidente et pratiquement inévitable.

Il ne manque pas de catholiques pour se plaindre de la médiocrité de l'enseignement congréganiste [1], de ses petits « trucs » pour taire ou déguiser les vérités désagréables, de l'excès de l'éducation extérieure et des insuffisances de la culture, qu'il est trop facile de constater chez ses élèves ; il n'est pas jusqu'à leur éducation religieuse qui ne semble à de bons juges étriquée et presque toute limitée à la formule et à la pratique. Cependant l'Église sait ce qu'elle fait et il y a quelque naïveté à s'étonner qu'elle le fasse, puisqu'agir d'autre sorte supposerait une renonciation dont rien n'autorise à lui prêter l'intention. Et, au total, son calcul n'est pas si mauvais puisqu'il n'est pas rare de voir d'anciens élèves des collèges libres transportés plus tard dans les Facultés de l'État, y mener de bonnes études, sans que l'ambiance critique réagisse sérieusement sur l'automatisme catholique que leur éducation première a déterminé en eux. Ce n'est peut-être pas le cas le plus fréquent, mais sans doute ne se produirait-il jamais sans la pression constante exercée sur

1. Chadourne, *L'inquiète adolescence*. Paris, 1920, p. 70 : « *Et quel enseignement! Les tragédies classiques expurgées*, les Provinciales *raccourcies*, le Tartufe *revu et corrigé par un chanoine, Voltaire réduit à cinq cents vers de* Zaïre *et quatre pages de* Zadig, *des tronçons de Lamartine, de Hugo, de Musset...* » L'auteur nous dit qu'il entre en fureur un jour où il peut comparer une scène authentique de *Tartufe* avec le texte du chanoine. C'est le danger de ces truquages ; ils révoltent les esprits bien faits quand ils sont découverts par eux.

l'esprit des enfants par les maîtres congréganistes.

Du reste, les inconvénients intellectuels d'une telle éducation ne sont pas niables. On a dit justement que l'enseignement clérical était parfait pour façonner des catholiques inertes et des francs-maçons actifs ; ce qui signifie qu'il endort les activités intellectuelles et qu'il stérilise à jamais celles qui se trouvent naturellement médiocres. Quant aux autres, si elles viennent à s'éveiller, c'est contre lui qu'elles s'éveillent [1]. Ce n'est pas un franc-maçon, c'est un catholique qui constate que les collèges libres n'ont pas donné tout ce que les législateurs de 1850 en attendaient, qu' « *ils n'ont pas su ou pas pu fournir à la France les maîtres de l'heure* [2]. » Ils ne le pouvaient, quelle qu'en fût leur envie qui n'est point douteuse, parce que les maîtres de l'heure sont des hommes qui comprennent leur temps et se placent au plein du mouvement qui l'entraîne, pour agir sur lui ; ce ne sont pas ceux qui veulent l'ignorer, ou qui ne s'intéressent à lui que pour chercher à le contrarier et à le détourner de ses voies.

C'est donc — j'ai montré pourquoi — la question de l'école primaire qui semble présentement la plus importante pour l'Église. Les libéraux de tous les partis tiennent pour l'école publique *laïque*, c'est-à-dire *neutre*. Placée en dehors et au-dessus des confessions, elle doit les ignorer toutes ; sa liberté intellectuelle l'exige. Le devoir strict

---

1. On trouvera dans le roman de L. Chadourne, *L'inquiète adolescence*, une peinture très claire et très fine de l'évolution dont je parle.
2. De Lanzac de Laborie, *Falloux*, p. 22.

de l'État est de veiller à ce que les enfants reçoivent une instruction qui les introduise à la vie et y soit pour eux utilisable, à ce qu'on ne les enferme pas dans un dogme intellectuel qui les gênerait au lieu de les aider. Il va de soi que l'éducation religieuse n'est nullement abolie par l'éducation scolaire laïque; mais elle ne se confond pas avec elle et ce n'est pas à l'école qu'elle se donne; c'est dans la famille et à l'église.

Il n'y a pas à se dissimuler que ce beau programme n'est pas facile à réaliser, parce que la complète séparation de l'*intellectuel* et du *spirituel* ne s'opère pas d'elle-même et qu'il se trouve plus d'un intérêt pour l'empêcher de s'opérer. Si les républicains comptent sur l'école pour implanter définitivement leurs idées dans le peuple sous le couvert de l'éducation civique, les libres-penseurs de combat espèrent bien qu'elle les aidera à *déchristianiser* les masses. Pourtant cette conception de secte n'a pas été celle du législateur; ce n'est pas davantage celle de l'administration universitaire, et, quoi qu'ait pu soutenir la passion cléricale, il s'en faut qu'elle ait été réalisée, même en intention, par l'ensemble de nos maîtres primaires. Il n'y a pas que des libres-penseurs parmi les instituteurs et surtout parmi les institutrices, et la plupart savent très bien, quelles que soient leurs opinions personnelles, rester dans la neutralité, où leurs chefs les ramèneraient d'ailleurs très vite, si fantaisie leur prenait de s'en écarter. Il y a de la mauvaise foi à juger sur des exceptions.

Les catholiques d'esprit ouvert et tolérant n'en doutent pas; c'est pourquoi ils se montrent disposés à prendre leur parti de l'école neutre, demeurant entendu qu'elle ne sera pas, sous cette étiquette, l'école hostile à leurs croyances. « *Le mieux serait, disent-ils, de laisser le maître d'école à l'école et le curé à l'église*[1]. » Tel n'est pas le point de vue des cléricaux, ni celui de l'Eglise, qui considèrent pareille concession comme intolérable et scandaleuse. Certains catholiques se placent à mi-chemin et, d'ailleurs, prouvent du même coup qu'ils voient mal l'intérêt essentiel de l'Église dans sa lutte contre l'*école sans Dieu*. « *Pour la paix entre confessions*, écrit l'un d'eux[2], *nous consentons volontiers à la neutralité confessionnelle de l'école publique ; à la neutralité philosophique, jamais. Dieu n'est pas de Droit commun.* » Pour l'Eglise, l'*école sans Dieu*, c'est l'école qui la prive, elle, de son droit de regard et de son action de direction sur l'éducation *générale* de l'enfant, celle qui est certainement destinée à la diffusion de « *l'incroyance publique* » et de « *l'impiété systématique* »[3], entendons de l'indifférence à la dogmatique catholique et non pas seulement du matérialisme. C'est une profonde douleur pour les catholiques que d'être obligés de contribuer à entretenir de leurs deniers une institution si néfaste[4]. Aussi bien est-ce contre elle que l'Église rassemble toutes ses forces et qu'elle excite le zèle à donner de sa clientèle riche.

1. Chaine, *Menus propos*, p. 157.
2. Rocafort, *Résistances*, p. 151.
3. Tissier, *Vie cathol.*, p. 13.
4. Guiraud, *Séparation*, p. 82. Il est juste de remarquer que les hommes qui formulent cette plainte sont les mêmes qui réclament, sous forme de subvention de l'État, la contribution des libres-penseurs à l'entretien de l'école confessionnelle.

V

L'obstruction à l'école laïque. — Pression par les sacrements. — Campagnes contre les instituteurs et contre les livres scolaires. — Les Associations de pères de famille. — Les succès de l'école libre; ont-ils chance de s'étendre et de durer ? — L'appel au budget de l'État.

A l'école laïque, l'Église oppose d'abord une théorie du droit de propriété du père sur l'enfant, par laquelle elle combat la doctrine qui reconnaît à l'État le droit d'exiger pour tout enfant une instruction d'un certain genre [1]. A vrai dire, elle n'a pas toujours attaché autant d'importance aux « droits » des parents. Elle les a même méprisés totalement quand c'est contre son zèle à convertir qu'ils se sont dressés ; et elle s'est, de ce fait, attiré quelques fâcheuses affaires, même au XIXe siècle. Aussi bien elle complète sa proclamation du droit imprescriptible du père de famille à élever son enfant comme il l'entend, par celle de son droit à elle-même de diriger l'éducation de tout enfant baptisé [2].

En second lieu, elle oppose l'école libre à l'école de l'État. « *Partout où s'élève une école athée, dressons en face une école libre* », s'écrie Mgr Tis-

---

1. Rocafort, *Résistances*, p. 55 qui cite un discours de Mgr Isart, de Pamiers, (1900) ; Chaîne, *Cathol. français*, t. I, p. 185.
2. Combalot, *Mémoire aux évêques*, p. 10 et s., soutenait cette théorie, d'ailleurs logique, dès 1843 ; Barbier, *Devoir politique*, p. 333.

sier, qui, d'ailleurs, ne se fait point prier pour dire ce qu'il entend par le programme de l'école libre : elle est rigoureusement confessionnelle ; l'instruction n'y est qu'un moyen et non le but[1].

L'organisation de cette école a coûté cher, son entretien est également onéreux ; mais, jusqu'à présent, les libéralités des catholiques riches ont suffi aux besoins. Longtemps l'enseignement de ces écoles libres est demeuré très inférieur à celui des écoles publiques et toutes les tentatives pour améliorer la compétence du personnel enseignant se sont heurtées à la résistance, ou, du moins, à la mauvaise volonté de l'épiscopat, qui jugeait l'opération périlleuse. Curieuse et affligeante à la fois est, de ce point de vue, l'histoire des efforts courageux et inutiles de la Mère Marie du Sacré-Cœur, assez solide dans sa foi pour ne pas craindre plus de connaissances chez les instituteurs libres et assez soucieuse de leur dignité intellectuelle pour les désirer. Elle a rencontré des difficultés sans nombre et, finalement, ses idées ont été positivement condamnées par la *Congrégation des évêques et réguliers*, le 27 mars 1899[2]. Elles ont été reprises depuis, parce que les nécessités de la concurrence les ont imposées. Des écoles normales catholiques ont été fondées à Paris, à Lyon et dans divers autres diocèses. Il en sort des maîtres dont la formation est loin encore de valoir celle des instituteurs de l'État, mais qui peuvent tenir honorablement une école primaire. Chaque évêché a sa direction de l'enseignement qui lui

1. Tissier, *Vie cathol.*, p. 46 et s.
2. Houtin, *Crise*, p. 281 et s.

imprime le mouvement convenable et lui fait une unité, cependant que des associations corporatives assurent au personnel enseignant un minimum d'avantages matériels et les moyens de s'intéresser en commun au métier qu'il exerce. On soutiendrait difficilement que ce progrès, lent mais certain, de l'enseignement libre et de ses maîtres n'apporte qu'avantages à l'Eglise et qu'il prépare uniquement la réalisation de ses desseins. Il n'est pas besoin d'être grand prophète pour prévoir que les concessions intellectuelles évidentes, auxquelles la nécessité de ne point rester trop au-dessous de l'enseignement de l'adversaire l'a entraînée, tourneront contre elle à brève échéance. Du jour où ses instituteurs s'instruiront et s'intéresseront à leur métier plus qu'à ses desseins, et du jour où ils formeront vraiment *un corps*, elle les trouvera singulièrement encombrants et dangereux. Pour le moment, et dans les limites des besoins actuels de la clientèle de l'école libre, la *réplique* ecclésiastique à l'école laïque paraît bien agencée et efficace.

Elle a un complément que représente l'obstruction systématisée à cette même école laïque. Les cléricaux et le clergé lui-même exercent une pression sur les parents ; par la promesse de secours de divers genres, s'ils sont besogneux ; par la menace d'un retrait de clientèle, s'ils vendent quelque chose. Des moyens plus énergiques ont été préconisés, tels que la mise en interdit des écoles officielles, avec refus d'admettre leurs élèves à la première communion solennelle [1] ; ou le refus des

1. *Gazette de France*, 2 août 1908 ; Mater, *Politique*, p. 88 et s.

sacrements aux chrétiens assez obstinés pour confier leurs enfants à des maîtres indésirables [1]. De violentes campagnes sont organisées contre les instituteurs *en corps*. Le mouvement part du presbytère ; la presse catholique le propage et l'administration épiscopale l'exploite, après l'avoir encouragé et souvent provoqué. On ne recule ni devant les calomnies, ni devant les injures, ni devant les généralisations malhonnêtes ; les catholiques raisonnables et équitables en sont offensés et ont parfois le courage de le dire. Une campagne non moins violente a été menée contre les livres scolaires dont l'esprit déplaît à l'Église et un certain nombre d'évêques en ont pris la tête. Les manuels d'histoire et ceux de morale sont spécialement visés [2]. A vrai dire, pour quelques phrases malencontreuses et quelques sottises qu'on a pu relever dans quelques-uns des nombreux livres mis entre les mains des enfants des écoles publiques et qu'il était légitime que des catholiques relevassent, la plupart des griefs produits ne se justifiaient que par les préjugés, l'ignorance ou l'intolérance de leurs auteurs. Une enquête menée à travers les manuels de l'école libre aurait donné une autre moisson de contre-vérités tendancieuses et d'appréciations fallacieuses, sans parler des *silences*, pires que bien des affirma-

1. Ce moyen de pression a été employé par plusieurs évêques aux élections de 1892. Cf. Debidour, *Église cathol.*, t. II, p 87. Il n'a pas été négligé depuis par les curés des départements « catholiques » dans leur lutte contre l'instituteur. Les inspecteurs primaires de Bretagne, par exemple, en savent long sur ce point.

2. J. Bricout, *Ce qu'on enseigne aux enfants dans nos écoles publiques, exposé et réfutation.*

tions [1]. La campagne paraît aujourd'hui calmée; mais ce n'est qu'une apparence ; pour s'être faite plus discrète, elle ne s'en poursuit pas moins. Des *Associations de pères de famille* ont été constituées, qui sont destinées à surveiller, du point de vue catholique, l'école, l'instituteur, l'enseignement et les livres. Il en existe actuellement entre 700 et 800, comprenant, au total, environ 60.000 membres. Prenons garde, d'ailleurs, que l'Eglise considère comme une usurpation insupportable la prétention de l'Etat de surveiller l'enseignement de l'école libre [2] ; mais que sa propre intrusion dans l'école publique lui apparaît comme la plus légitime application de son droit, qui est d'y dépister et d'en exclure « *tout ce qui pourrait s'y introduire de contraire à la foi ou à la saine morale* [3]. »

Jamais l'Église n'aura meilleure occasion de répéter la parole : « *Celui qui n'est pas avec moi est contre moi et celui qui ne rassemble pas disperse* ». Il faut donc, ou qu'elle arrive à contenir l'enseignement de l'Etat dans les limites qu'elle prétend lui fixer, ou qu'elle tue l'école publique par l'école libre, sinon elle demeurera elle-même exposée à un péril croissant et terriblement redoutable. L'école publique est la servante de l'esprit moderne, dont l'Eglise a tout à craindre ;

1. Chaine, *Menus propos*, p. 158 et s., en convient parfaitement et c'est d'ailleurs l'évidence. Sur les origines du mouvement dès 1883, cf. Debidour, *Église cathol.*, t. I, p. 325.

2. Rocafort, *Résistances*, p. 70.

3. Liberatore, *Le droit public de l'Église* (1888), p. 240. Ce livre du P. Liberatore est, dans son ensemble, d'une lecture profitable.

c'est par elle qu'il transforme peu à peu la mentalité populaire et la rend hostile ou du moins indifférente à l'Eglise, qui a pris parti contre lui. Il est de style dans les milieux ecclésiastiques officiels de marquer la plus vive satisfaction et la plus solide confiance au regard des succès de l'école libre ; on triomphe sur ce qu'elle a, en maint endroit, vidé l'école publique. C'est un résultat qui n'est point méprisable, mais on aurait tort de le croire indéfiniment extensible et, surtout, définitivement acquis. C'est toujours dans les endroits les plus arriérés de France que l'enseignement libre triomphe avec cet éclat ; la carte de ses succès coïncide avec celle de *l'obscurantisme*, et l'obscurantisme ne durera pas ; chaque jour qui passe en emporte une parcelle. D'autre part, le très remarquable effort scolaire de l'Église coûte très cher et on peut se demander s'il pourra se soutenir très longtemps. Je crois bien que le clergé n'est pas sans inquiétudes à ce sujet.

C'est pourquoi il a formulé la revendication qu'il fait soutenir par ses associations de pères de famille et par les hommes politiques à sa dévotion : partage des fonds du budget de l'enseignement primaire entre l'école publique et l'école libre, au *prorata* du nombre de leurs élèves, ou, du moins, attribution très large de bourses aux élèves méritants de l'enseignement libre, dans les écoles libres.

Les élections de 1919 ont paru assez encourageantes à l'Eglise pour qu'elle risquât son projet de répartition proportionnelle à la Chambre, lors de la discussion du budget de 1921, en l'accompagnant de considérations plus ou moins séduisantes sur l'économie que l'État pourrait faire en supprimant nombre d'écoles publiques qui n'ont plus d'élèves, qui végètent et que l'école libre remplacerait très bien, si on lui attribuait une part des fonds que leur suppression libérerait. Le projet a été rejeté à la Chambre le 19 février 1921 par 344 voix contre 207 et ses partisans n'ont pu que constater « *l'existence d'un pénible contraste qui, chez plusieurs, causa une surprise et une déception plutôt amères* », entre ce résultat et celui des élections [1].

L'exemple de l'Angleterre où le partage se pratique et l'appel au vœu des Alsaciens, qui veulent que l'école publique soit aussi confessionnelle [2], n'ont point suffi à convaincre la majorité républicaine de la nécessité de mettre entre les mains du clergé une force dont il n'était point assuré qu'il ne ferait qu'un usage correct. L'acceptation des lois scolaires par l'Église est une des conditions de sa réconciliation avec la République. Elle y pourrait consentir si elle obtenait la compensation d'émarger au budget et celle d'une « stérilisation » complète de « l'école sans Dieu » ; mais, si les libéraux lui accordaient ces deux avantages, ce seraient eux qui renonceraient à l'essentiel des lois scolaires, à la liberté de l'école, à sa

___

1. Y. de la Brière, *La participation des élèves et des écoles de l'enseignement libre aux subventions du budget*, ap. *Études*, 5 avril 1921, p. 88 et s.

2. Il y a là une difficulté qu'on a probablement laissé s'aggraver en reculant trop longtemps devant sa solution — quelle qu'elle dût être — et que les politiques d'Église semblent disposés à exploiter. Cf. Y. de la Brière, *Chron. du mouvement religieux*, ap. *Études*, 5 avril 1921, p. 104.

raison d'être, qui est de représenter, dans la mesure de ses moyens, l'esprit moderne dans le peuple.

VI

L'inconvénient social de l'enseignement congréganiste, les deux jeunesses. — Cet antagonisme durera-t-il? — L'Église a virtuellement perdu la partie sur le terrain intellectuel.

Plus encore que des défauts dans l'ordre intellectuel, lesquels, probablement, iront en s'atténuant sous l'inévitable pression de l'enseignement de l'État, l'enseignement congréganiste et clérical a présenté jusqu'ici un inconvénient social. Waldeck-Rousseau en indiquait la singulière gravité lors de la discussion des lois sur les congrégations : c'est de scinder en deux la jeunesse de France, en donnant à ses élèves un esprit, des idées, des tendances, des habitudes, enfin un tempérament intellectuel et moral hostiles à ceux que prennent les jeunes gens élevés dans les écoles de l'État ; donc d'entretenir au point de renouvellement de la société un antagonisme de conceptions et de principes très nuisible à l'unité morale du pays. A la vérité, c'est surtout de l'enseignement secondaire congréganiste que découle cet inconvénient, beaucoup plus sensible dans les classes élevées et moyennes que dans le peuple proprement dit. On peut espérer qu'il s'affaiblira aussi à mesure que l'enseignement libre sera obligé, par la force des choses, de rapprocher ses méthodes et ses programmes de ceux de l'enseignement public. Un des grands arguments pratiques qu'opposent les républicains partisans de la liberté de l'enseignement à ceux qui voudraient qu'on en revînt au monopole d'Etat, c'est que la concurrence est un élément d'activité et une condition de progrès. Cet argument vaut aussi pour l'adversaire et l'expérience le prouve[1] ; mais il faudra évidemment beaucoup de temps encore pour que se comble le fossé qui sépare les deux jeunesses.

Au total, il me semble certain que l'Église a virtuellement perdu la partie sur le terrain intellectuel aussi bien que sur le terrain politique. Je n'ignore pas que les apparences actuelles, que les craintes des libéraux, que les espérances plus ou moins avouées des cléricaux rendent cette opinion surprenante ; elle n'en est pas moins fondée. Que les libéraux, qui vivent et agissent dans le présent, s'inquiètent des difficultés nouvelles qu'un regain de cléricalisme leur causerait, qu'ils s'irritent du retard qu'il imposerait à ce qu'ils considèrent comme le progrès intellectuel de la nation, rien de plus naturel ; mais les incidents, voire les accidents d'aujourd'hui, même s'ils sont troublants, ne déterminent pas nécessairement les résultats qui se fixeront demain. Que, de sa part, l'Église essaie encore de se leurrer elle-même et qu'elle fasse effort pour reculer l'inévitable échéance,

1. Il n'est plus très rare aujourd'hui d'obtenir des élèves de l'enseignement libre, au baccalauréat, de bonnes réponses sur des questions d'histoire qui leur étaient naguère interdites : on sent qu'un professeur instruit a été écouté et compris ou qu'un bon manuel a été étudié.

c'est très naturel également; mais la réalité ne s'en trouve point changée. Et la réalité, c'est que l'Église n'aurait pu vaincre que si elle avait pu ressaisir le monopole scolaire. Toutes ses institutions scolaires ne font pas qu'il n'y ait en face d'elles des institutions analogues, qui, par en bas et par en haut, réagissent sur elles. Par en bas, il faut bien que le programme de l'école libre réponde à peu près à celui de l'école publique, parce que la comparaison impose la ressemblance et parce que les parents exigent que leurs enfants se présentent *aux examens de l'État*, dont les diplômes ouvrent encore tant de carrières; par en haut, parce que les Facultés de l'État agitent des questions que les Facultés libres ne peuvent plus ignorer et que, là encore, la nécessité des programmes d'examens pèse sur elles. D'autre part, l'Église ne peut pas empêcher ses élèves de compléter leur éducation hors de chez elle, de regarder, d'écouter, de lire. Autant de sources d'*infiltrations modernes* qui ne peuvent que lui nuire; j'entends nuire à ce qu'elle s'obstine à croire son droit et ses obligations. Il est inévitable que tout son édifice scolaire s'en trouve un jour ruiné et ce n'est pas la prospérité de l'école libre en Basse-Bretagne ou en Auvergne qui suffira à le consolider. Aussi bien cette prospérité ne durera pas.

Le plus grave, c'est que ce sont ses clercs eux-mêmes que l'Église n'arrive plus à garder du danger des redoutables *infiltrations intellectuelles*. C'est là qu'il faut chercher la cause des *exodes* affligeants d'hommes qui l'ont quittée parce que la science les a conquis et les a retournés contre elle, tels Renan, Amelineau, Ledrain, Loisy, et tant d'autres ; mais ces cas particuliers, que les apologistes expliquent candidement par une poussée d'orgueil diabolique[1], ne sont rien à côté de la *crise moderniste* qui l'a troublée voilà une quinzaine d'années, et dont on aurait tort de croire qu'elle soit terminée.

1. P.-Th. Mainage, *Le témoignage des Apostats* (Leçons données à l'Institut cathol. de Paris), Paris, 1916, propose une explication, en apparence plus nuancée psychologiquement, des grandes apostasies ; elle est dans son fond aussi simpliste que celle dont je parle et, en dernière analyse, elle s'y ramène dans la plupart des cas.

CHAPITRE VIII

L'esprit moderne dans l'Église.

I

L'Église a traversé mainte crise moderniste. — La situation vers le temps de la mort de Léon XIII. — L'état d'esprit moderniste. — Il y a eu des modernistes et non pas un parti moderniste. — Tendances communes aux divers modernistes. — Leur illusion. — Leur condamnation par Pie X. — Leur impuissance à résister. — L'organisation de la répression. — Tracasserie et délation.

Au cours de sa longue existence l'Église a traversé plus d'une crise *moderniste* ; je veux dire que, plus d'une fois, ses habitudes, son esprit, ses formules et jusqu'à ses croyances ont dû s'adapter à certaines exigences d'une époque et d'un milieu, à de nouvelles conditions matérielles, intellectuelles, religieuses. Ces périodes de transition ont été tantôt longues et peu sensibles, tantôt, au contraire, rapides et plus ou moins pénibles. Le philosophe théologien dont l'autorité est si souvent invoquée de nos jours par tous les adversaires du mouvement dans l'Eglise, saint Thomas d'Aquin lui-même, a fait de son temps figure de *moderniste*. Et cela à très juste titre, car il a cherché à mettre la foi d'accord avec la philosophie et la science qui prévalaient alors dans les écoles, à la penser en fonction de cette philosophie et de cette science, à s'en faire une représentation proprement *moderne*, pour les hommes du xiiie siècle. C'est pourquoi les conservateurs, dont il troublait la routine, lui ont fait mauvaise mine, l'ont contredit et combattu jusqu'à le faire formellement condamner par l'évêque de Paris Étienne Tempier. C'est pourtant le thomisme qui a eu le dernier mot dans le débat. Les diverses *modernisations* dont je parle ne se sont donc point toujours imposées à l'Église sans difficulté ni sans trouble, parce que l'Église est, d'instinct, et nécessairement, hostile au changement *qui se voit* et parce qu'elle est, de plus, fort entêtée dans ses habitudes. Elles ont pourtant réussi parce que la nécessité les imposait et parce que, préparées dans la pratique, elles ne rencontraient pas la résistance d'une doctrine délibérément organisée pour ne plus jamais bouger, telle qu'est, depuis les décisions de Trente, l'orthodoxie romaine.

Jamais la nécessité d'une adaptation nouvelle n'avait paru plus instante que dans les dernières années du pontificat de Léon XIII. Tous les catholiques éclairés le voyaient et le pensaient ; et même, ils se le répétaient, depuis plus de trente ans, dans l'intimité [1]. Dès qu'ils se sont hasardés à le dire en public, Rome est intervenue pour les faire taire, pour nier l'évidence qu'ils dénonçaient et pour opposer aux plus mesurées de leurs revendications un *non possumus* absolu. La vie réclame l'évolution et, en fait, si l'Église a vécu, c'est qu'elle a toujours évolué. Rome nie cette vérité pour le passé et la réprouve pour le présent, parce que les Jésuites du xvie siècle l'ont emprisonnée dans des affirmations dont elle ne peut plus sortir. L'état d'esprit moderniste a consisté d'abord, à se persuader qu'elle en devait pourtant sortir ; puis, à reconnaître que la science d'aujourd'hui, dans tous les domaines, a atteint et acquis des résultats qu'une négation de théologien ne détruit pas ; enfin, à dire que, de ces résultats, il faut tenir compte dans une remise au point des formules dogmatiques, devenues impensables pour nous, parce qu'elles reposent sur la représentation du monde qui prévalait au xiiie siècle, et que la vie même du catholicisme dépend d'une réorganisation, conformément aux exigences de l'esprit moderne, de l'esprit, de la doctrine, de la discipline et du corps même de l'Église.

Beaucoup d'hommes ont partagé ces convictions, en France et à l'étranger, dans le clergé et à côté de lui, mais chaque *moderniste* les a systématisées de son point de vue particulier, selon son propre

---

1. Très instructif, de ce point de vue, sont le *Journal* et les lettres du Père Hyacinthe Loyson dont M. Houtin nous a donné de larges extraits dans son *Père Hyacinthe.* Cf. p. 137, 162, 176-178, 228, 237, 240.

caractère, en s'arrêtant de préférence à tel aspect du problème plutôt qu'à tel autre. Il suffit de nommer bout à bout Blondel, Brugerette, Fogazzaro, Fonsegrives, Laberthonnière, Le Roy, Loisy, Tyrrell, pour faire comprendre quels esprits et quels tempéraments différents se sont trouvés, bon gré, mal gré, réunis sous cette étiquette de *modernistes*, alors qu'ils n'avaient guère de commun que les tendances les plus générales de leur action et leur désir de trouver l'*issue* de l'impasse où l'Eglise risquait de périr.

Il n'y a donc pas eu de *parti moderniste*, pas d'organisation dans l'attaque contre le romanisme, pas même d'entente entre les *modernistes* ; il n'y a eu que reflet de l'esprit moderne sur la religion d'hommes de bonne volonté, dans le principe très dévoués à leur Eglise. Le *moderniste* que nous dénonce et nous décrit l'encyclique *Pascendi* est un être de raison, construit par les auteurs mêmes de l'encyclique, en juxtaposant et en combinant les idées particulières de tous les penseurs que je viens de nommer et de quelques autres. M. Loisy a spirituellement confessé qu'il avait appris du Pape ce que c'était qu'un moderniste et qu'il l'était. D'autre part, je trouve sous la plume de Mgr Dadolle cet aveu bon à retenir : « *Le Saint Père a présenté la description du moderniste, si je puis dire, encyclopédiste, personnage, il faut le reconnaître, qui n'existe pas* [1]. » Il est vrai : le *moderniste* selon les théologiens de Pie X, n'a pas existé ; mais il y a eu un *modernisme*, déterminé

1. Lettre pastorale du 5 octobre 1907, ap. Loisy, *Simples réflexions*, p. 142, n. 1 ; Houtin, *Modernisme*, p. 250.

par les infiltrations de l'esprit et de la science modernes dans l'Église et dans la foi. Infiltrations *protestantes*, ont déclaré les conservateurs, dans leur désir de rapetisser l'explication du mouvement et de dissimuler le péril qu'il recélait. A la vérité, le phénomène s'était déjà manifesté dans le protestantisme et il y avait déterminé un large courant de libéralisme très moderne, mais le modernisme catholique n'était pas une simple dérivation de ce courant-là ; il venait de la même source, qui est l'esprit moderne lui-même et le monde moderne. Quelques polémistes que nulle considération n'arrête, pas même celle de paraître de mauvaise foi ou absurdes, ont bien prétendu réduire un effort entre tous désintéressé et généreux à n'être qu'un complot juif, franc-maçonnique et dreyfusard. Dom Besse, le Père Barbier, l'abbé Garnier, le chanoine Delassus, aidés de quelques journaux cléricaux, ont pris de la peine pour accréditer cet enfantillage [1] ; et je ne jurerais pas qu'ils n'y aient réussi dans certains milieux, où l'on accepte de confiance toutes leurs affirmations ; mais ils n'ont pu détourner des modernistes les sympathies de tous les hommes qui respectent la dignité de la pensée et la sincérité du sentiment.

Le modernisme doit donc être considéré comme un très intéressant ressaut de la vie dans l'Église, comme un effort du présent pour sortir de l'enlisement du passé ; mais il est parti d'une illusion : il a cru que l'Église catholique romaine pouvait

1. Houtin, *Modernisme*, p. 387 et s.

encore s'adapter ; il a espéré que la masse catholique secouerait la torpeur où elle est tombée et qu'elle régénérerait le catholicisme en le vivant de nouveau, au lieu de le subir ; il a implicitement escompté un *revival* de la foi. Il n'a pas tenu compte, justement parce qu'il ne procédait que d'*individus*, dont la valeur religieuse était exceptionnelle, d'une grosse objection, que je trouve très bien formulée sous la plume d'un homme de lettres, qui n'est pourtant pas un spécialiste des choses religieuses [1] : « *Vous vous leurrez en voulant interpréter, au mieux de vos convenances personnelles, une religion qui s'est nettement formulée elle-même et qui, sans aucune ambiguïté possible, rejette et condamne d'avance toute interprétation comme la vôtre.* » Rien de plus juste. Tout l'effort de l'Eglise, dans la période que nous avons considérée, avait consisté à écarter coûte que coûte cette interprétation-là, c'est-à-dire à se protéger contre l'esprit moderne ; et on lui demandait de s'arrêter net, de se détourner du passé, de se placer face à l'avenir et de se suicider. Je veux dire de sacrifier au rajeunissement du catholicisme, ses rêves, ses dogmes, toute sa raison d'être. C'était lui supposer une résolution dans l'héroïsme et une lucidité dans le discernement bien peu vraisemblables. Les modernistes disaient : « *C'est cela ou périr* » ; mais l'Eglise était fondée à répondre : « *Cela aussi, c'est périr.* » Et, pour elle, c'était périr tout de suite, tandis qu'en éloignant la révolution moderniste, elle pouvait se soute-

1. Martin du Gard, *Jean Barois*, p. 93.

nir encore, espérer, malgré les apparences fâcheuses, qu'elle n'était point tenue d'analyser avec trop de rigueur, que la parole du Christ, qui est censée lui avoir promis l'éternité, ne la tromperait pas.

Les modernistes commencèrent à agir, d'ailleurs en ordre dispersé et par manifestations individuelles, dans les dernières années de Léon XIII. Il y avait parmi eux des hommes de grande valeur, qui attirèrent peu à peu l'attention des savants du dehors par des travaux du plus haut intérêt. Les espoirs de liberté que la Séparation leur donna les encouragèrent ; ils se montrèrent davantage et bientôt les autorités ecclésiastiques s'inquiétèrent. Déjà Léon XIII avait été sollicité de condamner Loisy, mais il s'y était refusé, parce qu'on ne lui apportait pas la preuve qu'il fût hérétique. Pie X n'était pas homme à patienter longtemps. D'ailleurs la question prenait de l'ampleur à mesure que s'allongeait la liste des hommes compromis. Un journal venait de se fonder pour servir de point de ralliement aux idées nouvelles : il s'appelait *Demain* et ce titre enfermait à la fois un espoir et un programme ; sa rédaction groupait les plus connus des catholiques libéraux. Les évêques s'agitaient et commençaient à malmener les novateurs, pendant que les zélateurs de l'orthodoxie se mettaient à les dépister et à les dénoncer. Dès 1904 ils obtenaient la condamnation de *l'Évangile et l'Église* de Loisy. Rome sentit alors la nécessité de prendre position et, coup sur coup, le décret *Lamentabili sane existu* et l'encyclique *Pascendi domi-*

nici gregis s'abattirent sur les modernistes (1907).

Je n'ai à analyser ici ni le décret, qui est, en vérité, un nouveau *Syllabus*, complétant et renforçant celui de Pie IX, ni cette longue diatribe contre l'esprit moderne, œuvre de théologiens scolastiques fermés à *l'esprit de vie*, que constitue l'encyclique. Les deux manifestations pontificales semblèrent aux lecteurs indépendants à la fois absurdes et logiques. Elles étaient aussi, par l'intrépide assurance de leur anachronisme et par l'espèce de candeur de leurs prétentions, véritablement admirables. Elles faisaient entendre à des hommes du xxe siècle la voix du Moyen Age et semblaient ne point douter qu'elle leur portât l'irréfragable Vérité. Un tel aveuglement a aussi sa grandeur et sa beauté, parce qu'il procède à la fois d'un mysticisme candide et d'une résolution capable de mépriser la plus aveuglante réalité.

A la condamnation, totale et implacable, que le Saint-Siège prononçait au bout de son réquisitoire copieux et riche d'injures[1], le modernisme ne disposait d'aucun moyen de résister. J'ai dit qu'il ne constituait point un parti ; il n'avait pas même un programme ; le Pape se trouvait en face d'isolés, ou de tout petits groupes, comme était la rédaction de *Demain*, ou celle de la *Quinzaine*. Tous les « politiques » d'Eglise assez malavisés pour avoir marqué quelques sympathies aux idées nouvelles quand ils leur croyaient de l'avenir, se hâtèrent de chanter la palinodie et de crier haro sur le pelé, le galeux, d'où venait tout le mal.

1. Cf. Loisy, *Simples réflexions*.

Il y eut des « retournements » vraiment cyniques et peu honorables pour leurs auteurs, mais qui n'en furent que plus symptomatiques de l'opinion qui s'affirmait dans la majorité du clergé et de l'attitude qu'entendait prendre la masse catholique. C'était, comme on aurait pu le prédire à coup sûr, celle de la soumission à Rome. Que pouvaient faire les modernistes ? Ils n'avaient jamais nié l'autorité souveraine du Pontife ; c'était vers elle qu'ils avaient élevé leurs doléances. Elle les rejetait ; il ne leur restait qu'à se soumettre, eux aussi, ou à rompre avec l'Eglise ; se soumettre d'une adhésion interne totale, comme le leur enjoignait le Pape ; ou, si leur confiance en lui n'allait pas jusque-là, et puisque l'encyclique ne se présentait pas armée du privilège de l'infaillibilité[1], se soumettre des lèvres et se taire désormais.

Au reste, l'impulsion romaine mit immédiatement toute la machine ecclésiastique en mouvement contre « *la sentine de toutes les hérésies* » ; les évêques dont les bonnes dispositions pour les novateurs étaient connues ou soupçonnées n'eurent plus qu'à se faire oublier et à donner des gages de leur repentir ; les autres déployèrent un zèle bruyant, et la plus active ardeur d'orthodoxie sembla enflammer la hiérarchie tout entière. Les adhésions les plus humbles, et souvent les plus obséquieuses, aux monitions de l'encyclique se hâtèrent vers Rome, accompagnées de bon nombre de dénonciations.

---

1. Un moderniste laïque écrivit à Pie X pour le prier de vouloir bien mettre le sceau de l'infaillibilité au bas de l'encyclique ; il y avait de la candeur à faire cette démarche.

L'encyclique avait prévu des mesures de répression et prescrit un certain nombre de précautions pour l'avenir: rétablir fortement la philosophie scolastique comme base des études sacrées et de la théologie, et ne pas se détourner d'elle au profit des sciences de la nature. — Ecarter de l'enseignement, dans les séminaires et dans les Universités, tout maître suspect de modernisme. — Poursuivre et interdire les livres entachés de la même erreur. — Resserrer la sévérité dans l'octroi de *l'imprimatur*. — Se défier des congrès, les modernistes profitant volontiers de ces réunions pour semer leur mauvaise graine. — Instituer des conseils diocésains de vigilance, « *formés d'hommes éprouvés des deux clergés* », qui rechercheraient les erreurs et les signaleraient à l'évêque. — Un rapport épiscopal devait être, tous les trois ans, adressé à Rome, sur l'exécution de ces diverses mesures et sur l'état d'esprit du diocèse.

On ne pouvait concevoir meilleur encouragement à la délation et à la tracasserie que ce plan de contrainte, et il a promptement porté ses fruits[1]. Misérable devint la situation dans l'Eglise des hommes à qui quelqu'indépendance d'esprit ou de caractère avait fait des ennemis ou des envieux. Ceux qui n'eurent pas la chance de rencontrer un évêque assez intelligent pour les comprendre et assez courageux pour les défendre, connurent les plus fâcheuses tribulations. Du reste, les intentions du Pape étaient claires, ses instruc-

---

1. *Ce qu'on a fait*, p. 479.

tions précises, et les plus libéraux des prélats né
purent se dérober à leur mise en pratique.

D'ailleurs Pie X ne s'est pas borné à l'encyclique *Pascendi* pour combattre le modernisme. On
peut dire que, depuis 1907, il n'a pas rédigé un
document de quelqu'importance, ni prononcé une
allocution, sans revenir sur la « *sentine de toutes
les hérésies* ». En 1909, l'encyclique *Communium
rerum* trouve même le moyen d'ajouter un notable complément d'injures à celles que développait l'encyclique *Pascendi*. Pratiquement il a or-
donné : la réorganisation des études bibliques dans
le sens que j'ai précédemment indiqué ; l'épuration du personnel enseignant ; l'obligation pour
tous les clercs ayant charge d'âme ou d'esprit, hormis les évêques, d'un serment anti-moderniste [1] ; la
réorganisation des séminaires pour en clore les
portes et en fermer les fenêtres hermétiquement :
les jeunes clercs ne doivent pas lire les journaux
ni fréquenter les Universités ; il faut détourner
leur attention de tout ce qui se fait et se dit dans le
monde des vivants. Je ne parle pas des excom-
munications ni des mesures de discipline diverses prises, à titre individuel, contre les modernistes avérés ou supposés. En vérité, jamais Pie X ne
s'est lassé de perfectionner la répression, et la
docilité totale, inhérente aux mœurs cléricales
d'aujourd'hui, lui a fourni autant d'auxiliaires qu'il
en a souhaité pour mener à bien son œuvre de
réaction médiévale.

---

1. Ce serment a été institué par le « motu proprio » *Sacro-
rum antistitum*, du 1ᵉʳ septembre 1910. Texte dans Houtin, *Modernisme*, p. 323 et s.

II

Le nombre des modernistes en France. — La persistance des inquiétudes pontificales. — Attitude de Benoît XV. — Les résultats de l'effort anti-moderniste de Rome. — L'apparence d'aujourd'hui. — La survivance de l'esprit moderniste et les tendances libérales.

On n'a pas su combien l'Église de France comptait de modernistes vers 1907 ; on a parlé d'une vingtaine de mille, mais c'est un chiffre impossible à vérifier. D'ailleurs il y avait tant de degrés dans le modernisme, qu'un total des prétendus modernistes, s'il était possible à établir, ne renseignerait pas très exactement sur l'état d'esprit véritable du clergé français. On peut hardiment affirmer que la majorité, par ignorance, inertie, misonéisme ou peur, était hostile au mouvement. On vit, au moment où le serment devint obligatoire, se produire un nombre anormal de demandes de mise à la retraite [1], mais pas d'exode d'ensemble. On s'en est étonné et on s'est étonné de même que tant de clercs aient consenti à prêter un serment si contraire à leurs convictions. Sans aller chercher une explication dans la pratique de la restriction mentale — qui, en l'espèce, n'était pas de mise — ni dans les biais que peut offrir la casuistique pour libérer la conscience d'une pro-

[1]. De Narfon, *Séparation*, p. 296.

messe forcée, il faut considérer que beaucoup de modernistes ont fait un acte de foi et d'espérance en prêtant le serment; ils ont cru à l'avenir de leurs idées et il leur a semblé qu'ils prépareraient mieux leur revanche dans l'Église que hors d'elle. Ils voulaient une réforme de l'Église en elle, par elle et pour elle et non pas un schisme. Ceux qui tenaient plus à l'indépendance de leur esprit qu'à la « communion des saints », ceux surtout qui avaient, dans leurs réflexions, dépassé le stade moderniste, se sont retirés, ou ont accepté d'être chassés. Les autres ont considéré le serment comme une formalité de nulle valeur et se sont repliés sur eux-mêmes, en attendant des jours meilleurs[1].

Il est très remarquable que Pie X n'a jamais cru que la violence de son langage et de ses coups lui ait vraiment donné la victoire. Il ne s'est pas fait sérieusement illusion sur l'apparente soumission qu'il a obtenue, et, jusqu'à sa mort, il n'a pas caché les préoccupations que lui causait cette « *peste du modernisme* », si habile à s'insinuer partout ; c'est comme une hantise qui ne l'a pas quitté[2]. Dans sa première encyclique (1er novembre 1914) Benoît XV, à son tour, n'a pas manqué d'introduire un couplet, dans la manière de son prédécesseur, sur la *tam pestifera lues* ; preuve qu'il n'était pas non plus très rassuré. Il a cru devoir rappeler que toute tentative de réinterpréter le dogme et de lui donner une signification autre que

---

1. *Ce qu'on a fait*, p. ii ; Houtin, *Modernisme*, p. 193 et *Crise*, p. 66.

2. Houtin, *Modernisme*, p. 386, n.

celle qu'il a reçue dans le passé est inadmissible: les croyances chrétiennes n'étant pas le fruit d'une expérience religieuse développée à travers les âges, mais celui de la révélation apostolique, qui n'admet aucune addition ni aucun retranchement (*neque addimentum, neque ablationem recipiens*). Il serait inutile de prendre tant de visible inquiétude d'un adversaire si on n'avait plus rien à craindre de lui.

Ce n'est pourtant pas que le régime de répression et de compression voulu par Pie X n'ait point porté de résultats. C'est à lui qu'il faut rapporter la responsabilité de la crise intellectuelle du clergé de France, de la débilité des Universités catholiques, de l'orientation des clercs vers l'ignorance, l'inintelligence et l'horreur du présent, de l'obligation pour ceux d'entre eux qu'un hasard a instruits, de s'en aller, s'ils sont assez jeunes et assez résolus pour oser, ou de porter un masque toute leur vie, ou de s'étourdir par l'action politique ou sociale. Je ne parle pas, bien entendu, des profiteurs qui monnaient leur zèle et qui sont à la fois l'opprobre du clergé et la terreur de leurs frères. La surenchère des sceptiques est une des plaies de l'Église, avivées par le déplorable gouvernement qu'a dirigé Merry del Val, avec la collaboration ou sous l'inspiration d'hommes comme Benigni et Montagnini.

Aujourd'hui on constate que le dogme et tout le système intellectuel de l'Église romaine se sont raidis et tendus. Ils s'expriment dans une apologétique abondante et désuète, devant laquelle les catholiques instruits avouent leur angoisse et leur humiliation [1]. On insiste sur les arguments de sentiment, sur les bienfaits de l'Eglise, sur la beauté touchante du culte ; on dénigre la raison ; on raille l'intellectualisme, on prône *l'utilité* de croire et de pratiquer, contre *l'illusion* d'apprendre et de comprendre hors du catéchisme. Cet anti-intellectualisme peut retenir des femmes et des jeunes gens qui n'ont guère appris ; au besoin satisfaire des mystiques et des hommes peu éclairés, mais ce n'est pas lui qui ruinera ou seulement affaiblira les difficultés de croire de l'ordre scientifique, qui ont marqué le point de départ du modernisme. Il est facile de proclamer qu'il n'y en a pas, qu'il n'y en a plus ; le prouver, c'est autre chose. J'ai dit que divers érudits catholiques, d'ailleurs souvent compromis par des auxiliaires téméraires, s'y emploient de leur mieux. Ils sont, je pense, à peu près les seuls, parmi les hommes capables de peser leurs raisons, à croire qu'ils y réussissent ; et encore ne jurerais-je pas qu'ils en soient eux-mêmes absolument convaincus.

Quoi qu'en puissent dire quelques journalistes mal informés, ou en faire croire quelques apparences superficielles, l'Eglise romaine ne marque aucune tendance à se relâcher de sa rigueur dans le domaine intellectuel. Elle exerce sur les esprits la même surveillance jalouse qu'il y a une douzaine d'années ; elle se cantonne dans les mêmes défenses et les hommes renseignés savent bien qu'elle est plutôt disposée à renchérir sur ses précédentes interdictions qu'à les atténuer. Elle appa-

1. Rifaux, *Conditions du retour*, p. 45, 159, etc.

rait toute tendue vers le péril qu'elle sent là,
dans l'ombre, tout prêt à renaître, au moindre signe de faiblesse ou de condescendance qu'elle
pourrait donner. Le doute sur l'inviolabilité de l'orthodoxie intellectuelle — sur celle de l'orthodoxie
doctrinale aussi — est entré dans le clergé ; l'énergie de Pie X, aidée de l'hypnose de l'asservisse-
ment, ont apaisé le tumulte avant qu'il ne fût tem-
pête et nous traversons une accalmie ; mais que se
prépare-t-il derrière elle ? On a dit justement
que le modernisme n'était « *en réalité qu'un état
d'esprit* » et que la lutte qu'il avait engagée n'était
pas « *entre une doctrine et une doctrine, mais
plutôt entre deux méhodes, entre deux esprits* »[1].
Une de ces méthodes, un de ces esprits représentent la réalité d'aujourd'hui ; les deux autres prolongent le Moyen Age. Peut-on croire que la mort
triomphera définitivement de la vie ?

On peut considérer que l'expérience est faite *à
l'intérieur même de l'Eglise :* le système intellectuel de l'Eglise romaine constitue une contrainte
insupportable à un homme d'aujourd'hui qui veut
savoir et penser ; son système doctrinal, pour autant qu'il dépend de l'intellectuel, est devenu im-
pensable et ne supporte plus ni l'épreuve de
la critique historique, ni celle de la réflexion philosophique.

Reste la religion, et c'est elle que les libéraux
auraient bien voulu dégager du romanisme, parce
qu'ils sentaient le péril qu'elle y court. Je dis in-
tentionnellement les *libéraux* et non pas les *mo-*

---

1. *Ce qu'on a fait,* p. 466.

dernistes, car il y a des libéraux intellectuels qui ne sont pas des modernistes au regard de la doctrine [1] et qui se montrent avant tout préoccupés de fortifier ou de restaurer l'esprit religieux. Ils réclament, non pas une refonte de la dogmatique, mais l'abandon de l'esprit du *Syllabus* et de l'infaillibilité, la rentrée de l'esprit chrétien dans l'Église, le droit d'obéir debout, librement, et sans être obligés de contraindre leur raison ni d'oublier leurs connaissances, l'abandon de cette passion de dominer, de cette rage de maudire et de mépriser qui rend les théologiens romains si insociables.

C'est là, certes, un beau programme ; mais j'imagine qu'il ne serait pas facile à fixer sans tomber dans le modernisme, et, comme je suis persuadé que le modernisme lui-même, justement parce qu'il est un état d'esprit plus qu'une doctrine, s'arrangerait beaucoup moins aisément qu'il ne le croit du catholicisme et serait amené par la logique à le transformer de fond en comble, s'il se trouvait en situation de le faire, je pense bien qu'il faudrait pousser assez loin les changements pour rétablir l'équilibre rompu entre le romanisme et l'esprit moderne. L'Église en serait profondément ébranlée, voire totalement ruinée ; mais il n'y a aucune chance pour qu'elle se prête à l'expérience,

---

1. Les auteurs de *Ce qu'on a fait de l'Église* protestent qu'ils ne sont pas modernistes.

III

Nécessité pour l'Église d'un mouvement libéral dans l'ordre intellectuel. — Comment l'ignorance des fidèles le retarde. — Elle diminue chaque jour. — Comment tout le débat est dominé par une question de foi.

Et pourtant l'Église n'arrivera à se maintenir sur sa troisième ligne que si elle parvient à réaliser un programme analogue à celui que je viens d'indiquer. Il faut qu'elle trouve le moyen de séparer sa foi de son système intellectuel ; qu'elle défasse l'œuvre de Trente, en l'abandonnant sans la désavouer. Sinon, il est à craindre qu'elle ne puisse bientôt plus sauver la foi elle-même de la ruine qui menace ses assises intellectuelles, comme il est impossible de soutenir une maison qui croule par la base. Pour le moment, le danger paraît encore éloigné à cause de l'ignorance des masses en matière de religion, mais la sécurité apparaît comme liée à cette ignorance, que chaque jour diminue. Les idées font leur chemin et c'est *le fait* qui finit toujours par demeurer le maître dans le conflit des opinions ; on retarde ce progrès, mais on ne l'arrête pas. Toutes les idées considérées comme justes et directrices par la conscience moderne, tous les faits *essentiels* que l'on regarde aujourd'hui comme établis dans le domaine des connaissances positives, pour autant qu'ils touchent au système intellectuel du catho-

licisme romain, lui apportent une contradiction.
Il est puéril de le nier ; il suffit d'ouvrir les yeux
et de regarder pour le voir. Il est puéril aussi de
s'imaginer que cette fâcheuse relation se modifiera
d'elle-même ; elle ne changera qu'en pire.

Telle que l'Église la pose, cette question intellectuelle semble être surtout une *question de temps*.
Tant que l'Église aura une clientèle composée en
majorité d'hommes qui s'abandonnent à elle, de
mystiques, de fidéistes et de pragmatistes, de fidèles qui ne pensent pas, mais se contentent de *sentir* ;
qui ne savent pas, mais acceptent — sous le bénéfice de telle ou telle réaction particulière — l'enseignement qui leur est donné par le clergé, la situation pourra se prolonger. Je veux dire que la
confiance dans la solidité de la vérité dogmatique
prévaudra sur les difficultés intellectuelles ; pour
le commun des fidèles, ces difficultés n'existeront
pas. La situation se modifiera inévitablement à mesure que la culture scientifique, sous toutes ses formes, se perfectionnera et se vulgarisera, et à mesure que les attaques directes dont la dogmatique
est l'objet se feront plus pressantes, qu'elles retien-
dront davantage l'attention des catholiques tièdes
ou superficiels, à supposer qu'elles ne finissent
pas par toucher aussi les autres.

« *Si le catholicisme est la vérité*, écrit M. Rocafort, *il n'y a pas de constitution, pas de régime,
pas de liberté, encore moins d'intérêt personnel
ou collectif qu'on ait le droit de lui préférer* [1]. »
C'est parfaitement exact ; mais j'irai plus loin et

---

1. Rocafort, *Résistances*, p. 287.

je dirai : « Pour qui croit que le catholicisme est
la vérité, il ne saurait exister d'autre vérité ; la
science n'est qu'illusion et les conclusions auxquelles l'esprit moderne s'arrête avec le plus de
complaisance ne sont que déplorables erreurs. »
Mais qui croit cela en France aujourd'hui, et qui
le croit assez fermement pour vivre de cette
croyance ? En d'autres termes : la foi catholique
orthodoxe est-elle encore solide et profonde chez
nous et le nombre des hommes qui s'attachent à
elle s'accroît-il ou diminue-t-il ? C'est la dernière
question qu'il nous reste à examiner.

QUATRIÈME PARTIE

L'ASPECT RELIGIEUX

CHAPITRE IX

Le catholicisme et l'âme française.

I

*Difficultés d'une enquête sur l'état de la foi chez nous.
— Questions préjudicielles : le catholicisme est-il,
en France, une force nationale ? — Est-il une force
sociale ? — La vraie question : reste-t-il une force
religieuse en croissance ?*

S'il paraît dès l'abord assez aisé de se rendre
compte de ce que représente dans la vie française
l'action politique, sociale, intellectuelle de l'Eglise,
il est beaucoup plus difficile et plus hasardeux
d'apprécier l'importance qu'y garde encore le catholicisme, d'y mesurer l'étendue et la profondeur
de la foi. Les moyens sûrs d'information manquent dès qu'il s'agit de scruter les consciences,
de distinguer les convictions des habitudes; quantité de nuances, qui ont leur valeur certaine, de-

meurent à peu près insaisissables. Il faut donc se résigner d'avance à n'atteindre que des conclusions un peu grossièrement sommaires. L'essentiel est d'ailleurs de déterminer leur sens avec certitude, et on peut espérer y réussir.

Au premier examen, l'observateur du dehors se heurte à des affirmations nettes mais contradictoires, même s'il borne son enquête aux publications spéciales et aux milieux dits compétents ; les unes *majorant*, les autres *minimisant*, sans mesure ni vrai souci d'exactitude, le catholicisme de la France.

Il est cependant deux de ces affirmations qu'il faut mettre tout de suite à part des autres, non pas qu'elles soient indiscutables, ni que tous les Français les acceptent comme allant de soi, mais parce qu'elles obtiennent l'assentiment d'hommes qui ne s'accordent pas sur grand'chose en dehors d'elles. La première est que *le catholicisme reste en France une force nationale.* Parce que la tradition historique de la France est catholique et que la France s'est considérée dans le passé comme la *fille aînée de l'Église,* on dit que tout ce qui peut développer la vie catholique lui doit profiter, comme tout ce qui amoindrirait cette vie lui doit porter dommage. Et l'on rappelle l'extension de l'influence française en Orient par la protection que la France a traditionnellement exercée sur les missions catholiques ; on parle des affinités profondes qui attachent l'esprit latin au catholicisme, sorti de l'âme latine [1]. Il y a là toute

1. Houtin, *Modernisme*, p. 29 et s.

une série d'arguments, mi-historiques et mi-sentimentaux, dont les catholiques libéraux, spécialement, font grand usage, et avec eux les nationalistes, les traditionnalistes, souvent très peu attachés au catholicisme en lui-même, ou pas du tout. Une dame, au demeurant fort peu croyante, exprimait bien les impressions qui s'unissent pour constituer la conviction dont je parle, en disant naguère : « *Je vais à la messe parce que c'est français* ». Les raisons qui prétendent justifier semblables jugements ne sont peut-être pas bien solides ; j'ai peur qu'elles ne se ramènent pour la plupart à des opinions toutes faites depuis longtemps et qu'il faudrait sans doute réviser aujourd'hui. Je sais bien que M. Paul Bourget, académicien considérable et psychologue consacré, prononce que « *la France reste le grand pays catholique, malgré le gouvernement, ses électeurs, ses codes, ses journaux, malgré tout* [1] » ; mais, en y réfléchissant, je crains que cette phrase ne signifie rien, à moins qu'elle n'exprime une opinion bien singulière, savoir que la France est ce qu'elle ne veut pas être et qu'elle reste le contraire de tout ce que ses moyens d'expression nous disent qu'elle est. D'ailleurs M. Bourget exagère en s'imaginant que le catholicisme compte chez nous, sans nuance ni degrés, tous les ennemis qu'il énumère ; il confond catholicisme et cléricalisme, que nous avons appris, nous, à distinguer soigneusement. Quoi qu'il en soit, il est entendu pour lui, et pour beaucoup de nos compatriotes, que le catholicisme demeure

---

1. *Le sens de la mort*, cité avec complaisance par Mgr Tissier, ap. *La Vie Cathol.*, p. 95.

notre *religion nationale* et qu'un Français n'a pas plus le droit d'en professer une autre qu'un Romain n'avait celui de mépriser les dieux de la Ville. Je n'insiste pas sur ces considérations, réellement anachroniques [1] et d'intentions politiques, parce qu'elles ne touchent pas à la question essentielle pour nous et qui est : « *La France croit-elle que le catholicisme est la Vérité ?* »

On dit, en second lieu : *le catholicisme est une force sociale ;* il représente à la fois la capitalisation d'un long travail moral, d'un long effort d'organisation sociale et de vie en commun, et, à l'heure actuelle encore, un principe de cohésion sociale, un principe d'unité, le principe le plus efficace qui soit, de la *communion* dans le même esprit [2]. Sans doute ; mais, remarquons-le bien, les hommes qui s'attachent à ces constatations s'intéressent à un fait qui semble, d'ailleurs, moins net, moins incontestable, moins complet dans le présent que dans le passé, un fait d'une grande importance historique, qu'ils jugent sage de consolider pour l'usage social d'aujourd'hui, mais qui n'est pas uniquement de l'ordre de la religion. En d'autres termes, ils ne s'attachent pas, eux non plus, à la question fondamentale : le catholicisme est-il accepté par la majorité des Français comme la Vérité qui domine et qui prime tout dans la vie sociale comme dans la vie intellectuelle et dans la vie politique ?

Il est trop clair que si c'est *non* qu'il faut répondre à cette question, les considérations politi-

---

1. Parodi, ap. *Sent. religieux*, p. 154.
2. Parodi, *op. cit.*, p. 154.

ques et sociales que je viens de rappeler n'expriment plus que des survivances d'autrefois : le temps qui coule les ruine chaque jour un peu plus. L'unité nationale et la solidarité sociale ont trouvé d'autres fondements et le catholicisme ne peut s'assurer de l'avenir en France que s'il y est *une force religieuse* solide et grandissante.

II

L'extérieur de la vie française est catholique. — La religion d'habitude. — Qu'y a-t-il derrière ? — Réponses contradictoires. — Ce qu'on entend en disant que la doctrine romaniste est morte. — Arguments produits contre cette affirmation. — Leur valeur réelle. — L'argument tiré du progrès du catholicisme hors de France. — L'argument tiré des habitudes cultuelles. — L'argument tiré des triomphes passés de l'Église.

Ce qui frappe évidemment l'observateur le plus superficiel, c'est que l'extérieur de la vie française, de la vie familiale et, pour une large part encore, de la vie sociale, revêt l'apparence catholique, s'enclôt, pour ainsi dire, dans un cadre catholique. La liturgie de l'Eglise a sa place dans chaque acte essentiel de l'existence de la plupart des Français [1]. A la campagne, du moins, la messe du dimanche est encore l'occasion de la réunion de

---

1. Mgr Tissier, *Vie cathol.*, pp. 14-18, insiste sur ce fait et en tire avantage.

la détente hebdomadaires, du rapprochement matériel des hommes, dispersés par le travail des autres jours. Les grandes fêtes religieuses : Noël, Pâques, la Pentecôte, la Fête-Dieu, l'Assomption, marquent le retour des réjouissances annuelles ; la fête du village est d'abord celle du saint qu'il a choisi pour patron. Le Français baigne dans une atmosphère catholique et y respire à l'aise, presque sans s'en apercevoir.

Il y a là une *religion d'habitude* dont on ne saurait nier la force, et je suis, pour ma part, persuadé que si un sentiment religieux profond s'éveillait ou se réveillait dans notre peuple, cette habitude catholique suffirait encore à le canaliser et à le diriger. Son emprise est assez tenace pour qu'il faille une véritable décision de caractère à un penseur libre pour s'en libérer. Du coup, il se met à part du commun des hommes et prend une position de singularité qui n'est pas encore facile à soutenir partout. Un Fustel de Coulanges, dont les amis et les élèves connaissaient pourtant la liberté d'esprit, croyait devoir, dans son testament, réclamer autour de son cercueil les cérémonies de l'Église, pour se conformer à l'usage des ancêtres et communier avec eux dans ce respect des rites qu'ils révéraient. Cet unique exemple suffirait à prouver la solidité des liens que l'habitude et le sentiment ont noués autour de notre volonté et de notre jugement. Ils ne retiennent assurément que des *catholiques de surface et d'étiquette* [1] ; ils ne consolident qu'un catholicisme

---

[1] Bonnefoy, *Cathol. de demain*, p. 67.

extérieur nominal, selon le mot de Tolstoï, un catholicisme qui tient dans des pratiques plus que dans des croyances et où, même, par un singulier renversement des valeurs, ce sont les pratiques qui engendrent et affermissent la croyance [1].

De ce catholicisme-là, les cléricaux et bien souvent l'Église semblent disposés à se contenter [2], mais il est en soi sans âme et sans énergie ; il subsiste et subit ; on ne peut espérer qu'il enflamme et entraîne. Il n'exige aucune réflexion ; pourtant il se trouve exposé à un grand danger dès que la réflexion le touche. Il prolonge languissamment le passé, mais il abandonne l'avenir. N'y a-t-il donc que lui derrière la façade qu'il étale ? Je répète que quiconque pose cette question reçoit d'abord des réponses contradictoires. « Le catholicisme, disent les uns, n'est vraiment plus que l'extérieur d'un sépulcre : sa doctrine est morte et l'organisation ecclésiastique, appuyée sur la liturgie consacrée par l'usage atavique, lui garde seule encore une apparence de vie. Le temps disperse peu à peu les cendres du grand foyer qui rougeoie encore, mais qui est éteint et que rien ne rallumera plus. » — « Jamais, disent les autres, la foi des aïeux n'a été plus vive qu'aujourd'hui ; le vieil arbre catholique sent monter en lui une sève puissante ; il bourgeonne de partout et il faut attendre avec confiance l'éclatante floraison qu'il prépare. » Qui donc croire ?

Prenons garde d'abord à un malentendu : quand on dit que la doctrine catholique est morte, on

1. Narfon, *Séparation*, p. 150.
2. Bonnefoy, *Cathol. de demain*, p. 27.

n'entend pas que personne n'en croit plus vivre, mais seulement que ceux qui le croient n'en vivent qu'en apparence, qu'ils introduisent leur propre capacité de vie religieuse dans les cadres de la dogmatique traditionnelle, qu'ils acceptent les dogmes sans les penser, parce que de ces dogmes ne peuvent plus sortir, pour un homme d'aujourd'hui, ni vie ni pensée. Les catholiques libéraux ont fourni naguère de cette appréciation toutes les justifications souhaitables. On veut dire encore que la capacité de développement et d'extension, par où la vie se manifeste dans n'importe quel organisme, est tarie en cette doctrine catholique romaine, que sa substance propre est épuisée[1].

On ne veut pas dire, en revanche, que c'est demain qui verra la disparition de fait et la fin réelle de ce catholicisme stérilisé. Au xviiiᵉ siècle, plusieurs philosophes se sont abandonnés naïvement à l'illusion de la mort prochaine de la religion traditionnelle. Jouffroy, en 1829, annonçait aussi la fin imminente des dogmes et Michelet lui faisait écho à son tour, dès le temps qu'il commençait à réfléchir[2]. Cousin fixait une date, à la vérité assez lointaine encore, mais précise : « *Le catholicisme*, disait-il, *en a pour trois cents ans dans le ventre ; je lui tire mon chapeau et je le laisse passer*[3]. » Aujourd'hui c'est une opinion cou-

---

1. Tyrrell, *De Charybde*, p. 61, qui considère la doctrine catholique telle qu'elle se présente dans les manuels courants d'apologétique comme « *morte et seulement bonne à enterrer et à oublier* ».

2. *Hist. de France*, t. I, p. xi de la préface de 1869.

3. Bonnefoy, *Cathol. de demain*, p. 11, se demande si l'Église ira au bout de ce bail.

rante parmi les hommes qui regardent le catholicisme romain du point de vue de l'histoire générale des religions et qui réfléchissent, qu'il est entré dans la mort virtuelle [1].

Au jugement de certains il ne s'agit en réalité que d'une crise d'adaptation à un milieu nouveau [2]; mais, outre que les crises d'adaptation se manifestent, semble-t-il, par une activité désordonnée plutôt que par l'engourdissement, ne faut-il pas craindre, étant donné la cristallisation doctrinale du catholicisme, qu'une crise d'adaptation ne lui impose la dislocation totale, avec la recomposition de ses éléments ou, du moins, d'une partie d'entre eux, suivant une autre forme et dans un autre équilibre ? Et que serait ce phénomène sinon la destruction du catholicisme ?

L'opinion que le catholicisme est épuisé est naturellement rejetée par les cléricaux, sans examen et *a priori* ; elle est contestée, sur des raisons de valeur inégale, par les catholiques qui raisonnent. L'optimisme clérical est une nécessité de l'action cléricale ; mais avant que de lui accorder crédit, il convient de rapprocher de ses intrépides assurances les plaintes épiscopales touchant les progrès lamentables de l'indifférentisme et de l'incrédulité : nous reviendrons du reste sur elles. De cet optimisme clérical, voici le thème essentiel : *« A l'heure actuelle, l'Église vit d'une vie plus intense que jamais, s'impose par sa valeur morale et sociale, à ses ennemis mêmes et gagne en force*

1. Sembat, ap. *Sentiment relig.*, p. 37.
2. Bonnefoy, *Cathol. de demain*, p. 16-17 ; Rifaux, *Conditions du retour*, p. 63 et s.

intime et en expansion [1]. » On pourrait croire qu'il ne s'agit là que de l'Église et non de la foi ; mais c'est de l'Église en tant qu'expression du catholicisme, c'est-à-dire du catholicisme lui-même qu'on entend parler. D'ailleurs un notable protestant [2] croit apercevoir « *dans une partie de la France, une renaissance catholique* » qui serait, à n'en pas douter, la preuve d'une puissante vitalité.

Il ne suffit pas d'affirmer, il faut prouver par des faits et des raisons ; voici ceux et celles qu'on trouve d'ordinaire à l'appui des conclusions rassurantes pour l'Eglise [3]. Le culte est bien vivant ; l'*endimanchement* du pays atteste son attachement au rythme catholique de la vie, son respect pour « le jour du Seigneur ». L'Eglise tient toujours une place prépondérante dans tous les actes essentiels de l'existence familiale, qui restent le baptême, la première communion, le mariage et l'enterrement religieux. — Les grandes « dévotions » françaises sont actives et prospères, spécialement Lourdes, « *la nouvelle révélation qui a sauvé le christianisme* » ; les pèlerinages sont suivis, les fêtes religieuses célébrées avec zèle et éclat. Les témoignages de confiance et d'amour pour le Sacré-Cœur se multiplient. Beaucoup d'hommes reviennent à l'Eucharistie, dont, d'ailleurs, le culte se développe magnifiquement, ainsi que l'attestent le succès des journées eucharistiques et celui de l'adoration perpétuelle. Les confréries

---

1. Gaffre, *Le Christ et l'Église*, p. 287.
2. J. Monnier, ap. *Sentiment religieux*, p. 40.
3. Tissier, *Vie cathol.*, p. 14 et s., appuyé sur Labat, *Notre optimisme* (dans la *Rev. des Deux-Mondes* du 10 août 1915) ; Gaffre, *op. cit.*, p. 279 et s.

diverses et les tiers-ordres se recrutent avec plus
de facilité et d'abondance que jamais. Surtout
l'attachement pour l'Eglise et sa foi s'affirme
parmi les hommes d'action, au premier rang desquels il faut compter « *nos soldats et nos chefs
d'armée.* » — Et, d'autre part, l'intensité des études
que suscite le catholicisme prouve l'intérêt qu'on
lui prête et il en recueille une profitable admiration. Il n'est pas jusqu'à l'acharnement des luttes
religieuses et surtout des luttes scolaires, jusqu'à
la haine que lui portent ses adversaires, qui ne
témoignent de sa vitalité, car on fait « *l'honneur à
ses ennemis de croire qu'ils ne s'acharnent pas à
frapper un vaincu et à tirer sur un cadavre* [1] ».
Enfin l'expansion matérielle de l'Eglise n'est pas
niable : les nombreuses érections de paroisses
nouvelles et le rayonnement des missions françaises au dehors, suffisent à la prouver [2].

Par malheur, si on prend la peine de peser
ces arguments l'un après l'autre, on connaît vite
qu'ils ne répondent pas du tout à la question véritable, qui est *non pas :* « L'Eglise peut-elle encore
agir et donner des signes évidents de vitalité *parmi
ses fidèles?* Le catholicisme est-il entraîné, par la
force acquise de son passé, en un mouvement encore très visible? » Mais bien : « La foi catholique
est-elle encore vivante en elle-même? Se déve-
loppe-t-elle? J'entends : gagne-t-elle des adhérents
nouveaux à son explication du monde, de la vie
et de la destinée? » Qu'il en soit ainsi, on le dit;
avec quelqu'hésitation en ce qui regarde la France,

1. Gaffre, *op. cit.*, p. 255.
2. Tissier, *op. cit.*, p. 81 et s.

mais avec beaucoup d'assurance pour l'Angleterre
et les Etats-Unis [1].

En Angleterre, il est exact que le catholicisme
a marqué des progrès, voilà quelques années,
mais pour des raisons *anglaises* et des raisons
ecclésiastiques beaucoup plus que pour des raisons proprement religieuses et pour des préférences de doctrine. Je doute que le mouvement
continue et ce n'est pas vers le catholicisme que
semble en ce moment incliner la partie la plus
active de l'Eglise anglicane, plus voisine de lui,
pourtant, que toutes les autres Églises réformées ;
c'est vers une sorte de modernisme fort analogue
dans ses tendances et son esprit, à celui que l'encyclique *Pascendi* a condamné. Au regard des
États-Unis, l'affirmation du progrès du catholicisme repose sur des statistiques mal établies et
interprétées à rebours. Il y a eu des conversions
de protestants au catholicisme, naturellement ;
mais il y a eu aussi des conversions de catholiques au protestantisme ; ce n'est pas de ces phé-
nomènes individuels et sans portée qu'il s'agit,
mais d'un mouvement général de translation du
protestantisme au catholicisme. Or, la vérité est
que, si le nombre des catholiques s'est largement
accru dans l'Union, depuis le début du XIXe siècle,
en valeur absolue, il y a fortement diminué *en
valeur relative*. Je veux dire que beaucoup d'im-

---

1. On parle aussi volontiers des progrès du catholicisme en
Hollande, en Norwège, en Danemark (cf. Klein, ap. Rifaux,
Conditions du retour, p. 227) ; mais, dans ces pays de vie religieuse très active, les petits mouvements dont on parle s'expliquent, si je puis dire, *sur place* ; ils n'ont aucune portée générale.

migrants sont arrivés en Amérique catholiques, et que leurs descendants sont aujourd'hui protestants. Il y a cent vingt-cinq ans, remarquait naguère Brunetière, sur 3.000.000 d'habitants environ, les Etats-Unis comptaient 30.000 ou 40.000 catholiques, soit 1 % à peu près ; aujourd'hui, sur une population totale de 65.000.000 d'âmes on compte 10.000.000 de catholiques, soit 1 pour 7. Quel formidable gain ! Sans doute ; mais il faut, avant de l'apprécier, prendre soin de dire que, depuis trente ans, l'immigration catholique a de beaucoup surpassé l'immigration protestante, et qu'avec tous les Irlandais, Italiens et Polonais qui se sont établis dans le pays et y ont essaimé, les catholiques y devraient être logiquement trois fois plus nombreux qu'ils ne sont. Ce n'est pas en vérité un gain que l'Eglise a fait aux Etats-Unis, c'est une perte, que l'abbé Ch. Maignen appréciait justement quand il disait : « *L'Eglise n'a pas subi, depuis la Réforme du XVIe siècle, un dommage comparable à celui de la perte de ces millions d'âmes que l'Amérique nous a ravies*[1]. » Au total, la fortune du catholicisme aux États-Unis, loin d'être encourageante, semble plutôt alarmante et ce n'est pas sur elle qu'il convient de fonder l'espoir d'un *revival* du catholicisme qui entraînerait la France elle-même.

Si l'on considère d'abord que l'habitude et l'hypnose de la pratique, la forte organisation ecclésiastique, les moyens d'action dont dispose le clergé sur les individus et l'appui des partis

---

1. Bonnefoy, *Cathol. de demain*, p. 41-42.

réactionnaires, suffisent à expliquer les diverses manifestations d'attachement au culte catholique que j'ai rappelées il y a un instant ; en second lieu, si l'on n'oublie pas que *toutes sont le fait de la même clientèle*, que c'est le même dévot qui arbore l'insigne du Sacré-Cœur, qui porte le dais à la procession, qui se rend à Lourdes ou à Paray-le-Monial, qui communie régulièrement, qui suit les congrès eucharistiques et qui fait le service de l'adoration perpétuelle ; si enfin on se persuade que ce n'est qu'*en la comparant* à la masse des incrédules avérés et des non-pratiquants notoires qu'on pourrait juger de la valeur, ou tout simplement de la puissance numérique de cette clientèle, alors que ceux qui font état d'elle ne la considèrent jamais qu'en elle-même, on comprend pourquoi j'ai pu dire que tous les arguments en cause tombent à côté de la question véritable. Quand Mgr Baudrillart, par exemple, écrit que « *malgré les fautes de la France officielle, il n'est pas un pays au monde où la vie catholique soit plus intense, plus riche et plus féconde en œuvres* [1] », il faut entendre *la vie des catholiques français*, leur activité personnelle et leur zèle particulier ; toutes qualités qui ne sont pas à confondre avec le progrès du catholicisme lui-même. Encore, lorsqu'on parle de l'activité et du zèle des catholiques français, ne faut-il pas oublier qu'il ne s'agit que d'une élite et d'une élite peu nombreuse, par rapport à la masse des catholiques d'étiquette.

L'historien ne peut d'ailleurs se défendre d'un

---

1. *Vie cathol.*, p. xvi.

rapprochement bien fâcheux quand il voit cette multiplication des pratiques de dévotion chez les fidèles, cette ardeur à courir aux sanctuaires thaumaturgiques, cet effort pour manifester *à l'extérieur* l'activité et la vie. Il se souvient que le paganisme du IVe siècle a connu tout cela et que pourtant rien de tout cela ne l'a empêché de mourir, parce que le principe de vie d'une religion est dans l'âme de ceux qui l'ont acceptée, dans sa capacité profonde de rayonnement interne et non pas dans son habileté à organiser l'agitation et à secouer les nerfs de ses fidèles. Les catholiques qui ne tiennent pas à réfléchir repoussent cette comparaison entre l'antique vaincu et son vainqueur par l'argument qui, du reste, suffit à écarter toutes les comparaisons : le Christ a promis l'immortalité à son Église. C'est là un acte de foi très respectable et, au demeurant, nécessaire au catholique ; mais il y aurait singulière imprudence à s'imaginer qu'il suffit de nier le danger pour l'écarter, et l'expérience a prouvé que l'exécution des promesses divines se conditionne toujours, dans la réalité de la vie humaine, comme celle des desseins des hommes. Le ciel ne semble jamais rien faire tout seul : il *fait faire* par les hommes et il abandonne ce qu'ils délaissent.

Mais, réplique-t-on, le passé garantit l'avenir. L'Église a couru jadis les dangers en apparence les plus redoutables et elle en a triomphé. Prenons garde : un grand nombre et les plus éclatantes de ses prétendues victoires ressemblent à celles que Pyrrhus a illustrées de son exemple. Oui, l'Église catholique a vaincu Nestorius, Eutychès et Photius, mais sa victoire lui a coûté l'Orient ; elle a vaincu les Cathares, mais elle y a gagné l'Inquisition, qui lui a fait tant de mal ; elle a vaincu Luther et Calvin, en ce sens qu'elle les a empêchés de triompher dans une grande partie de la chrétienté d'Occident, mais au prix d'une nouvelle scission qui a créé le protestantisme, et de difficultés sans nombre, au prix de la réaction de Trente, qui peut-être la tuera elle-même [1].

III

Les aveux catholiques touchant la décroissance de la foi. — Raisons avancées pour les atténuer. — Pourquoi elles ne portent pas. — Progrès de l'esprit laïque. — Triomphe de l'idée de tolérance. — L'action politique. — La vulgarisation des connaissances. — L'anticléricalisme.

Depuis une trentaine d'années, le sens de la véritable situation et du péril qu'elle recèle se manifeste dans l'Église par les « *cris de détresse* », par les « *revendications très hautes* » du clergé et spécialement des évêques contre le « *mal menaçant et envahissant de l'athéisme* ». Mgr Tissier, à qui j'emprunte cet aveu, essaie d'en affaiblir la signification en insinuant que les évêques ont parfois exagéré un peu, que l'ardeur du combat a haussé leur voix plus peut-être qu'il n'était utile ; et il

1. Bonnefoy, *Cathol. de demain*, p. 12 et s.

se rassure en affirmant qu'à y bien regarder, on
trouve autour de soi, suivant le mot d'Ozanam,
« *beaucoup plus de christianisme qu'on n'aurait
cru tout d'abord* [1] ». J'ai peur que cette raison de se
raffermir et d'espérer ne soit guère solide. Il n'est
pas niable que le catholicisme a fait dans les
hautes classes, je veux dire les plus riches et aussi
les plus intellectuelles, sinon les plus instruites
— ce n'est pas la même chose — quelques conquêtes intéressantes, à la suite de mouvements d'opinion ou de sentiment que nous allons bientôt
retrouver [2]. Il est très naturel que de telles *conversions* aient apporté joie et consolation aux
évêques qui les ont authentiquées, mais il ne faut
pas exagérer leur portée, qui reste très faible.

En revanche, d'ailleurs, tous les catholiques que
les obligations de l'optimisme officiel ne retiennent pas reconnaissent la décroissance continue
de la foi catholique dans les masses populaires [3].
Chacun apporte son explication et propose son remède, mais aucun ne doute du fait, qui est évidemment capital. Dire, après qu'on l'a constaté,
que le catholicisme est devenu plus viril, plus
« de grand jour », plus social, plus conquérant,
plus discipliné, plus hiérarchisé et plus organisé,
c'est peut-être exprimer la vérité, mais c'est surtout se donner une fiche de consolation [4]. Com-

---

1. Tissier, *Vie cathol.*, p. 2.
2. Beudant, ap. Rifaux, *Conditions du retour*, p. 108.
3. Le Roy, ap. Rifaux, *Conditions du retour*, p. 315 ; le livre
de Rifaux tout entier est sorti du souci que la constatation de
cette désertion donnait à l'auteur ; Bonnefoy, *Cathol. de demain*,
p. 73 ; Rocafort, *Résistances*, p. 4 ; Gounelle, ap. *Sent. religieux*, p. 58.
4. Tissier, *op. cit.*, p. 97.

ment croire sérieusement que l'entraînement d'une élite, si poussé qu'on le suppose, peut enrayer dans le présent ou pourra, en tous cas, compenser dans l'avenir un mouvement d'abandon si redoutable ?

Un fait présentement évident et incontestable, c'est que *les vrais catholiques*, j'entends les hommes attachés à la religion catholique, par une croyance avertie et par un sentiment profond et non pas seulement par des habitudes machinales, *sont la minorité en France*. De Mun le confessait naguère et on ne peut dire le contraire, comme fait le P. Barbier, qu'en jouant sur les mots et en s'obstinant à considérer comme des catholiques tous les Français qui ne se sont pas publiquement séparés de l'Église. Combien de ses prétendus fidèles se passeraient facilement d'elle si les circonstances l'exigeaient ! Les difficultés apportées en divers endroits par la Séparation au maintien du service cultuel l'ont amplement prouvé.

Rocafort dit nettement que, dans une grande partie de la France, « *il n'y a pas de vrais catholiques* [1] ». Dans quelques régions, l'Ouest breton et vendéen, le Massif Central, le Sud-Ouest, la Savoie, la proportion se relève, jusqu'à atteindre, du moins quant à l'apparence de la pratique et du dévouement à l'Église, la quasi totalité de la population. Encore ne faut-il considérer que les campagnes ; les villes, même dans ces régions d'élection, sont déjà beaucoup moins *sûres*. On insiste aussi, avec complaisance, sur l'attachement des femmes à la

1. C'est ce que Mgr Tissier appelle « les points noirs ».

foi, qui demeure assez général un peu partout en France, et on met l'abstention des hommes sur le compte du *respect humain* [1] ; on insinue qu'au fond les adversaires ne sont qu'une minorité, mais remuante, active, audacieuse et assez habile pour *faire les élections*, qui trompe sur ce que pense l'immense majorité. Ce sont là des arguments désespérés et pitoyables. La vérité, c'est qu'il y a encore beaucoup de catholiques sincères dans les hautes classes, où les traditions de famille et les mouvements de sentiment ne sont contrariés par aucune connaissance de l'histoire ; parmi les intellectuels mystiques, dédaigneux ou ignorants des faits ; parmi les femmes de toutes les classes, plus esclaves des usages, plus timides, plus sentimentales, plus irréfléchies, plus ignorantes, à égalité de condition sociale, que les hommes ; enfin dans les pays les plus arriérés de la France. Mais, si l'on a soin de maintenir la distinction entre les catholiques d'habitude et les catholiques de conviction, il est trop clair qu'au total c'est de Mun et c'est Rocafort qui ont raison. L'idée que la France catholique est terrorisée et conduite contre son gré par trente mille ou quarante mille sectaires est une niaiserie, qui n'est plus à sa place que dans les plus désuets manuels d'apologétique politique [2].

Il est facile de comprendre qu'il n'en peut aller autrement, si l'on veut bien considérer un instant les quelques points que voici.

1° Depuis un siècle l'*esprit laïque* s'est affermi

1. Tissier, *op. cit.*, p. 23.
2. P. Abt, ap. *Études* du 5 octobre 1906. Cf. Chaîne, *Menus propos*, p. 158.

et a progressé dans notre pays. Or il n'a pas seulement contrarié la politique de l'Église et son cléricalisme ; il a également battu en brèche son exclusivisme confessionnel et son dogmatisme, parce que c'était en application de ses principes qu'elle faisait obstacle à l'évolution démocratique ; et il en est venu à contester sa dogmatique elle-même parce que c'était par ses dogmes qu'elle prétendait justifier son esprit et son action.

2° Dans le même temps, *l'idée de tolérance* s'est définitivement imposée aux hommes raisonnables. Et il ne s'agit plus de cette condescendance dédaigneuse qu'on peut toujours accorder, lorsqu'on n'est point un fanatique barbare, à la faiblesse d'esprit ou à l'ignorance ; la tolérance moderne est faite du respect de la liberté de penser et de croire qui appartient à tous les êtres humains, de l'intelligence de la diversité des opinions religieuses, du sens de la relativité de la vérité, de la défiance des affirmations métaphysiques trop exclusives et trop rigides. « *Il nous paraît intolérable,* écrit justement Tyrrell [1], *que nul ne puisse arriver à la vie éternelle s'il n'a connu Jésus de Nazareth et son enseignement, et que les deux tiers de l'humanité présente et les neuf dixièmes et plus encore de l'humanité passée doivent manquer leur salut.* » Cette répugnance, que partage d'ailleurs maint catholique libéral, c'est le ferment destructeur du dogmatisme catholique, qui demeure *spécifiquement* intolérant, même lorsqu'il s'interdit de *réaliser* son intolérance.

____

1. *Le Christianisme à la croisée des chemins,* p. 324.

De cette intolérance fondamentale et, si je puis ainsi dire, *inaliénable et imprescriptible*, l'Eglise a donné, même depuis 1870, des preuves nombreuses et qui lui ont fait grand tort dans l'opinion des hommes modérés et éclairés de tous les partis. Les plus imprudents ou les plus ingénus de ses théoriciens vulgarisateurs, tels le P. Lépicier ou l'abbé Duballet continuent d'affirmer et de justifier ses droits de coercition sur les hérétiques [1] ; cet anachronisme produit une impression déplorable. De temps en temps un prédicateur se livre en chaire à une manifestation qu'il croit peut-être nécessaire à l'édification des tièdes, mais qui produit l'effet d'une inutile bravade et qui appelle des répliques dangereuses. En novembre 1900, un prédicateur rénommé de la compagnie de Jésus, le P. Van den Brule, prononçait, à Toulouse, un sermon sur la tolérance ; il y disait, ce qui se comprend, qu'il n'y a qu'un Dieu, le sien, qu'un culte bon, le sien, qu'une religion vraie, la sienne ; mais il ajoutait que la liberté des cultes est mauvaise parce qu'elle détruit la sociabilité, qu'elle est d'ailleurs contraire à la raison, et que la vérité est intolérance ; et il ajoutait encore : « *En France, à cette heure, demandons partout, toujours, la liberté, jusqu'à ce que nous nous en emparions.* » Pour en faire quoi ? Les traditions de la Compagnie à laquelle appartient l'orateur répondent fort clairement [2]. Pendant que les cléri-

---

1. *Ce qu'on a fait*, p. 123.
2. Debidour, *Église cathol.*, t. II, p. 284. — Voir les journaux de Toulouse et spécialement l'*Express du Midi*. J'étais alors à Toulouse et j'ai moi-même recueilli les impressions que je rapporte.

caux exaltés se réjouissaient d'avoir entendu de si fortes paroles et si pleines de promesses, les politiques d'Église gémissaient de l'imprudence et les catholiques éclairés allaient de la consternation à l'indignation. Ils savaient bien que le prédicateur venait de rajeunir l'argumentation des adversaires de l'Église et de la foi, et que sa « franchise » porterait ses fruits. Or, il ne s'agissait pas simplement d'un écart personnel et d'une surprise de l'improvisation, car le P. Van den Brûle était connu pour un homme réfléchi, mesuré et instruit ; il fallait qu'il eût parlé par ordre. Telle fut du moins l'impression des libéraux, croyants et non croyants.

Les paroles sont parfois mal comprises et on les fausse en les interprétant ; mais il y a les faits qui les éclairent et les confirment. Les faits ne manquent pas qui attestent l'esprit d'intolérance de l'Église : c'est, en 1896, l'effort pour faire supprimer la Faculté de théologie protestante ; c'est, dans le même temps, l'explosion de fureur contre le succès des missions protestantes en Algérie et à Madagascar [1] ; c'est, en 1903, l'indignation manifestée à propos de l'érection de la statue de Renan à Tréguier et le ridicule projet d'exode des catholiques bretons mis en avant par l'abbé Floch [2] ; ce sont d'innombrables incidents, pour la plupart d'origine scolaire, dont les *Semaines religieuses* et les *Croix* tiennent catalogue.

3° Les groupements politiques et sociaux organisés dans le peuple pour la défense de ses as-

---

1. Debidour, *op. cit.*, t. II, p. 157.
2. *Le Siècle* du 8 novembre 1903.

pirations et de ses intérêts, parce qu'ils ont rencontré l'hostilité de l'Église sur leur propre terrain; ont cherché à ruiner son influence en ébranlant la doctrine qui en constitue l'assise. Ils ne se sont donc pas contentés de donner dans l'anticléricalisme; ils ont versé dans l'anticatholicisme. En ce sens ont agi d'ordinaire les loges maçonniques, et leur esprit a prévalu dans les milieux d'action socialiste. C'est un fait auquel le développement du syndicalisme rouge donne une importance de premier ordre.

4° Le « progrès des lumières » comme on disait au temps de la Révolution, s'est précipité en conséquence de la liberté conquise par la science; l'instruction moyenne s'est accrue ; les résultats acquis par toutes les recherches scientifiques se sont peu à peu vulgarisés et beaucoup d'entre eux s'accordent mal avec les affirmations du dogme. Le nombre va croissant des hommes qui réfléchissent et qui disposent des moyens de se faire une opinion sur les enseignements du catéchisme : elle ne leur est pas toujours favorable. Encore convient-il de remarquer que le public français s'intéresse encore très peu à l'histoire et à la critique religieuses et qu'il en demeure d'ordinaire fort ignorant. C'est là un grand avantage pour l'Église et sa doctrine ; elle n'en sentirait bien tout le prix que si cette indifférence venait à disparaître. Elle commence déjà à s'atténuer.

5° L'anticléricalisme, encore que distinct de l'anticatholicisme, y conduit assez facilement. L'impopularité du clergé chez nous est née de raisons étrangères à la religion, mais elle a fini par re-

tomber sur elle et l'Église s'est trouvée victime
de l'erreur qu'elle avait commise en favorisant
l'identification pratique, dans l'esprit des simples,
de la religion et du prêtre. L'inévitable comparaison entre ce que le souci de la religion et sa règle
exigeraient du curé et ce qu'il fait ou ce qu'il dit,
n'est pas toujours profitable à l'Eglise et à son enseignement. La sympathie ou l'antipathie ressentie
pour le ministre se reporte d'instinct sur la doctrine, chez des gens qui n'ont aucun moyen de
l'étudier et de la juger en elle-même[1]. La très
fréquente hostilité au curé détache donc du dogme
des hommes qu'aucun sentiment religieux puissant ne domine.

IV

*Le peuple de France n'a pas de grands besoins reli-
gieux. — Ses réactions aux violentes secousses qu'il
a reçues depuis 1870. — La guerre de 1870-71,
— Les lois anti-cléricales. — La Séparation. — Le
mouvement de retour à la religion vers 1914. —
La grande guerre; espérances et désillusions. — Conclusion.*

Nous touchons au fond de la question. Si l'on
veut bien observer avec soin le peuple de France,
dans sa vie courante, et en ayant soin de pratiquer
des sondages assez nombreux dans les régions et
les milieux caractéristiques, on acquiert vite la

1. Chaîne, *Catholiques français*, t. I, p. 179 ; Tissier, *Vie cathol.*, p. 9.

conviction qu'il n'y a pas dans ce peuple des bésoins religieux très intenses. La pratique cultuelle tient certainement de la place dans l'horaire de son existence ; le séntiment religieux n'en tient pas beaucoup dans son cœur. On peut, du reste, s'en rendre compte tout simplement en considérant les réactions qu'il a données à la suite des grandes secousses qu'il a subies, depuis 1870, du fait des malheurs publics et des infortunes de l'Église.

Au lendemain de la guerre de 1870, que les cléricaux présentaient volontiers comme le châtiment de l'impiété de la France, on a pu noter une véritable poussée de pratique cultuelle. Elle ne semble ni très spontanée ni très puissante, et, surtout, elle n'apparaît pas comme une conséquence directe et immédiate de la défaite. Dans un pays encore très ignorant, les circonstances ont mis le clergé en situation d'agir à peu près sans contrainte dans le sens qui lui est favorable. Il en profite ; il organise des missions, des pèlerinages, des confréries, des démonstrations cultuelles majestueuses, et les simples, qui sont la masse et qui, d'ailleurs, n'auraient aucun moyen pratique de faire obstacle à toute cette agitation s'il leur en prenait envie, subissent et consentent. Est-ce à dire que leur catholicisme se mette tout d'un coup à flamber d'une ardeur nouvelle ? En aucune façon, et les manifestations des cléricaux prouvent bien plutôt un effort pour provoquer un mouvement religieux qui ne vient pas, qu'un empressement à exploiter un *revival* réalisé. Leur prompt échec a mis en lumière le caractère tout artificiel et politique de leur entreprise.

Les péripéties de la lutte de l'Église et de la démocratie républicaine ont, à plusieurs reprises, posé devant la conscience religieuse du peuple des problèmes très graves et qui auraient dû l'émouvoir profondément ; il ne paraît pas qu'il en ait rien été. Ni la politique de Ferry, ni celle de Waldeck-Rousseau, ni même celle de Combes contre les congrégations, n'ont jamais provoqué que des bagarres sans importance et des manifestations superficielles de professionnels du cléricalisme ; le peuple n'a pas bougé et n'a donné aucun signe d'émotion religieuse. Il en a été de même au moment de la Séparation, où, pourtant, les excitations ne lui ont pas manqué ; dès qu'il a eu compris l'intention et le sens de la loi, il s'en est désintéressé. Loin d'en prendre occasion pour s'exalter, ce qu'il aurait probablement fait s'il avait été doué d'une réelle sensibilité religieuse, il a donné un bel exemple de sagesse et de bon sens. L'agitation des inventaires, organisée sur un contre-sens, n'a guère porté que sur quelques paroisses aristocratiques de Paris, ou de Versailles et sur quelques églises de la Basse-Bretagne ou du Saint-Gironnais. La mobilisation des ours, pratiquée dans ce dernier pays, pour « défendre l'église » de tel ou tel village, n'est pas à confondre avec une explosion soudaine du sentiment religieux. On a pourtant cru voir poindre après 1905 une espèce de renaissance catholique [1], mais, en réalité, il ne s'agissait que d'un sursaut de zèle

---

1. W. Monod, ap. *Sent. religieux*, p. 25 et s. ; Baudrillart, ap. *Vie catholique*, p. XI.

parmi les fidèles émus par l'épreuve et par les nouveaux besoins de leur Église ; il s'est manifesté par plus d'assiduité aux offices, plus de générosité aux quêtes ; il n'a pas atteint les indifférents et il n'a pas duré. Il ne faudrait point le prendre pour un de ces mouvements de mysticisme partis d'en bas, qui sont seuls capables de raviver et de régénérer une religion fatiguée.

Aux approches de la guerre, on pouvait certainement noter, indépendamment des suites de la Séparation, quelques signes d'un retour à la religion. Dans la littérature, les idées religieuses redevenaient à la mode : Francis Jammes, Claudel, Péguy (seconde manière), connaissaient des lecteurs enthousiastes parmi des hommes — et surtout des femmes — qui n'avaient point jusqu'alors fait profession de dévotion. L'incrédulité ou seulement l'agnosticisme paraissaient « bêtes » et M. Homais, parce qu'anti-clérical vigoureux et libre penseur ingénu, devenait le crétin en soi. On s'intéressait aux travaux de psychologie religieuse ; on ne rencontrait que gens portant pieusement, comme un livre de messe, tel ouvrage de William James ou de Boutroux ; Bergson semblait tenir dans ses mains subtiles l'âme de tous les snobs de lettres et, dans le nombre, il opérait des conversions sérieuses et solides. Il se produisait journellement des *évolutions* touchantes : après Brunetière, Coppée ou Huysmans, c'était Faguet, Mᵐᵉ Adam ou Lavedan. Paul Bourget prêchait la bonne parole dans des romans un peu ennuyeux et de psychologie un peu élémentaire, mais qu'on lisait, qu'on prenait au sérieux et qu'on disputait. De Vogüé prononçait : « *Toutes les transformations de notre temps conspirent vers l'Église* [1]. »

En réfléchissant à ce mouvement et à ses manifestations singulières, il me revient à l'esprit un mot fort juste d'un homme très raisonnable [2] : « *En France, le mysticisme n'est pas l'expression profonde d'un sentiment de la race ; il n'est guère qu'un genre littéraire.* » Genre, en effet ; accompagné d'une indéniable sincérité pour quelques-uns, de quelque battage et de beaucoup de littérature pour la plupart, qui rééditent, tout simplement, sous des formes à la mode, la religiosité sentimentale et esthétique des romantiques. Ces gens-là, surtout, *ne sont pas des catholiques* ; ils ont « mal à l'âme », quand ils sont sincères ; ils cherchent une *veine*, dans l'autre cas. Ils ne voient et n'admirent le catholicisme que du dehors ; ils n'y pénètrent pas. Emus par le mystère des cathédrales, touchés par les pompes de la liturgie, ils demeurent indifférents aux dogmes, même lorsqu'ils professent, avec une décision provocante, leur totale soumission à l'Eglise qui les enseigne. Ce qu'ils demandent au catholicisme, parce qu'ils le trouvent, si je puis dire, sous leur main, c'est le réconfort moral, le principe d'énergie intérieure que leur sentimentalité réclame et qu'ils ne découvrent plus dans leur raison [3], mais qu'ils demanderaient aussi bien à toute autre religion positive.

---

1. W. Monod, ap. *Sentiment relig.*, p. 9 et Parodi, ap. *Sentiment religieux*, p. 146.
2. A.-N. Bertrand, *Problèmes de la libre pensée*, p. 196.
3. Parodi, *op. cit.*, p. 151.

Qu'après un temps de défaveur, la métaphysique retienne de nouveau l'attention des penseurs et de ceux qui voudraient bien être pris pour des penseurs, ce n'est pas à nier ; mais la métaphysique, même spiritualiste, et le catholicisme sont valeurs différentes et qu'on aurait tort de confondre. L'Église n'a aucune sympathie pour des philosophes qui continuent d'agiter les problèmes qu'elle-même a résolus depuis longtemps et définitivement ; elle ne se sent aucune disposition à prendre Bergson pour un apologiste de la vraie foi. Quand, en 1913, le cardinal Merry del Val exhortait, au nom du Pape, les compétences et les autorités catholiques à « *combattre ce venin du modernisme philosophique* » [1], c'était tout justement le bergsonisme qu'il visait. Et, en l'espèce, il se comportait avec beaucoup plus de sagesse, du point de vue catholique, que ne font, en cédant à une illusion plus ou moins volontaire, des hommes comme Mgr Tissier, qui, dès qu'il note un bon sentiment quelconque dans la littérature d'aujourd'hui, même chez un incroyant avéré, y reconnaît l'influence de l'Evangile et la persistance du christianisme fondamental. Le nombre de nos intellectuels qui sont des catholiques virtuels et qui s'ignorent eux-mêmes est incroyable !

Je n'ai pas beaucoup plus de confiance, je l'avoue, dans le prétendu retour de la jeunesse au catholicisme, dont on fit grand état vers 1913 [2]. Cette jeunesse avait changé de conducteurs, c'est entendu, et Renan avait cessé de lui plaire ; le scep-

1. Lettre publiée dans le *Temps* du 25 août 1913.
2. Rouffiac, ap. *Sent. religieux*, p. 45-47.

ticisme ironique et souriant avait, pour elle, fait son temps. Décidément las de la critique avant d'avoir examiné, et de la réflexion avant d'avoir pensé, les *jeunes* réclamaient un principe d'action, un moteur pour leurs énergies et ils disaient le trouver dans la religion, dans le catholicisme, qui est, de par la tradition de l'histoire, l'indispensable religion française. Ils cherchaient à simplifier leur vie intellectuelle et ils adhéraient à la foi toute faite parce que c'est plus expéditif et moins pénible que de s'en faire une [1]. Ces garçons si décidés n'étaient que des *pragmatistes fidéistes* ; c'est-à-dire de détestables catholiques, dont la foi de mauvais aloi n'avait rien de ce rayonnement qui pénètre et touche. Leur prétendue *certitude interne*, avait tout l'air d'un *a priori*, établi pour justifier arbitrairement une action politique ou sociale d'un certain sens, et elle n'était pas au fond de meilleure qualité catholique que l'agnosticisme clérical d'un Maurras.

En somme, dans toute cette prétendue renaissance religieuse d'avant-guerre — religieuse et non vraiment catholique — il est difficile de voir plus qu'une réaction contre la poussée critique qui l'avait précédée, un de ces changements superficiels qui se produisent d'une génération à l'autre sous l'influence de causes médiocres et qui troublent à peine sur les bords le grand courant de la pensée d'une époque. Il faudrait plus que cela pour rendre au catholicisme sa vigueur et sa fécondité.

1. Cf. Martin du Gard, *Jean Barois*, p. 484 et s.

La grande guerre a été une épreuve décisive de sa vitalité. Depuis longtemps la sensibilité humaine n'avait point reçu pareille secousse et la réduction des terribles impressions qu'elle lui a imposées avait toutes les chances d'aboutir à un authentique *revival*, si de véritables dispositions à la grande émotion religieuse avaient sommeillé au fond de l'âme française. L'Église a pu se persuader, durant plusieurs mois, qu'elle allait voir luire le grand jour de repentance et de foi qu'elle attend en vain depuis si longtemps. Comme elle croit toujours très facilement ce qu'elle désire, elle a fondé des espérances excessives, d'abord sur l'angoisse qui jetait à genoux, au pied de ses autels, les parents des soldats exposés à la mort, ensuite sur la trop naturelle appréhension qui rendait beaucoup de combattants dociles aux exhortations de ses aumôniers, et qui leur faisait accepter, comme des fétiches, médailles, scapulaires et chapelets. Au fond de toute cette apparente piété, il n'y avait que des émotions excessives et déréglées, qui s'exprimaient dans les formes ataviques ; elles ne correspondaient nullement à une résolution raisonnée et arrêtée de revenir à la foi catholique. Ce n'était pas la grâce qui opérait, c'était la peur, même chez les braves. On s'est pressé un peu trop, dans l'Église, d'y reconnaître « *l'action exceptionnelle et toute-puissante de l'esprit de Dieu* [1]. » On s'est complu à décrire l'enthousiasme religieux des soldats que les trains militaires faisaient passer par Lourdes,

1. Y. de la Brière, *Luttes*, t. III, p. 79.

ou par Paray, à faire le compte des neuvaines qui emplissaient d'une foule dévote Notre-Dame des Victoires, la basilique de Montmartre, et Saint-Étienne du Mont. « *Les heures de terrible épreuve que nous traversons sont aussi*, disait-on, *des heures de grâce et de salut*[1]. »

Sans doute fallait-il manquer quelque peu du sens de l'observation et de l'esprit psychologique pour se laisser aller à semblable illusion et y demeurer. Les hommes attentifs et que le sang-froid n'avait point abandonnés s'en rendirent parfaitement compte, et même ils eurent l'impression que les aumôniers et curés gâtaient leurs affaires en agissant trop vite, comme s'ils avaient partie gagnée. Imprudence que l'Église n'a jamais su s'interdire et qui, cette fois comme les autres, lui a porté dommage.

Dès 1916, il faut déchanter. On parle de conquête *en profondeur* et *en intimité* ; on n'ose plus parler de conquête *en étendue* et *en nombre*[2]. En 1918 Mgr Baudrillart[3] a retrouvé le ton raisonnable et ne confond plus « *avec des transformations durables, sinon définitives, ce qui n'était que l'effet d'une exaltation momentanée, facilement explicable par le tragique des événements et la constante obligation de jouer sa vie à tout moment.* » Maintenant, que l'exaltation est tombée, « *l'homme*

---

1. Y. de la Brière, *loc. cit.*, et la suprême espérance du Révérend Père montrait le bout de l'oreille : « *Un fait de cette nature ne peut demeurer sans quelque contre-coup sur notre politique religieuse.* »

2. Y. de la Brière, *op. cit.*, p. x.

3. Ap. *Vie cathol.*, p. vii ; même note sous la plume de Mgr Tissier, *Vie cathol.*, p. 107.

s'est retrouvé ce qu'il était auparavant, religieux ou irréligieux.» Voilà la vérité. A défaut de pensée, de parti résolument pris d'avance et de sang-froid, dans des circonstances qui débordaient toutes les prévisions, beaucoup de Français avaient subi une défaillance de sensibilité, qui avait inévitablement pris la forme catholique ; au total, le catholicisme n'y avait rien gagné. Il y avait même un peu perdu, parce que certains soldats, qui avaient souffert du zèle trop empressé et maladroit de leur aumônier, revenaient avec une antipathie précise qu'ils ignoraient au départ.

Il y avait aussi perdu d'un autre point de vue et bien davantage : en ce qu'il s'était montré incapable de provoquer et d'alimenter une réaction vraiment féconde et vivifiante sous un choc si favorable à l'exaltation du sentiment religieux et au réveil de la foi. Je n'en suis nullement surpris, mais l'opinion que la foi catholique n'augmente plus en France trouve dans ce fait une confirmation solide, tout autant que celle que j'exprimais au début de ce chapitre, savoir que le peuple n'a chez nous que des besoins religieux médiocres. Vers le temps de la conclusion du Concordat, le cardinal Consalvi jugeait ainsi l'état religieux de la France : «*Le peuple... est indifférent dans sa plus grande partie ; il l'est entièrement dans les villes, en partie dans les campagnes.*» C'est la même impression qui, à des nuances près, paraît encore exacte aujourd'hui Mais, en 1801, il restait dans le pays des germes de foi très vivaces, si bien qu'il suffit que le gouvernement revînt à la bienveillance à l'égard de l'Église pour que la vie religieuse refleurît avec beaucoup de force. Les conditions présentes sont différentes. Plus d'un siècle a passé, au cours duquel la sève catholique s'est épuisée, c'est-à-dire que l'Eglise y a vécu sur le passé, au lieu de se rajeunir et de se renouveler au contact de la conscience moderne. Un ressaut de cléricalisme, d'origine politique ou sociale, demeure possible ; un *revival* catholique profond, ou, tout simplement, un recommencement de ce qui s'est produit en 1802 semble bien invraisemblable.

Il existe certainement dans notre pays des virtualités religieuses qui constituent une réserve d'avenir considérable, mais elles ne sont plus réellement catholiques, même lorsqu'elles semblent se plier aux cadres de l'orthodoxie. Elles prendront à leur heure la forme que les circonstances détermineront. Je ne crois d'ailleurs pas qu'il faille exagérer leur profondeur ; je ne crois pas surtout, et c'est bien ce qui est grave, qu'elles soient à chercher dans l'âme populaire. Prendre le peuple français pour le peuple le plus religieux de la terre, c'est prouver qu'on ne le connaît pas, ou qu'on ne veut pas le comprendre. A moins qu'on n'entende la *religion* au sens que lui donnent aujourd'hui un Loisy ou un Wells et qu'on ne qualifie de *religieux* tout sentiment sérieux, grave, généreux, toute volonté d'agir pour le bien et pour le vrai. Mais ce n'est pas ce qu'entendent les apologistes qui continuent d'affirmer que l'âme française est profondément catholique.

CHAPITRE X

Le catholicisme des fidèles et celui de leur clergé.

I

Le catholicisme du commun des fidèles. — Ignorance de la doctrine. — Pratique mécanique. — Les éléments de la religion courante. — Pèlerinages et miracles. — Culte des reliques. — Dévotions parasitaires. — Impuissance de l'Église à résister au mouvement qui la déborde. — Pourquoi elle ne réagit pas plus vigoureusement.

Il faut donc convenir que le catholicisme n'a plus véritablement la majorité en France et qu'il ne marque aucune tendance à y refleurir, à y inspirer un de ces *revivals* qui, en restaurant son influence religieuse, lui rendrait, pour une durée de temps indéterminée, la direction des âmes et la domination des esprits. Mais enfin il reste encore dans notre pays des catholiques nombreux et convaincus. On peut se demander ce qu'est au juste, à l'heure actuelle, la religion de ces fils dévoués de l'Église romaine ; ce qu'elle est, non pas en théorie, puisque la théorie c'est le catéchisme de Trente, mais en réalité, dans la pratique journalière. Je laisse, bien entendu, aussi large qu'on voudra la marge qu'il convient d'accorder aux exceptions personnelles et aux survivances parfois admirables, mais anachroniques. C'est par rapport aux exigences de la conscience moderne qu'il convient d'étudier ce catholicisme *réel* et aussi par rapport aux espérances d'adaptation du catholicisme aux besoins religieux et moraux d'aujourd'hui, auxquelles les catholiques libéraux s'attachent encore.

C'est une construction très compliquée que la théologie catholique et il faut déjà une étude sérieuse et longue pour se bien mettre au fait de la dogmatique sur laquelle elle repose. Quiconque veut prendre la peine de savoir n'a qu'à observer et à interroger pour connaître que la plupart des catholiques, de ceux-là mêmes qui ne supporteraient pas la moindre contestation sur l'excellence de leur foi, demeurent très incertains des objets auxquels elle doit s'appliquer ; ils ignorent leur religion à un degré qui étonne. A la réflexion cette ignorance se comprend : ils s'en tiennent au catéchisme, dont ils n'ont pas toujours soin de rafraîchir et de rectifier les impressions à mesure qu'elles s'effacent ou se faussent, et, pour le surplus, aux instructions brèves et, d'ordinaire, surtout morales, de leur directeur de conscience, aux enseignements un peu généraux, un peu vagues, de sermons qu'ils n'écoutent ou n'entendent pas toujours bien. Il est usuel qu'un « bon catholique » remette le soin de sa foi à son curé, qui sait pour lui, et qu'il se contente de *faire* ce que son curé lui dit de faire. Il professe des sentiments très orthodoxes *in generale*, va à la messe, se confesse, communie, fait maigre le vendredi, jeûne en carême, donne ce qu'il peut de son argent et de son temps aux œuvres de l'Église, et il passe, à ce prix-là, pour un fidèle modèle.

Une élite — extrêmement réduite parmi les laïques — lit assidûment des livres de piété, qui ne sont pas tous, d'ailleurs, d'excellents guides religieux, et médite sur eux suivant des directions bien marquées. La masse, c'est-à-dire la presque totalité des catholiques pieux, adhère aux dogmes d'un consentement complet mais lointain et qui ne lui coûte guère, car elle les connaît très mal ; elle n'en vit pas et ne les vit pas. Elle croit, pour ainsi dire, préjudiciellement, sans savoir au juste ce qu'elle doit croire [1]. C'est pourquoi il n'est pas très rare de rencontrer des catholiques, réputés excellents, qui tombent dans les erreurs doctrinales les plus certaines, dès qu'ils commettent l'imprudence de raisonner sur leur foi ou d'en discuter. La prédication, qui pourrait les éclairer, demeure trop ordinairement inférieure à cette tâche. Quand elle quitte le terrain de la morale et celui de la polémique, où elle se sent solide, elle tombe trop souvent dans la rhétorique creuse ; elle se laisse même glisser à des niaiseries offensantes pour le bon sens et qui relèvent de la plus basse apologétique, à des récits de miracles in-

---

1. Chaine, *Catholiques français*, t. II, p. 347.

vraisemblables. Les catholiques éclairés s'en plaignent et s'en affligent à juste titre, car des sermons conçus dans cet esprit obscurcissent la
doctrine au lieu de l'éclairer et la desservent au
lieu de la servir [1]. Au total, la connaissance de
la religion semble réservée aux clercs, qui ont la
charge de tirer d'elle les quelques préceptes pratiques et le petit schéma doctrinal qui doit suffire
au *troupeau docile* dont parle l'encyclique *Vehementer*.

Mais, à défaut de la véritable religion, de l'authentique et correct catholicisme, qu'elles ignorent,
qu'elles ne sentent pas, qu'elles ne vivent pas, les
ouailles en pratiquent une autre, avec l'assentiment et l'encouragement des autorités ecclésiastiques ; une autre qui paraît à de bons esprits
catholiques une adultération humiliante et dangereuse, une véritable trahison de la foi. Elle
procède en somme de la propension qu'ont toujours marquée les hommes du commun à la piété
mécanique, aux amulettes, aux artifices magiques,
aux petites dévotions spécialisées, aux croyances
superstitieuses, qui dispensent de penser et de méditer, de sentir profondément aussi. Elle exploite
inconsciemment le *vieux fonds de paganisme* sur
lequel le christianisme occidental s'est autrefois
édifié par superposition. Voici les éléments principaux qui la composent :

1° *La pratique assidue des pèlerinages et l'exploitation des miracles* censés produits dans quelques grands centres thaumaturgiques. L'action

---

1. Chaîne, *Menus propos*, p. 171.

politique des cléricaux a donné à ce moyen un peu gros d'excitation religieuse, ou fanatique, une importance particulière depuis 1871. Les *apparitions*, spécialement celles de la Vierge, se sont multipliées depuis lors, au point de devenir parfois gênantes pour le clergé. Il rejette celles qui paraissent par trop insoutenables, mais il authentique celles qui ont tout de suite produit assez d'effet pour paraître profitables. Les dévots et surtout les dévotes acceptent sans broncher, et le plus souvent d'enthousiasme, jusqu'aux plus inquiétantes de ces manifestations divines ; rien ne se défend contre leur crédulité. « *Le premier sentiment que fait naître chez un grand nombre le récit du miracle*, écrivait Dom Guéranger [1], *est la défiance ; le vrai catholique au contraire se sent tout d'abord incliné à croire. Pour lui la critique, toute nécessaire qu'elle est, est la loi odieuse ; pour les autres la loi odieuse c'est l'obligation d'admettre le miracle.* » Cela est parfaitement exact. Leur crédulité en matière de thaumaturgie expose les catholiques à des aventures regrettables, voire à des abus de confiance et à des escroqueries, qui ont leur dénouement devant les tribunaux, mais qui ne parviennent pas à les décourager dans leur insatiable recherche du miraculeux [2].

Il suffit de passer quelques heures bien choisies à Lourdes, à Paray-le-Monial, à la Salette ou dans n'importe quel « lieu saint » du même genre, pour mesurer les ravages que cette thaumaturgie a produits dans l'âme catholique, sans même épar-

1. Cité par Houtin, *Crise*, p. 16.
2. Debidour, *Église cathol.*, t. I, p. 161.

gner les plus intelligents, les plus réfléchis des fidèles. On ne s'étonne pas de trouver une bouteille d'eau de Lourdes dans l'armoire d'une bonne femme de la campagne, au milieu de trois ou quatre fioles de drogues quelconques ; mais on n'arrive pas aussi vite à comprendre que la confiance d'un homme raisonnable et capable de garder son sang-froid, résiste au spectacle d'un grand pèlerinage à Lourdes ou à l'étude critique des origines de cette fameuse dévotion. Pour mieux dire on ne le comprend qu'en fonction de l'état d'esprit qui fait écrire à Mgr Tissier [1] : « *Or Lourdes, en même temps que c'est un privilège français, est le contre-pied même de la science rationaliste la plus superbe, parce que Lourdes, c'est le miracle quotidien, universel, éclatant à tous les yeux, l'évidence même du surnaturel outrageusement nié.* » Ainsi pensait et disait le dévot d'Épidaure et ses *ex-voto* ressemblaient à ceux qui couvrent les murs de la triple basilique, sans prouver plus — ni moins — qu'eux [2]. On ne répond pas à une raison par un miracle ; les premiers apologistes grecs du christianisme ne l'ignoraient pas tout à fait.

2° *L'abus des reliques*, dont l'usage se place d'ailleurs dans le même plan que les miracles. Le critérium véritable de l'authenticité d'une relique, c'est son succès et on demeure confondu

<hr>

1. *Vie cathol.*, p. 41.
2. Reitzenstein, *Hellenistische Wundererzählungen*, 1906 ; O. Weinreich, *Antike Heilungswunder*, 1909 ; P. Fiebig, *Antike Wundergeschichten*, 1911, donne une série d'inscriptions et de textes tout à fait probants (Collection des *Kleine Texte* publiés à Bonn sous la direction de H. Lietzmann).

du nombre des morceaux et des clous de la vraie
croix, des saintes tuniques, des saints suaires,
des saints ossements les plus évidemment apo-
cryphes, dont l'Église encourage et exploite la
vénération contre toute vérité, et souvent dans
des cas où elle ne peut pas sérieusement se faire
des illusions sur la vérité [1]. Or ce culte des reliques tombe pratiquement dans une espèce de féti-
chisme très grossier ; il n'est rien dans l'Eglise
d'aujourd'hui qui donne à l'homme réfléchi une
plus intense impression de paganisme.

3° *Le développement des dévotions parasitaires*;
le mot est, si je ne me trompe, de l'abbé Hemmer.
Ce développement va jusqu'au scandale. Il serait
juste de le faire commencer au culte du Sacré-
Cœur, dont les excès sont affligeants ; mais il y
a bien pire et les dévots de saint Antoine de
Padoue, de l'Enfant Jésus de Prague, de saint
Joseph, par exemple, ne connaissent guère de
bornes dans leur égarement. Je n'en juge, bien
entendu, que du point de vue des catholiques
éclairés et désintéressés. La dévotion à sainte Phi-
lomène, sainte en faveur de laquelle il n'y a pas
même une présomption d'existence, la dévotion
à saint Expedit, dont la *spécialité* se déduit d'un
jeu de mots, la dévotion aux âmes du purgatoire,
depuis quelque temps la dévotion à saint Christo-
phe, patron des aviateurs et des automobilistes,
dépassent trop souvent tout ce qu'il serait décent
de supporter. Autour d'elles s'organisent des entreprises scandaleuses de mercantilisme et d'ex-

1. *Ce qu'on a fait*, p. 279.

ploitation des naïfs ; et malgré les protestations des catholiques avertis [1], les autorités de l'Eglise laissent faire les entrepreneurs parce que leurs propres œuvres touchent à l'occasion la dîme des profits [2]. On peut dire de toutes ces dévotions ce que Mgr Tissier dit de celle à saint Antoine de Padoue, qu'elles enfantent « *des prodiges de charité* » et qu'elles font « *couler des fleuves de largesses* [3] ». Est-ce une justification suffisante ? On peut en douter.

La dévotion à saint Joseph a été la grande conquête pieuse de la fin du XIXᵉ siècle ; les Jésuites ont mis tout leur zèle à la propager. En 1862, le Père Huguet fondait le *Propagateur de la dévotion de saint Joseph* ; l'*Archiconfrérie du cordon de saint Joseph*, œuvre de la Compagnie, groupait les zélateurs et, toujours sous la même influence, Pie IX, en décembre 1870, proclamait saint Joseph le *patron de l'Église universelle*. Ce que cette vénération pour le *Père adoptif* a enfanté de superstitions affligeantes est inimaginable ; et la lecture de quelques numéros du *Propagateur* suffit à en fournir plusieurs exemples notables [4]. J'en pourrais dire autant des diverses dévotions parasitaires que je viens d'énumérer et des écrits ou périodiques qui ont paru ou paraissent pour les fonder, les soutenir et les répandre [5]. D'autres

1. Chaîne, *Cathol. français*, t. I, p. 98.
2. *Le Matin* (d'Arras), 4 mai 1905.
3. *Vie cathol.*, p. 42.
4. Debidour, *Église cathol.*, t. I, p. 62 n. ; Chaîne, *Cathol. français*, t. I, p. 98.
5. Cf. Cascioli, *S. Filumene, vergine e martire*, Rome, 1904 ; Dom Berengier, *Saint Expédit, martyr en Arménie et patron*

dévotions du même genre sont en formation sous nos yeux, telle celle que tout un savant ensemble de livres, de brochures et de tracts tirés à des cent vingt mille exemplaires organise, au bénéfice ultime du Sacré-Cœur, autour de Sœur Benigna Consolata Ferrero, de la Visitation Sainte-Marie de Côme, morte le 1er septembre 1916. C'est dans toutes ces productions, prétendues pieuses, qu'il faut aller chercher la note de la piété catholique des fidèles les plus zélés et il convient de remarquer que les recommandations, intentions, témoignages de reconnaissance qu'elles contiennent et qui constituent un si extraordinaire catalogue de naïvetés, d'extravagances et d'ignorances, ne viennent pas d'ordinaire des milieux les plus dépourvus des moyens de s'éclairer. D'ailleurs toutes ces publications sont revêtues de l'*imprimatur* et la plupart produisent des approbations épiscopales, peut-être surprises quelquefois, mais, en tous cas, assez surprenantes. Il n'y a pas à le nier : le clergé approuve ou laisse faire. Ce n'est pas toujours de son plein gré, assurément ; il essaie quelquefois d'enrayer le mouvement, ou, du moins, de le ralentir. Mais qu'est-ce que l'initiative d'un curé courageux, le blâme isolé et vite oublié d'un évêque soulevé d'un mouvement d'indignation devant une aberration trop choquante, pour contrarier cette immense poussée de superstitions et d'intérêts ?

L'Église trouve, elle aussi, un profit, d'ailleurs

des causes urgentes, ap. *Missions cathol.*, 1896, t. XXVIII, p. 128-131 ; *Annales de la confrérie de Saint-Christophe de Châteauroux*, qui paraissent depuis 1920.

illusoire, au développement de ce pseudo-catholicisme très exalté, très agressif, très intolérant ; elle maintient intégralement sous son couvert, bien à l'abri des curiosités indiscrètes et des réflexions néfastes, le corps entier de la dogmatique désuète. Aussi bien elle est débordée ; elle n'a plus les moyens d'arrêter un mouvement qui s'est naturellement développé dans la seule direction que Rome lui laissât ouverte et qui, d'ailleurs, enfonce ses racines dans le sol encore solide et fécond de la supersition atavique. Au mois de mai 1900, le *Comité catholique pour la défense du Droit*, composé d'hommes instruits et éclairés, dont plusieurs même étaient tout à fait éminents dans leur spécialité, s'émut du péril auquel cette déformation de la piété courante exposait la foi et il rédigea une supplique aux évêques pour attirer leur attention sur le problème. Mais les prélats savaient ce qu'on pensait à Rome et ils n'ignoraient pas que le Saint-Office, spécialement compétent en la matière, ne leur laisserait rien faire. Ils devancèrent donc ses décisions ; ils ne firent rien, ou, du moins, ceux qui firent quelque chose prirent soin de ne point se compromettre. Ils se contentèrent d'édicter quelques instructions assez générales et assez vagues pour laisser le champ libre aux interprétations qui les mettaient à néant[1]. Quelques années plus tard (5 mars 1905) le même Comité crut à propos d'écrire à Mgr Couillé, archevêque de Lyon, pour lui signaler, entre autres superstitions, la pratique qui consiste à avaler l'image de la Sainte

---

1. Chaîne, *Cathol. français*, t. II, p. 88.

Vierge dans certain cas de maladie. Le Saint-Office, saisi de l'affaire, avait déjà prononcé : « *Pourvu que toute vaine observance et le danger de tomber dans la vaine observance soient écartés, cette pratique est permise.* » Les signataires de la lettre avaient beau jeu à faire remarquer qu'une tel danger était, en l'espèce, bien difficile à éviter ; mais qu'y pouvait vraiment l'archevêque ?

Vingt ans auparavant ce même danger paraissait déjà assez instant et assez général à certains prêtres scrupuleux pour qu'ils aient songé à y porter remède d'ensemble. L'abbé Dailhé de Saint-Projet et l'abbé d'Hulst avaient donc résolu de provoquer la convocation d'un congrès catholique où les juristes, théologiens, historiens de l'Église examineraient toutes les dévotions en question et y feraient un sévère triage. Sous des prétextes divers, les conservateurs, les politiques qui ne souhaitent point un catholicisme trop éclairé, les exploiteurs aussi, firent ajourner l'exécution du projet, qu'ils n'osaient ouvertement blâmer, jusqu'en 1887. Et quand le moment fut venu, les précautions étaient prises : Rome avait fixé de programme de l'assemblée et surveillait ses travaux, c'est-à-dire les rendait impossibles. Il ne sortit rien de cette si louable entreprise [1]. Comment un groupe d'intellectuels catholiques aurait-il obtenu un meilleur succès, alors que toutes les dévotions visées avaient disposé de tout ce temps pour s'enraciner plus solidement, s'étendre et se rendre pratiquement utiles ?

1. Houtin, *Crise*, p. 74.

Il est, inévitablement, assez fréquent qu'on reproche aux catholiques cet excès d'une crédulité qui ravale leur religion au rang de celles qu'ils font profession de mépriser le plus, et qui mange la foi comme les mauvaises herbes finissent par dévorer les bonnes. Ils répondent d'ordinaire qu'il importe de ne pas scandaliser les simples et qu'en toute chose il convient de considérer l'intention, laquelle, en l'espèce, est excellente ; ou bien ils déclarent qu'il ne s'agit que de détails, de *faits mineurs* [1], auxquels il ne faut pas attacher d'importance. La vérité, c'est que les dévotions parasitaires mettent en cause, non pas seulement la quiétude des simples, mais la dignité même de la foi catholique et jusqu'à son existence ; c'est aussi que ces *détails* font aujourd'hui figure d'éléments essentiels dans la pratique catholique et ces prétendus *faits mineurs* de directives *majeures*.

Il est clair qu'une doctrine si extérieure aux fidèles que l'est aujourd'hui devenue la dogmatique théologique de l'Église, une superstition si étrangère à la véritable religion chrétienne que le paraît ce corps de croyances et de pratiques que le clergé a laissé grandir parmi eux, ne peuvent plus, la première les vivifier, se vivifier par eux et rayonner autour d'eux, la seconde, retenir ou attirer les hommes qui réfléchissent. *La vie* — je ne dis pas *la survivance* — du catholicisme s'en trouve singulièrement compromise. Mais l'Église ne tient pas à la vie parce que *vivre*, c'est se trans-

---

1. Mot d'Aynard à la Chambre : *Journal Officiel* du 17 mars 1903.

former et s'adapter, et qu'elle souhaite, elle, l'immobilité, le *ne varietur*. C'est pourquoi l'ankylose inévitable de la superstition lui semble encore préférable au mouvement inséparable de la vie, et plus rassurante. Seulement elle ne se résigne pas à confesser que sa condescendance aux plus détestables des forces du passé a amené le catholicisme *usuel* d'aujourd'hui à mériter ce sévère jugement d'un ardent catholique: « *Ce n'est pas une religion de l'esprit, mais une véritable culture de l'âme animale, c'est-à-dire exactement le contraire de ce qu'a voulu l'esprit de la Religion et la Religion de l'Esprit* [1]. »

Mais, au moins, le clergé, gardien et garant de la Vérité, au jugement des fidèles, le clergé qui tient dans ses mains leur croyance et leur conscience, apporte-t-il à l'accomplissement de sa tâche l'attention, la compétence, les lumières, la conviction qu'il faudrait ? C'est là, évidemment, la grosse question dans l'économie d'une religion devenue si cléricale.

II

Influence du recrutement des clercs sur leur esprit religieux. — Médiocrité de leur éducation de séminaire. — La culture du haut clergé. — Résultats de la méthode d'éducation appliquée aux clercs. — Les réguliers et les érudits d'Église: leur in-

1. Lettre, ap. Chaîne, *Cathol. français*, t. II, p. 131.

fluence. — La valeur intellectuelle du clergé. — Sa valeur morale. — L'esprit de charité. — La question de la chair.

Nous savons déjà que le clergé catholique se recrute en France très difficilement ; c'est là, touchant sa valeur intellectuelle et même sa valeur tout court, un sérieux inconvénient. Il prive l'Eglise de la précieuse faculté de choisir, l'oblige à prendre tous les candidats, et la réduit à les chercher dans des milieux qui n'ont pas ordinairement préparé le jeune clerc à devenir un homme distingué, d'esprit ouvert et élevé. Les œuvres de vocation sacerdotale ne comptent plus guère de succès constants que dans les familles peu instruites et pauvres. Les hautes classes *rendent* très peu et, dès 1908, Mgr Sévin, alors évêque de Châlons, pouvait parler de leur « *désertion* ». Quelques éclatantes vocations, consécutives à la guerre et auxquelles on aurait tort d'attacher l'importance d'un symptôme général, valent surtout pour confirmer la règle, qui est celle de l'abstention. A un moment, les exaltés en sont venus à souhaiter la persécution « *inepte et féroce* » pour secouer le zèle endormi et susciter des vocations dans les milieux qu'échauffait déjà la bataille politique [1]. La persécution n'est pas venue et les vocations sont demeurées en déficit.

L'Eglise devrait apporter d'autant plus de soin à la formation intellectuelle et morale des futurs prêtres que leurs origines laissent plus à faire à

[1]. Paul Barbier, *L'Église se meurt* (1905), p. 135.

l'éducation du séminaire. Or l'unique soin qu'elle ait pris, a été, en réaction contre l'esprit moderne, et plus spécialement contre le modernisme, d'éteindre chez les jeunes clercs toute curiosité d'esprit, tout sens de la vie, toute possibilité de réagir contre les vices les plus néfastes du catholicisme pratique d'aujourd'hui, de tuer en eux la volonté libre et de la remplacer par tous les instincts du servilisme. L'enseignement qu'elle tolère dans ses séminaires est prodigieusement étroit et logomachique, nourri de mots et vide d'idées, desséchant, étouffant, ennuyeux ; tel enfin que le suivre se présente comme une corvée inévitable et pénible, et qu'il dégoûte à jamais de l'étude les malheureux jeunes hommes qui n'ont connu que lui. Si, plus tard, le hasard les met en présence de la connaissance véritable, ils prennent en horreur cette discipline intellectuelle qui a stérilisé leur jeunesse et la considèrent comme une véritable trahison. Dès 1904, Saintyves, qui connaît si bien ce milieu des éducateurs ecclésiastiques, dénonçait dans un livre qui fit du bruit [1], la médiocrité intellectuelle du clergé français et il l'expliquait par la faiblesse de l'enseignement des séminaires, par l'incompétence des maîtres qui le donnaient. Il leur manquait à la fois la somme de connaissances qui fait le professeur solide, le sens de la spécialisation qui fait qu'un homme arrive à se rendre maître d'une discipline, et l'habitude du travail scientifique qui, seule, fonde l'originalité et relève la routine d'un enseignement. Pré-

1. *La réforme intellectuelle du clergé.*

parés avec des manuels et des livres épurés, c'est-
à-dire vidés de substance vivifiante, considérés
comme aptes à occuper n'importe quelle chaire
ou à peu près, et passant de l'une à l'autre selon
les besoins de l'établissement et le gré de ses chefs,
la plupart de ces professeurs de séminaires ne pouvaient faire mieux que se reproduire dans leurs
élèves. Quand il arrivait — et cela arrivait en effet
quelquefois — qu'un de ces pédadogues fût un bon
esprit, qu'il eût trouvé le moyen de s'instruire
et qu'il mît du zèle à le montrer au bénéfice de
sa classe, il ne tardait guère à sentir à son dommage qu'il dépassait son devoir et ses droits.

Le mal n'a fait qu'empirer depuis 1904, après
que l'épuration ordonnée par Pie X eut chassé de
l'enseignement ecclésiastique les hommes les plus
instruits, les plus ouverts aux réalités de la science
et de la vie. Du reste, les directions pontificales
qui règlent l'éducation des séminaristes sont nettes et rigoureuses : ne pas les pousser à trop
apprendre, ne pas éveiller chez eux une curiosité
dangereuse, les empêcher autant que possible de
fortifier leur culture profane. Seule la nécessité
de se procurer des gradués d'État, pour faire face
aux nécessités de l'enseignement dans les écoles
libres, peut autoriser quelques concessions sur ce
dernier point. Il faut qu'elles demeurent en aussi
petit nombre que possible. J'ai reçu à ce sujet, et
tout professeur de l'enseignement supérieur a pu
recevoir comme moi, des confidences très édifian-
tes [1]. Dans l'enseignement ecclésiastique propre-

---

1. D. du Dézert, *Église et État*, t. II, p. 233, a raison d'écrire
que « *les faits pullulent* ».

ment dit, il est courant que l'on tienne les gradués pour suspects et qu'on les surveille de très offensante manière. Les séminaristes sont destinés à devenir des prêtres dociles ; l'idéal — et il est ordinairement réalisé — c'est qu'ils ne puissent pas acquérir d'aptitudes pour un autre emploi dans la société ; qu'au terme de leurs études, ils ne voient d'autre issue sur le monde que la prêtrise [1], et qu'ils n'y apportent pas un autre esprit que celui qu'on a voulu leur donner.

Les professeurs doivent donc, dans leur enseignement, rester en deçà des manuels ; et quels manuels ! Il faut songer que le *Manuel biblique* de Vigouroux et Bacuez, si misérable en tant de ses parties, est pourtant l'un des meilleurs [2]. Il semble, dans ces conditions, impossible de sortir d'un enseignement enfantin, obligé, pour masquer sa propre insuffisance, de se donner comme la mise au point définitive de la connaissance et de multiplier les formules toutes faites. Il en résulte que les élèves que ne sauve pas de ce dangereux ridicule leur bon sens naturel et leur réflexion tombent dans une prétention qui est devenue une sorte de tare professionnelle du clergé, et qu'ils risquent de remâcher leur vie durant, pour toute nourriture de l'esprit, des mots, pour eux et parfois pour tout le monde, vides de sens et de vérité. Les rares étudiants que leurs évêques envoient aux Facultés catholiques s'y montrent inca-

1. Houtin, *Crise*, p. 14.
2. Houtin, *Crise*, p. 108 et s. J'ai déjà dit que l'abbé Brassac avait amélioré sérieusement Bacuez, mais il ne s'agit que d'un progrès relatif. L'auteur ne pouvait faire mieux, quel qu'en fût son désir.

pables d'y suivre un enseignement élevé de la théologie, et la culture professionnelle, la culture proprement ecclésiastique des curés de campagne, reste, pour autant qu'elle dépend du séminaire et des directions officielles qui en prolongent l'action, au-dessous du médiocre. De l'autre culture je ne parle pas : c'est une façade et rien derrière ; là où elle paraît plus solide, on peut être assuré qu'elle a été acquise par contrebande. L'Église veut que ses séminaires lui donnent des serviteurs souples et dévoués ; il ne s'agit pas d'intelligences.[1]

Du reste, les évêques eux-mêmes sont rarement des hommes instruits et ils n'ont été institués, pour la plupart, que par dérogation spéciale aux règles canoniques, car ils ne possèdent pas les grades théoriquement nécessaires. Rome les en dispense et son privilège de décision arbitraire n'est nulle part plus funeste à l'Eglise que sur ce point. Comment veut-on que les prélats brûlent d'un grand zèle pour des études dont ils n'ont pas eux-mêmes senti le besoin et qu'ils les encouragent chez leurs subordonnés ? En général, loin de les encourager, ils les entravent, et quand s'affirme dans leur diocèse quelqu'une de ces personnalités dont aucun obstacle n'a suffi à arrêter le développement, c'est, d'ordinaire, à l'écraser, à l'anéantir qu'ils s'attachent, bien plus qu'à la mettre en valeur et à l'utiliser[2].

Une preuve de cette défiance, on pourrait sou-

1. Houtin, *Crise*, p.146. Mes expériences personnelles, qui sont nombreuses, confirment celles de l'auteur et de ses témoins.
2. Bonnefoy, *Cathol. de demain*, p. 115-117.

vent dire de cette haine de toute culture véritable, nous est fournie par la négligence apportée à l'entretien des bibliothèques des séminaires; on a pu la constater lors des inventaires opérés en exécution de la loi de Séparation. Beaucoup d'entre elles contenaient d'importants fonds de livres anciens et plusieurs en possédaient d'admirables ; en revanche, leur pauvreté en ouvrages modernes, j'entends en ouvrages âgés de moins de cinquante ans, a paru si incroyable à certains enquêteurs qu'ils ont d'abord supposé qu'on leur avait dissimulé presque toutes les acquisitions récentes. Il leur a fallu reconnaître promptement leur erreur et j'en sais qui ne l'ont pas abandonnée sans regret [1].

On imagine aisément le résultat d'une éducation intellectuelle si complètement close au présent, si privée d'air, de vue sur le dehors et de liberté. Le mal est d'autant plus profond qu'il est plus invétéré, et il y a longtemps que l'Église pratique cette méthode pédagogique barbare, dans ses séminaires. Déjà sous la monarchie de Juillet [2], les catholiques éclairés se plaignaient de l'ignorance, de l'incuriosité, du manque de ressources intellectuelles du clergé ; ils déploraient l'insuffisance de leurs livres et l'incompétence de leurs maîtres. Le maintien de cet état de choses, qui s'expliquait peut-être jadis encore plus par manque de ressources de tout genre et par des circons-

1. Déjà en 1857, il n'y avait pas de bibliothèque pour les séminaristes de Cambrai; cf. Houtin, *Crise*, p. 202.
2. D. du Dézert, *Église et État*, t. II, p. 96.

tances locales que par une volonté réfléchie et organisée, est devenu aujourd'hui un système et une méthode ; une méthode qu'un éminent prélat d'aujourd'hui, Mgr Fèvre, qualifiait naguère, dans l'ordre intellectuel, de « *méthode de crétinisation* »[1]. Comment pourrait-il en être autrement ?

Les hommes au courant des choses d'Église n'aperçoivent aucun symptôme d'amélioration, ni en fait, ni en intention, dans l'enseignement ecclésiastique. Les autorités supérieures, je veux dire la curie romaine, sembleraient plutôt disposées à redoubler d'exclusivisme et de rigueur dans leurs déplorables errements. Peut-être, à la faveur de la petite détente qui suivit la mort de Pie X, en conséquence de la guerre et de l'union sacrée, et par-dessus tout, en conséquence de la nécessité de réorganiser les écoles secondaires libres, puisque le gouvernement fermait les yeux sur cette opération, a-t-on vu un plus grand nombre de soutanes sur les bancs de nos Facultés. A dire vrai on les y a vues spécialement aux jours où se passait l'examen de licence et on aurait tort d'en tirer aucune conséquence touchant une réconciliation de l'Église et de l'Université. L'abaissement certain du niveau intellectuel du clergé a pour cause essentielle cette défiance préjudicielle de la culture. Certains prélats éclairés le comprennent parfaitement [2], mais ils ne sont point maîtres d'appliquer au mal les remèdes qu'il faudrait.

1. D. du Dézert, *Église et État*, t. II, p. 223.
2. Tel Mgr Fèvre ; cf. Vuilliaud, *Crise organique*, p. 174-177.

Les catholiques allemands se montrent volontiers sévères pour les ignorances de notre clergé et ils n'ont pas tort. Il est enfantin d'avancer, comme preuve de sa valeur intellectuelle, les dix-sept colonnes compactes du *Dictionnaire de Théologie* de Vacant, où se trouvent énumérés les ouvrages catholiques relatifs au dogme, à l'apologétique et à la morale [1]. D'abord, quelle est la valeur en science de ces livres ? Quel effort de recherche et de pensée représentent-ils ? Il y en a, dans la quantité, d'excellents — quelques-uns —, et de très utiles — en quantité honorable — ; il y en a aussi de détestables — trop — et de vides, tant de substance que de pensée, de nuisibles ou de superflus — c'est le grand nombre. Et, en second lieu, qui les a écrits ? Une infime minorité de clercs. Et qui les lit ? Qui les connaît ? Une autre minorité. Ici et là, côté auteurs et côté lecteurs, il ne s'agit que d'exceptions, et j'imagine que ceux-là mêmes qui sont disposés à en faire si grand état, pour fonder leur apologétique, ne verraient pas avec plaisir les séminaristes s'appliquer avec trop de zèle à l'étude des œuvres de Mgr Duchesne, voire à certaines de celles de Mgr Batiffol. Assurément ce que je dis du clergé séculier n'est pas, à beaucoup près, aussi vrai du régulier, dont certains ordres ont repris les traditions d'érudition d'autrefois. Il sort de chez les Bénédictins, de chez les Dominicains, de chez les Jésuites, des œuvres, dont la méthode n'est pas toujours incontestable, mais qui, souvent, sont des modèles de

—————

1. Mgr Tissier, *Vie cathol.*, p. 28, fait grand état de cette liste.

soin et de labeur, surtout dans le domaine de la liturgie, de la patristique, de l'archéologie et de l'hagiographie. Ils se répandent très peu dans le clergé, où les travaux du P. Delehaye, de Dom Morin, de Dom Cabrol, de Dom Leclercq, de Dom Quentin ou du P. Lagrange ne sont guère plus connus que chez les laïques du commun. Tout au plus leurs noms y servent-ils d'argument contre les mal intentionnés du dehors qui osent prétendre encore que l'Eglise n'aime pas la science, tout comme ceux de Mgr Duchesne et de Mgr Batiffol, que je viens de rappeler. Rien au total, n'infirme la vérité générale qui seule nous intéresse pour le moment : le clergé français compte encore des prêtres instruits, mais, dans son ensemble, il n'a plus qu'une culture inférieure et cela par la volonté même de l'Église romaine.

Sa valeur morale est beaucoup plus difficile à apprécier. Elle est certainement supérieure à sa valeur intellectuelle et il y aurait injustice choquante à rejeter sur le corps clérical tout entier les défaillances trop évidentes ou les écarts offensants de quelques-uns de ses membres. On peut soutenir que l'élévation du caractère des prêtres gagnerait, que l'ensemble de leurs sentiments s'affinerait, que leur fanatisme confessionnel ou politique, encore trop fréquent, s'atténuerait, s'ils disposaient d'une meilleure culture ; c'est en effet probable. Mais leur *tenue* est, pour l'immense majorité, irréprochable et leur esprit de charité, honorable chez la plupart d'entre eux, s'épanouit chez l'élite en magnifiques dévouements. C'est dans cette direction qu'il faut chercher, si l'on veut mettre en valeur les vertus qui honorent l'Eglise [1].

III

Le point capital ; la valeur de la foi du clergé. — L'hypnose de l'éducation au séminaire. — L'action ultérieure de l'expérience et de la vie. — Le doute chez les prêtres. — La contamination par l'esprit moderne. — La crise de la foi. — Échec de la contrainte voulue par Pie X. — Les évasions. — Pourquoi elles ne sont pas plus nombreuses.

Le point capital, ce n'est pas de savoir si le clergé est instruit, éclairé, bien assis dans sa moralité ; c'est de savoir *s'il croit*, s'il se repose avec confiance sur la *foi orthodoxe*. Le système appliqué à la formation intellectuelle et religieuse des clercs est très bien combiné pour les tenir en état de suggestion continuelle, les mettre en défiance contre toute science du dehors et tuer en eux la curiosité d'esprit, mère des hérésies [2]. Le milieu où on les claquemure agit en eux presqu'irrésistiblement et les pénètre abondamment d'axiomes décisifs autant qu'indiscutables. Ce qui est plus remarquable encore, c'est que le sens de la discussion inhérent à tout être humain se trouve

---

1. Sur ce point, cf. Chénon, *Le rôle social de l'Église* (1921), le chapitre intitulé : *L'Église et la charité.*

2. On trouvera sur cette méthode et ses effets quelques pages tout à fait remarquables de l'abbé Meissas, ap. Houtin, *Crise,* p. 289 et s.

ici neutralisé, parce qu'il est dès l'abord faussé. On le rompt à l'habitude de ne jamais contester les affirmations de foi, de ne jamais s'apercevoir que ce ne sont que des postulats qu'il serait logique de vérifier avant tout autre examen, et on lui laisse pleine liberté de raisonner, d'ergoter à l'infini, pour prouver la vérité de ce qu'on *doit*, dans tous les cas et préjudiciellement, considérer comme incontestable. Autrement dit, on le réduit à n'être qu'une dialectique apologétique, qui s'occupe inlassablement à plaider une cause gagnée d'avance devant un auditoire qui ne doute pas un instant qu'il en soit ainsi. La pitoyable faiblesse de la plupart des traités d'apologétique s'explique fort bien par l'impuissance où se trouvent leurs auteurs à modifier une mentalité lentement acquise et qui a définitivement enkysté leur sens critique.

On est frappé, quand on cause librement avec certains prêtres, de leur étonnante candeur et de la puérilité de leurs représentations sur le monde, la vie et la religion. C'est le résultat de leur éducation de séminaire. S'il demeurait en eux inébranlable, le but serait atteint et le clergé, dans son ensemble, resterait la masse « *inerte, confiante, gélatino-mystique* [1] », qui semble exprimer l'idéal de la curie. Mais aujourd'hui, on ne peut plus guère douter que toutes les précautions prises ne se révèlent insuffisantes et que l'édifice, si habilement conçu, si patiemment bâti, ne chancelle sur ses bases. Sorti du séminaire, le jeune prêtre ne ferme pas toujours les yeux à la lumière du de-

---

1. Houtin, *Crise*, p. 28.

hors. On l'a élevé loin de la vie et on prétend qu'il y revienne pour y agir dans le sens de sa propre éducation ; il arrive que la vie soit la plus forte, qu'elle le ressaisisse et le transforme de nouveau. Quand on s'est informé longuement en prenant contact avec de nombreux clercs, ou qu'on se trouve en situation d'avoir reçu, des plus troublés d'entre eux, la confidence de leurs angoisses, on constate que, mis à part les automates, comme le séminaire en produit, à vrai dire, un assez grand nombre, parmi les enfants mal sélectionnés qu'il accepte d'élever, mis à part aussi les prêtres âgés dont le ministère s'est déroulé loin des tentations de l'esprit, et ceux qui s'abîment dans les œuvres, le clergé d'aujourd'hui est, dans son ensemble, plus ou moins touché par le doute, au regard de tout ou partie des affirmations de l'orthodoxie. L'esprit moderne le contamine irrésistiblement, d'une façon plus ou moins profonde, mais à tous les étages de la hiérarchie, parfois jusqu'à l'agnosticisme total et au delà même de l'agnosticisme [1]. C'est que tous les clercs qui ont vu *exécuter* Mgr Duchesne ou M. Loisy — des prêtres comme eux — par leurs supérieurs, ne se sont pas contentés d'approuver ; il en est parmi eux qui ont voulu s'informer sur le fonds de l'affaire et, tout de suite, ils l'ont vue autrement qu'on ne la leur montrait. De l'un à l'autre le microbe de la curiosité s'est transmis [2].

1. Houtin, *Crise*, p. 30 et ss.
2. Houtin, *op. cit.*, p. 36 et s. ; à la page 78 l'auteur remarque que les réfutations de Loisy par des maladroits ont plus ému bien des prêtres que n'aurait pu faire la lecture directe des livres incriminés.

Il y a donc dans ce clergé une crise de la foi ; je veux dire que la majorité de ses membres ne s'attache plus d'un assentiment interne, inébranlable, à la totalité de la doctrine. Les plus jeunes sont les plus inquiétants. Les témoignages de diverses origines abondent, qui rendent ces conclusions très sûres [1]. J'y ajoute le mien : j'ai reçu, depuis une quinzaine d'années, des confidences très nombreuses qui m'ont convaincu qu'en fait, beaucoup de prêtres, un nombre croissant de prêtres, ne croient plus à ce qu'ils doivent enseigner. C'est ce qui explique que, lorsqu'ils sont droits et sincères — courageux aussi — ils en parlent si peu et donnent la première place, dans leurs instructions pastorales, aux questions morales et aux questions pratiques. Or, ces prêtres-là sont souvent les plus dignes dans leur tenue et leur vie, les plus estimés et les plus aimés, ceux qui ont le plus d'influence sur leurs paroissiens ; une influence qui s'exerce au bénéfice de la religion et de la morale, pas à celui du dogmatisme. Ils se tirent pour leur propre compte des difficultés qu'ils rencontrent par le secours de l'*interprétation symbolique*. En d'autres termes, ils réduisent les dogmes devenus impensables à n'être plus que des *symboles* de la vérité. Et, vis-à-vis de leurs fidèles et surtout de leurs chefs, ils évitent de se compromettre ; ils surveillent leurs paroles et leurs actes. Certains sont passés maîtres dans l'art de pratiquer cette prudence et vivent, sinon sans éveiller les soupçons, au moins sans leur donner occasion

---

1. En dehors de ceux qu'on trouvera dans le livre de Houtin, on recueillera l'aveu du P. Barbier, *Devoir polit.*, p. 180 et s.

de prendre corps [1]. M. Houtin cite le cas d'un prêtre qui, ne croyant plus à la divinité de Jésus-Christ, ne le nommait jamais que le *Fils de l'Homme*. Il disait ainsi ce qu'il croyait vrai, sans se compromettre et, comme il ne reculait pas devant les formules très dévotes, telles que « *le très saint Évangile de Notre-Seigneur Jésus-Christ* », personne ne s'avisait de le taxer d'incorrection doctrinale.

Au total, on peut dire que l'entreprise de contrainte, organisée par l'encyclique *Pascendi* et perfectionnée depuis, a doublement échoué ; en ce sens qu'elle a fait des prêtres crédules, mais sans valeur intellectuelle, sans capacité de rayonnement, et des prêtres, malgré elle intelligents et éclairés, mais inclinés à l'incrédulité. Les uns se font et donnent du catholicisme une très piètre idée ; les autres ne s'attachent plus guère qu'à sa morale, au spiritualisme, qu'il a dogmatisé dans sa théologie vieillie, et à ses œuvres. Mis à part les hommes naturellement bornés et vides, et les mystiques qui continueront d'emplir les vieilles formes de leurs sentiments personnels et de leur exaltation propre, nous touchons au temps où le clergé séculier de France sera aussi étranger, dans sa vie spirituelle, à la doctrine orthodoxe, que « *le troupeau docile* » auquel il la doit inculquer. La situation n'apparaîtra pas telle du jour au lendemain ; elle n'en sera pas moins ce qu'elle est et il n'est pas difficile de comprendre qu'elle rendra, chaque jour qui passe, plus improbable un renouveau du catholicisme dans les cadres du roma-

---

1. Houtin, *op. cit.*, p. 66-77.

nisme. A l'heure présente, les fidèles n'en soupçonnent pas encore la gravité et ils acceptent, sans protester, l'explication par *l'orgueil* ou par *la femme* que les autorités ecclésiastiques leur donnent quand quelqu'*apostasie*, impossible à dissimuler, rejette un clerc au siècle ou le fait passer à l'ennemi. Cette confiance n'aura qu'un temps : je sais, par exemple, l'impression naguère produite par la *sécularisation* de Marcel Hébert, sur plus d'un catholique qui avait pu apprécier sa grande âme et ses vertus.

Je n'ai pas voulu parler jusqu'ici des *réguliers*, qui vivent dans des conditions particulières, favorables au maintien de l'hypnose orthodoxe et dont, du reste, il est à peu près impossible au profane de scruter l'état d'esprit. Les quelques précisions que je possède sont trop sporadiques et trop individuelles pour me permettre de fonder des conclusions. Il est remarquable que la solidité de la discipline, la force de la communion dans la même règle et dans la même maison, permettent à beaucoup de moines de supporter, sans dommage appréciable pour leur foi, les risques du travail intellectuel. Cependant il ne faut pas oublier que les Ordres les plus rigoureux dans les contraintes qu'ils imposent à leurs membres, comme les plus séduisants par les avantages qu'ils leur assurent, ont leurs désertions. La contamination de la critique finit par les atteindre et les pénétrer, eux aussi ; il n'y a pas lieu de croire que son influence ira en s'affaiblissant. Elle n'ira pas sans doute jusqu'à détruire la foi, au moins d'ici bien longtemps, mais, dès maintenant, elle tend à la transformer, et ce résultat indéniable est pour nous l'essentiel.

Un assez grand nombre de clercs ne se résignent pas à porter un masque toute leur vie et, quand ils ont décidément perdu la foi, ils sortent de l'Église. C'est une rupture qui demande beaucoup de résolution et de courage [1]. Il est très difficile à un prêtre de s'éclairer assez pour oser se décider à conclure qu'il ne croit plus ; il lui reste longtemps dans l'esprit ou le cœur des bribes d'orthodoxie qui le retiennent. L'un d'entre eux m'a confessé que souvent, après le moment où il avait rompu avec l'Église, il a connu la nuit de brusques réveils très pénibles : il rêvait de l'enfer et sa raison avait du mal à se raffermir quand elle avait été ainsi ébranlée par une impression, un choc en retour de l'hypnose éducationnelle. Très souvent le clerc qui commence à douter n'est pas assez instruit pour enquêter utilement sur son propre cas ; il ne voit pas les problèmes, ou il n'ose pas les aborder. En réalité, beaucoup en viennent à ne plus croire pour des raisons analogues à celles qui les ont fait croire d'abord, pour des raisons qui sont de l'ordre du sentiment ou de l'impression, et non pas de l'ordre de la connaissance et de la critique. Leur incrédulité n'est pas mieux assurée que leur foi. L'expérience prouve que quiconque sort de l'orthodoxie par la voie intellectuelle, c'est-à-dire par le moyen

1. On trouvera des détails intéressants et des noms dans le livre d'un de ces évadés: André Bourrier, *Ceux qui s'en vont*, 1905 ; mais tous les exemples cités sont antérieurs à la Séparation ; voir également les très justes remarques de l'abbé Meissas, ap. Houtin, *Crise*, p. 302 et s.

de la critique et de l'exégèse, ne peut que s'en éloigner de plus en plus ; il n'en va pas de même de qui croit s'en évader par la voie sentimentale ; c'est un chemin tortueux qui y ramène souvent très vite. Les exemples, parfois si déconcertants, de *retour* d'évadés notoires n'ont pas d'ordinaire d'autre explication.

D'autre part, beaucoup de prêtres arrivés à une incrédulité assez complète pour ne pas désirer rester dans l'Eglise, y demeurent cependant parce que les difficultés de la vie commune leur font peur. Ils s'exagèrent la réprobation qui frappe le *défroqué*, parce qu'ils ne connaissent guère que le monde qui l'a en horreur. Habitués à une existence réglée, sûre et simple, ils s'épouvantent à l'idée de l'inconnu qui les attend, de l'initiative nécessaire, de l'incertitude, de la complication probable du lendemain de leur exode. D'aucuns reculent surtout devant des considérations de famille : c'est une vieille mère, une sœur, incapables de comprendre, et qu'un abandon du sacerdoce désolerait, ou pire. J'ai présent à la mémoire le cas d'un de ces malheureux. Parfaitement maître de sa raison, il était sorti de l'Eglise ; il avait trouvé hors d'elle une situation selon ses goûts ; pourtant il s'est résigné à reprendre la chaîne, et à faire honorable pénitence dès qu'il a été convaincu que sa mère risquait de mourir de son *apostasie*. Ce n'est pas le seul exemple que je connaisse personnellement de ce douloureux débat dans le cœur d'un honnête homme.

Enfin il est de ces prêtres détachés de l'orthodoxie romaine qui ne sortent pas de l'Eglise parce qu'ils l'aiment et qu'ils espèrent continuer de la servir utilement. Les modernistes surtout, parce qu'ils tiennent à leurs idées et savent bien qu'elles n'ont aucune chance de s'imposer du dehors aux autorités ecclésiastiques, croient pouvoir les mieux soutenir en demeurant dans le sacerdoce.

Voilà les raisons qui font que tous les clercs qui ne sont plus orthodoxes et, dans leur for intérieur, en sont bien persuadés, ne reprennent pas leur liberté.

Pourtant nombreux sont ceux qui passent outre et qui s'en vont [1]. Il n'est pas aisé de donner des chiffres parce que, le plus souvent, ces départs se font discrets et que les autorités épiscopales, qui les connaissent, ne tiennent pas à les divulguer, bien au contraire. Dans les années qui ont suivi la Séparation, on estimait les défections à six ou huit par an dans les diocèses conservateurs, où les suspects étaient poussés aux résolutions extrêmes plus vite que là où l'évêque fermait les yeux et les laissait tranquilles [2]. On pouvait raisonnablement penser, à la veille de la guerre, qu'à Paris, où les *défroqués* cherchent volontiers asile, il y avait plus de prêtres en rupture d'Eglise que de prêtres en fonctions. La guerre a naturellement interrompu l'exode, qui reprend maintenant que la paix a rétabli dans son ensemble la situation d'avant-guerre. La liste des libres-penseurs militants qui ont été d'Eglise en dit aussi long sur la faillite

---

1. Je ne dis rien des suicides ; ils ne sont pas très rares dans le clergé, mais il n'est pas toujours facile de préciser leur cause ; il ne me semble pas que la crise de la foi proprement dite y tienne beaucoup de place. Cf. Houtin, *Crise*, p. 63 et s.

2. Houtin, *Crise*, p. 33-34.

des contraintes du romanisme, que celle des anciens élèves des écoles ecclésiastiques qui ont passé aux adversaires en enseigne sur l'insuffisance des moyens dont dispose l'Église pour retenir indéfiniment ses fidèles [1].

Les clercs qui, ayant perdu la foi ou, du moins, la foi orthodoxe, se résignent à ne point s'évader se condamnent à une vie pénible de dissimulation, ou bien ils arrivent, sans trop de secousses, à s'organiser une « vie secrète » ; ou, encore, ils cherchent et trouvent un dérivatif à leurs inquiétudes de conscience dans l'action sociale ou politique. D'ailleurs, l'Église ne renonce jamais à reprendre ceux qui lui ont échappé et sur lesquels elle a prononcé le *sacerdos in æternum*. Quel plus beau sujet d'édification que le retour d'une brebis égarée, qui rend témoignage à la vérité après s'être librement abreuvée aux sources de l'erreur? La misère et les retours du mysticisme chez des hommes mal préparés à gagner leur vie et d'ordinaire mal défendus, par des connaissances insuffisantes, contre les entreprises de leur passé, lui prêtent le plus efficace secours. Ce sont souvent, en vérité, de douloureux, de pénibles, voire de grotesques drames que ces coups de la grâce qui, retournant les résolutions de pauvres gens désemparés, les ramènent aux apparences de la foi et à la réalité de la soumission [2].

1. *Le Républicain des Cévennes*, du 6 juin 1908 (ap. Chaîne, *Menus propos*, p. 344 et s.) donne un grand nombre de noms.
2. Houtin, *op. cit.*, p. 100 et s.

IV

Les divers types de clercs ruraux. — Le clergé des villes. — La foi vivante chez les prêtres ; il faut la distinguer de l'orthodoxie. — L'avenir.

Il reste assurément dans ce clergé si largement entamé par le doute de belles figures et de grandes vertus, à côté de très vilains personnages, fanatiques injurieux ou sceptiques politiques, qui se poussent par la surenchère dans les bonnes grâces de la curie et se font la terreur de leurs frères. Dans les pays de culture retardataire dont nous avons plusieurs fois parlé, en Bretagne, en Auvergne, en Savoie, dans les Pyrénées, ou dans les régions où la lutte politique échauffe particulièrement les passions, le prêtre de village apparaît souvent comme un terrible sectaire, étroit d'esprit et violent de paroles, ignorant et prétentieux ; il met son âpreté et sa rouerie de paysan au service de ce qu'il croit la bonne cause. Instituteurs et surtout institutrices savent jusqu'où son zèle peut le pousser. Il croit rendre service à l'Église et il lui aliène irrémédiablement les hommes raisonnables. Mais il y a aussi ailleurs, et même là, le bon curé, prêtre accommodant et tranquille, de foi paisible et simple, et qui exerce son ministère sans tourmenter personne. A vrai dire, il lui arrive de le considérer parfois comme un métier et, à la limite de cette représentation qu'il s'en fait, il y a l'inertie, l'indifférence, la paresse et la flânerie. Mais, à l'autre extrémité, il y a le dévouement aux paroissiens, la bonté, la charité ingénieuse et active. Un tel prêtre peut rendre de grands services ; il est encore dans maint village le gardien de l'idéal et le meilleur soutien de la morale ; s'il sait n'être que cela, s'il complète l'instituteur au lieu de le vilipender, il mérite d'être respecté et soutenu. Il serait souhaitable, en vérité, que l'Etat trouvât le moyen de s'intéresser à lui, de faire quelque chose pour assurer son indépendance et sa liberté. Ce n'est évidemment pas facile et même, dans l'état actuel de l'organisation de l'Eglise, c'est impossible.

Dans le clergé des villes il a plus de sceptiques ou de demi-sceptiques, qui exercent un *métier* et qui, d'ailleurs, l'exercent le plus souvent avec dignité et non sans mérite ; mais aussi il y a plus d'agités, d'ambitieux, de profiteurs, d'arrivistes d'Église, parfois étonnants de souplesse, d'audace et d'ingéniosité [1]. Ce sont ceux-là qui discréditent les autres dans l'estime publique ; et les très intéressantes, très sympathiques et très bienfaisantes personnalités ecclésiastiques dont la charité inépuisable et la tolérance éclairée emportent l'estime et parfois l'admiration de tous les honnêtes gens, ne compensent pas la mauvaise impression produite par les autres. Il ne m'appartient pas de mettre des noms ici et là. Quiconque s'intéresse à la question et connaît le monde dont je parle les

____

1. Houtin, *Crise*, p. 43 et s., a écrit quelques fortes pages sur ces prêtres-là. Relisons aussi le célèbre roman de F. Fabre, *L'abbé Tigrane* ; il est encore d'actualité.

mettra sans difficulté et saura que je ne dis rien
que d'exact.

Il reste donc aussi dans ce clergé beaucoup de
religion sincère et vivante, un désir ardent de vie
spirituelle et d'action morale. Je me garderais
bien de le nier ; mais est-ce que ces sentiments
d'élection prouvent que l'orthodoxie romaine est
toujours vivante et vivifiante ? Je crois très fermement qu'ils prouvent tout juste le contraire,
attendu qu'ils annoncent, dans les profondeurs du
sentiment religieux des hommes le plus capables
de l'éprouver, la fermentation d'une religion qui
se déterminera très lentement, mais qui verra le
jour, si elle est viable. Elle se nommera peut-
être encore le catholicisme, mais elle n'aura plus
guère que ce nom de commun avec l'orthodoxie
romaine d'aujourd'hui[1]. Il ne me paraît pas moins
certain que ce n'est pas un clergé qui, dans son
ensemble, n'a ni culture véritable, ni sens profond
de la vie, un clergé élevé hors du réel et nourri
des conceptions du passé défunt, ébranlé dans sa
foi, réduit dans ses initiatives, impopulaire, et
socialement diminué, qui fera ce miracle d'épu-
rer le catholicisme, de le restaurer dans le Christ
et de le replacer d'une impulsion vigoureuse sur
la route de l'avenir.

1. C'est un catholicisme de ce genre que le P. Hyacinthe
Loyson, par exemple, a professé depuis sa sortie de l'Église
romaine jusqu'à sa mort.

V

Conclusion sur l'aspect religieux de notre problème. — La diminution de la foi en France et les raisons de sa force persistante. — Action religieuse actuelle de l'orthodoxie romaine. — Le progrès de l'indifférentisme.

L'impression qui ressort de cette étude de l'aspect religieux de notre problème est donc la suivante : la foi catholique orthodoxe diminue en France ; lentement — c'est certain — mais sans arrêt. C'est un fait, et il est dans la logique de l'histoire, parce que cette orthodoxie, cristallisée dans des formes que la vie a dépassées, ne peut plus s'adapter à la vie d'aujourd'hui, la dominer et la conduire. Sa force persistante — que je ne conteste pas — ne tient pas seulement à son passé, qui a créé pour elle une présomption considérable et lui a donné un élan qui n'est pas épuisé ; cette force tient à ce qu'elle dispose d'un cadre cultuel devenu, avec le temps, cadre social, et d'une liturgie. Dans le cadre, elle enferme, comme en un filet, tous les catholiques d'habitude ; par la liturgie, elle donne satisfaction au besoin de ritualisme qu'un long atavisme impose encore aux hommes de France. Mais on peut dire qu'elle est devenue incapable d'engendrer une pensée *autogène* ; elle se répète et elle se glose. Ce qu'elle porte en elle de vivant lui vient des influences du dehors, auxquelles, malgré son application, elle n'arrive pas à échapper complètement, et du mysticisme personnel d'un certain nombre de ses fidèles, encore plus dangereux pour elle qu'édifiant.

Elle paraît aujourd'hui un obstacle à l'émancipation religieuse des hommes, c'est-à-dire au développement de leur personnalité religieuse, à l'expansion du sentiment religieux, qui la déborde et qui cherche confusément d'autres formes que celles où elle s'efforce de le retenir. Sur ce point, comme sur tous les autres que nous avons examinés, l'Église, qui vit de l'orthodoxie romaine et par qui l'orthodoxie romaine survit aux nécessités qui l'ont jadis engendrée, est un frein qui retient la liberté et une barrière qui s'oppose au progrès. Le catholicisme de la France, considéré si l'on veut comme sa religion nationale, n'est plus qu'une apparence, comme l'orthodoxie romaine n'est plus en soi qu'un squelette de religion. Un historien indépendant, j'entends dégagé de tout intérêt confessionnel, admet volontiers toutes les exceptions personnelles — dont l'existence n'est pas niable — mais il lui est impossible de voir la réalité autrement que je viens d'essayer de la montrer. Il lui est permis de s'en affliger, mais ses sentiments personnels ne changeront rien aux faits.

En second lieu, il faut s'avouer que la France, dans son ensemble, n'est pas un pays très religieux, qu'elle n'a pas des besoins religieux très profonds. Si elle était capable d'un *revival* véritable, si une sorte de vague de fond mystique pouvait soulever sa conscience, ou ce mouvement forcerait les cadres du catholicisme en croyant s'y enclore et il les élargirait de force, ou — c'est moins vraisemblable — il les briserait entièrement, et s'organiserait en religion nouvelle. Je ne vois poindre, je le confesse, aucun symptôme d'un pareil phénomène, et il me semble que c'est *l'indifférentisme* confessionnel et même le détachement de toute foi métaphysique qui progressent chez nous. L'antique sentiment religieux a commencé à se transposer, selon les milieux, au bénéfice de la science, du socialisme, de l'amour et déjà du culte de l'humanité. Il devient passion de la recherche et de la vérité positive, foi dans le progrès par la connaissance, conception plus haute et sens plus affiné du devoir et de l'effort. Les idées si élevées et si généreuses que M. Loisy a présentées dans sa *Religion* [1] représentent sans doute une espèce d'anticipation de l'avenir qu'il est permis d'entrevoir touchant cette *réalisation* pratique du sentiment religieux chez les hommes qui se détachent des croyances confessionnelles ; réalisation très lointaine encore, assurément, mais que le progrès du savoir rapproche un peu chaque jour. Elle n'est, du reste, nullement inconciliable avec une représentation spiritualiste du monde et de la vie et elle n'exclut *a priori* l'assistance d'aucune utilisation raisonnable des conceptions religieuses du passé. La formule d'adaptation serait sans doute malaisée à trouver, mais l'expérience de l'histoire des religions prouve que la vie finit toujours, tôt ou tard, par découvrir les formes dont elle a besoin.

1. Cf. Loisy, *La Religion*, 1916.

CONCLUSION

I

Complexité du problème. — Les quatre aspects consi-
dérés sont inséparables. — Le problème n'est pas
uniquement religieux, ni purement français. — Pré-
cisions et prévisions qui semblent permises. — Les
conditions de la réconciliation de l'Église et de
l'État républicain. — Fragilité des œuvres sociales
de l'Église. — L'inévitable péril de l'intellectua-
lisme critique. — Infécondité du romanisme et va-
nité de ses précautions contre l'esprit moderne. —
Sens de l'effort de l'Église pour rentrer dans l'État.

Le problème religieux dans la France d'aujour-
d'hui paraît singulièrement complexe. Facteur
essentiel de notre passé politique, social, intellectuel, moral, le catholicisme, parce qu'il est représenté par l'Église romaine, force organisée, qui
est devenue avec le temps sa propre raison d'être,
qui a, dans tous les domaines, son programme et,
au-dessus de tous, ses intérêts, le catholicisme,
dis-je, se trouve encore mêlé à tous les mouvements fondamentaux par quoi se manifeste la vie de

notre pays et l'évolution de notre peuple. Pour la commodité et la clarté de l'exposition, autant que pour me conformer à la réalité des faits, je l'ai considéré successivement sous quatre aspects différents; mais on a bien compris qu'à l'heure actuelle l'un est inintelligible sans le secours des autres et qu'ils sont inséparables. L'action politique et sociale de l'Église n'a de sens que pour qui n'oublie pas ce qu'est son système intellectuel et son système doctrinal; de même que son obstination à ne point changer sa façon de croire et de penser ne prend toute sa valeur que si on la juge en fonction de sa volonté de dominer le régime politique et l'économie sociale du pays. Cette volonté elle-même apparaît à l'historien comme un legs du passé, gênant parfois, pesant toujours, autant pour l'Église de France que pour ceux que l'action de l'Église contrarie, mais inaliénable et indissolublement lié à ce que Rome regarde comme sa fortune. Et c'est là une complication de plus : le problème, qui n'est pas purement religieux, il s'en faut du tout, n'est pas non plus uniquement français, il s'en faut d'autant. Il constitue un total de questions dont les solutions particulières sont déjà terriblement ardues et dépendent non seulement de volontés bien malaisées à concilier, mais aussi d'habitudes et d'intérêts qui ne sont plus du ressort d'aucune volonté. C'est le mouvement complexe de la vie qui porte en lui pour l'avenir, sans que nous les puissions discerner toujours avec certitude, les éléments de la solution d'ensemble qu'il ne nous appartient pas de déterminer, que nous ne pouvons pas non plus changer et que l'obscur jeu des forces sociales et intellectuelles imposera à nos petits-fils.

Toutefois, au terme de notre enquête, il nous est permis de poser quelques précisions d'ensemble et de risquer quelques prévisions.

Il se peut que l'Église, fatiguée de lutter en vain contre l'État et partiellement assagie par les difficultés que l'obstination de Pie X et l'abaissement de l'épiscopat français lui ont infligées depuis la Séparation, cherche à passer, avec son vieil adversaire, un compromis et qu'elle abandonne les partis réactionnaires. C'est-à-dire qu'elle accepte franchement le principe de la République, qu'elle revienne sur son opposition touchant la loi de Séparation et qu'elle consente à en exploiter ce qu'il en reste encore pour elle de bénéfices disponibles ; que même — sacrifice suprême ! — elle se résigne aux lois scolaires. Mais que réclamera-t-elle en échange ? Les moyens de restaurer sa richesse ; ceux de réorganiser ses écoles ; la contribution des finances publiques à leur entretien ; les honneurs officiels auxquels elle a toujours attaché tant de prix et — qui sait ? — la protection de l'État contre ceux de ses adversaires qui dépendent de lui à un titre quelconque, et le droit de compléter ses privilèges scolaires en conférant dans ses Universités un baccalauréat et une licence assimilés à ceux de l'État. Ces concessions dépasseraient de beaucoup, sur plus d'un point, les limites que les républicains, conscients du péril qu'elles recèlent, sont disposés à concéder. Il est certain que, si l'Eglise obtenait tout cela, elle ne tarderait guère à s'enfler d'espoirs excessifs, comme elle n'a jamais manqué de le faire en de moins bonnes occasions, à reprendre la réalisation de desseins, chimériques assurément, mais auxquels il est difficile de croire qu'elle renonce de bon cœur et définitivement. La bataille cléricale recommencerait plus acharnée que jamais et l'issue n'en serait pas un instant douteuse: l'Église serait vaincue de nouveau et paierait les frais de l'aventure.

A l'heure même où j'écris ces lignes, ce n'est pas encore la prochaine réconciliation des deux combattants qui semble le grand événement de demain; ce n'est pas une fête de la fraternité qui se prépare. Le pacte auquel le gouvernement semble avoir prêté les mains — j'ai essayé de faire comprendre pourquoi — ne saurait atteindre son but, qui est de mettre fin aux débats, non pas religieux, car il n'a jamais été question chez nous de contraindre la religion, mais, du moins, cultuels et ecclésiastiques; il ne pourrait améliorer la fâcheuse situation dans laquelle l'Église elle-même a fini par se mettre depuis 1905, que si elle ne se croyait pas victorieuse de la République, si elle abandonnait toutes ses illusions politiques, si elle acceptait sincèrement de n'être plus qu'une grande institution *privée*, respectée de tous à partir du moment où elle les respecterait aussi. C'est par l'intelligence exacte du présent, de son esprit, de ses tendances, de ses répugnances, qu'elle pourrait atteindre à la ferme volonté de réaliser ce programme d'abdication, si nouveau pour elle. Il est certainement douteux qu'elle soit véritablement parvenue à une telle compréhension de la vie d'aujourd'hui.

Il se peut encore qu'en étendant son action sociale par des œuvres de caractère très pratique, comme elle le faisait avant la guerre et comme elle a recommencé à le faire depuis l'armistice, elle consolide pour assez longtemps son influence sur une partie du peuple, celle que ses écoles préparent à suivre ses directions. Mais elle ne donne point le change au socialisme rouge ; il ne la considère pas comme une alliée et elle ne gagne rien sur lui. Condamné par sa propre volonté à demeurer catholique, c'est-à-dire confessionnel, son propre socialisme, incomplet, tronqué dans ses principes proprement sociaux, ne représente pour le syndicalisme de gauche qu'une contrefaçon. Ce n'est en vérité qu'un empirisme, intéressant certes et fécond sur le terrain qu'il s'est choisi, mais qui ne rendra pas à l'Eglise dans le domaine social l'influence directrice qu'elle a perdue dans le domaine politique. Chaque notable succès du socialisme rouge fait et fera brèche dans l'édifice si laborieusement construit, et accusera plus nettement ses points faibles.

Il se peut enfin que les difficultés qu'oppose l'étude scientifique de l'exégèse et de l'histoire chrétienne aux bonnes volontés mal éduquées, que les travaux de défense, souvent bien conduits, dressés par les érudits catholiques contre l'assaut de la science indépendante, que, surtout, l'indifférence, commune chez nous, qui éloigne de toutes ces questions les curiosités nuisibles, il se peut, dis-je, que tous ces auxiliaires du *conservantisme* de l'Église la gardent quelque temps encore de l'irrémédiable péril de l'intellectualisme critique.

Mais problème écarté n'est point problème résolu ; l'ignorance peut être un mol oreiller pour une tête mal faite, mais l'oreiller finit par s'user et la tête s'améliore ; les problèmes vitaux pour l'Église, dans l'ordre intellectuel, se reposeront un jour ou l'autre, devant elle, en elle et contre elle. Il ne se peut pas qu'elle les anéantisse et, dès maintenant, leur seule existence lui fait perdre beaucoup de fidèles. Le nombre de ceux qu'indirectement ils lui ramènent est infime et les raisons qu'ils donnent de leur retour sont plus capables de lui nuire que de la servir[1].

Ce qui se peut moins encore, c'est que l'Église, réduite à n'être plus que le *romanisme*, rende au peuple de France le sens profond de la religion, qu'elle lui a laissé perdre dans le rabâchage de formules pour lui vides de sens et dans les simagrées de pratiques « assommatrices » de toute foi vivante. Ce qui ne se peut pas davantage, c'est qu'elle redonne l'être et la vie à des dogmes que le temps a usés et vidés de leur substance et auxquels elle a commis l'imprudence de river sa fortune. Ce qui ne se peut pas enfin, c'est qu'elle dresse des barrières assez hautes, qu'elle élève des murs assez épais pour que le souffle de l'esprit moderne n'atteigne pas ses élèves et ses clercs et ne les pénètre pas peu à peu jusqu'aux moelles.

C'est pourquoi, sans doute, elle cherche, par un puissant instinct de conservation, à renouer les liens qui, en l'unissant à l'État, la rangeraient de nouveau au nombre des institutions publiques.

1. A. Godard, *Le positivisme chrétien*, 1910, et *La vérité religieuse*, 1913, suffisent à justifier l'opinion que j'avance ici.

Depuis 1905 ces liens sont officiellement rompus, mais les hommes d'Église s'attachent anxieusement à l'espoir qu'on va bientôt les restaurer. Ce n'est pas seulement parce que toute la tradition du passé ecclésiastique répugne à la Séparation qu'ils éprouvent cette horreur de la vie privée dans la Nation, de cette vie privée dont des catholiques candides, profondément convaincus de tenir la vérité et confiants dans les ressources de la liberté, vantent, à juste raison, les avantages du point de vue religieux. Les *politiques* du catholicisme sentent plus ou moins nettement que la foi toute seule ne suffit plus à soutenir l'Église en France, et qu'il est bien vain de prétendre s'enfermer dans la vie religieuse quand elle se trouve réduite aux modalités que nous avons reconnues, quand elle n'a plus, pour l'entretenir, qu'une masse sans âme et sans élan et une minorité, ardente certes et dévouée, mais que chaque progrès de l'esprit du siècle diminue de quelques unités.

Les adversaires de l'Église, les hommes qui redoutent, comme un mal inévitable, le retour de ses ambitions, sentent bien, eux aussi, ce qu'elle gagnerait à s'entendre avec l'Etat. C'est pourquoi ils s'opposent de leur mieux au rétablissement de l'entente et s'efforcent de contraindre la hiérarchie cléricale à demeurer dans le privé de ses fidèles, à garder cette position d'*anti* à l'égard des sentiments, des désirs, des aspirations, des opinions, des pensées et des connaissances du monde moderne, qui la rend impuissante à agir sur lui profondément et stérilise le cléricalisme.

II

Réponse à la question initiale : les besoins religieux et l'intolérance de la France. — Stagnation et indifférence religieuses chez la plupart des Français. — Responsabilité de l'Église dans les maux qu'elle a soufferts.

Si maintenant nous nous reportons à la question qui a marqué notre point de départ, si nous nous demandons s'il est exact que le peuple de France soit à la fois très religieux et très intolérant, nous avons de quoi répondre.

Non, le peuple de France, *dans son ensemble*, n'est pas très religieux. Il a des habitudes cultuelles et le respect des vieux usages ; il n'a au cœur aucune passion religieuse. Les Français qui *vivent* leur religion ne sont qu'une infime minorité dans la nation. Là même où de vieilles superstitions vivaces et actives, du reste proprement étrangères au véritable catholicisme, pourraient donner le change, dans les régions qui passent pour *très catholiques*, un examen attentif ne tarde guère à rétablir la réalité : c'est de *stagnation* qu'il s'agit et non pas de *vie*.

L'intolérance qu'on nous a reprochée n'est pas à placer sur le terrain proprement religieux ; elle procède de passions que la religion alimente en partie, mais qui ne découlent pas d'elle. Je ne conteste pas qu'elle existe en fait chez un certain nombre de catholiques fanatiques et, en principe, dans l'Église elle-même; elle se trouve à l'inverse chez les plus fervents adeptes de la religion de l'irréligion et, ici et là, elle est bien de nature religieuse. C'est l'intérêt d'une croyance qu'elle dresse contre celui d'une autre croyance. La masse de la nation ne prend pas part au débat. Les conflits aigus où l'Eglise s'est trouvée engagée et où elle a reçu et, quand elle a pu, rendu des coups, se sont posés et développés hors du terrain religieux, sur le terrain politique surtout et aussi sur le terrain social et le terrain intellectuel. A les considérer *en histoire*, ce ne sont que des épisodes de la lutte de la France moderne contre les forces du passé : forces d'obstruction et de contrainte; lutte pour la liberté et les libertés. L'Eglise a trop fait partout figure de force du passé; elle s'est trop compromise dans la lutte pour n'en avoir pas souffert et les passions qu'elle a provoquées ne l'ont pas épargnée.

Ses tribulations n'ont rien de commun avec l'intolérance et s'il lui a plu souvent — trop souvent — de crier à la persécution religieuse, ce n'est pas une raison pour l'en croire. De même aurait-on tort de supposer qu'elle réaliserait intégralement son intolérance de principe si elle était en situation de le faire. Elle irait peut-être assez loin dans cette voie, mais il lui faudrait bien tenir compte des *faits* et cette simple considération la conduirait à s'imposer une limite. Si elle a souffert des maux, comme en souffrent plus ou moins les partis vaincus, c'est à elle-même surtout qu'elle doit s'en prendre, à ses imprudences et à ses entêtements; l'idée de restreindre ou de contraindre la liberté religieuse n'est jamais entrée dans l'esprit de ses vainqueurs, et si les mesures qu'ils ont prises contre le cléricalisme ont pu, quelquefois, retentir sur le catholicisme, c'est en conséquence de l'enchevêtrement des intérêts et de la complexité des questions, que je rappelais il y a un instant. L'Église n'aurait point fait d'opposition à l'esprit et aux institutions de la Révolution, qu'elle aurait pu mener chez nous une vie très paisible au XIXe siècle et que les constatations qui remontent aujourd'hui jusqu'à l'essentiel de ses croyances, ne seraient encore que matière à débats entre quelques-uns de ses prêtres et une poignée de philosophes et d'exégètes, au lieu d'être posées devant l'opinion publique comme elles le sont.

Pour avoir entrepris d'arrêter la vie, l'Église se trouve aujourd'hui débordée par elle, et sa *politique*, au sens le plus large du mot, a grandement nui aux intérêts de la religion catholique en France ; on ne voit guère comment elle ne l'entraînerait pas dans la ruine, où son imprudence héroïque l'enfonce elle-même lentement et sans remède.

INDEX BIBLIOGRAPHIQUE

La liste suivante ne contient que les ouvrages que j'ai couramment utilisés Elle n'a pas la prétention de représenter une bibliographie complète du sujet ; il s'en faut. Entre beaucoup de livres lus ou parcourus, j'ai dû faire un choix. — On trouvera des renseignements bibliographiques abondants dans les trois volumes de Debidour, ci-après mentionnés ; dans Seignobos, *Histoire politique de l'Europe contemporaine*, ch. XXIII; dans G. Weill, *Le catholicisme français au XIXe siècle* (*Revue de synthèse historique*, 1908), dans Lavisse, *Histoire de France contemporaine*. — On se tiendra pratiquement au courant de ce qui se passe d'essentiel dans le monde catholique français en lisant *La Croix* et *La Documentation catholique*, périodique publié par la *Maison de la Bonne Presse*.

AULARD (F.-A.). — *Hist. politique de la Révolution française*. Paris, 1901. — Capital sur tout ce qui touche aux mouvements de l'opinion de 1789 à 1804.

— *Culte de la Raison : Le culte de la Raison et de l'Être suprême*. Paris, 1892.

BARBIER (E.) (L'abbé). — *Devoir polit. : Le devoir politique des catholiques*. Paris, 1910. — Recueil d'articles de polémique virulente contre les libéraux catholiques aussi bien que contre les hommes et les principes de gauche.

BAUNARD (Mgr). — *Un siècle de l'Église de France*. Paris, 1906. — Point de vue de droite.

BERT (P.).—*Le cléricalisme. Questions d'enseignement*

national. Paris, 1900. — Point de vue de gauche.

Bonnefon (de). — *Soutanes politiques*. Paris, 1893. — Dédié « *aux curés des campagnes françaises, héros de la foi, victimes des ambitieux leurs maîtres.* »

— *Lourdes et ses tenanciers*. Paris, 1905.

Bonnefoy (J. de) (L'abbé). — *Le Catholicisme de demain*. Paris, 1908. — L'auteur qui se cache ici sous un pseudonyme est un prêtre catholique libéral, qui a fait partie du groupe de Lyon ; c'est une intelligence de qualité rare. Il faut tenir compte également de deux autres petits livres de lui : *Les leçons de la défaite ou la fin d'un catholicisme* (1906) et *Vers l'unité de croyance* (1907).

Bonzon (J.). — *Faut-il un nouveau Concordat ?* Paris, 1913. — Questionnaire et réponses de sens divers.

Bota (Ch.). — *La grande faute des catholiques de France*. Paris, 1904. — La grande faute, c'est la désorganisation ; le livre a son intérêt comme histoire générale de la « *persécution* » depuis 1878.

Briand (A.). — *La séparation des Églises et de l'État*. Paris, 1905.

Brunetière (F.). — *Une visite au Vatican*, ap. *Rev. des Deux-Mondes* du 1er janvier 1895.—C'est le coup d'éclat par lequel le fougueux critique a rompu avec le « scientisme », pour exalter le catholicisme. Cf. la réplique de Berthelot, *La science et la morale*, ap. *Rev. de Paris* du 1er février 1895.

Calippe (Ch.) (L'abbé). — *Attitude sociale : L'attitude sociale des catholiques français*. Paris, 1910, 1911, 1912. — Trois séries d'études intéressantes sur les écrivains sociaux catholiques du XIXe siècle. Les citations utiles et les indications bibliographiques sont abondantes.

— *Ozanam.* Paris, 1912. — Petit livre de vulgarisation.

*** *Ce qu'on a fait de l'Église. Étude d'histoire religieuse, avec une humble supplique à sa Sainteté Pie X.* Paris, 1912. — Œuvre anonyme de catholiques libéraux et qui semble représenter les idées de « l'école de Lyon » ; en tous cas, livre capital pour nous, riche de faits et d'idées.

CHAINE (L.). — *Cathol. français : Les catholiques français et leurs difficultés actuelles devant l'opinion* [1]. Paris, 1904 et 1908, 2 vol.

— *Menus propos d'un catholique libéral* [2]. Paris, 1910. — L'auteur, qui appartient également à « l'école de Lyon », est un homme d'une franchise et d'une droiture qui emportent la sympathie et le respect. Il a eu l'heureuse idée d'imprimer, à la suite de la seconde édition de ses deux livres, tous les articles de revues et de journaux provoqués par la première ; il a fait ainsi, des trois gros volumes, un répertoire de première utilité.

Codex juris canonici, Pii X Pontificis Maximi jussu digestus, Benedicti Papæ XV auctoritate promulgatus. Rome, 1920. Deux éditions, toutes deux préparées par le cardinal Gasparri : l'une in-12 sans notes, l'autre in-8° annotée.

CHÉNON (E.). — *Le rôle social de l'Église.* Paris, 1921. — Apologétique, mais sérieux et mesuré ; utile pour déterminer les points de vue des intellectuels catholiques.

DEBIDOUR (A.). — *Église et État : Histoire des rap-*

ports de *l'Église et de l'État en France*. Paris, 1898.

— *Église cathol. : L'Église et l'État en France sous la Troisième République.* Paris, 1906 et 1909, 2 vol. — Point de vue républicain anticlérical, mais très bonne information et exposition très nourrie ; œuvre d'un parfait honnête homme.

Delassus (Chanoine). — *Le problème de l'heure présente.* Lille, 1904. — Point de vue clérical.

Depasse. — *Cléricalisme : Le cléricalisme, sa définition, ses principes, ses forces, ses dangers, ses remèdes.* Paris, 1877 (2ᵉ édit. en 1880). — Des faits et des idées ; livre de bataille.

Desachy. — *La France noire.* Paris, s. d. (1899). — Important surtout par ses citations et références ; anticlérical.

Desdevizes du Dézert. — *Église et État : L'Église et l'État en France (1598-1906).* Paris, 1907 et 1908, 2 vol. — Intéressant et bien informé ; l'auteur est un universitaire libéral, très bien disposé pour l'Église, mais qui ne s'aveugle pas sur elle.

Detilleux (A.). — *Essai d'apologétique intégrale. La religion expliquée à un incrédule instruit par plusieurs théologiens.* T. I, Paris, 1912. — L'intérêt du livre est dans son intention, qu'indique le titre, et dans le choix des arguments qu'elle détermine.

Döllinger (J.). — *La Papauté. Son origine au moyen âge et son développement jusqu'en 1870.* Avec notes et documents de J. Friedrich, traduit de l'allemand par A. Giraud-Teulon, Paris, 1904. — C'est le manifeste historique du parti de l'opposition au concile du Vatican, celui qui a fait le schisme des Vieux Catholiques.

FAGUET (E.). — *Le libéralisme*. Paris, 1903.
— *L'anticléricalisme*. Paris, 1906. — Deux livres superficiels et trop personnels, mais au total, amusants et parfois suggestifs.

Anonyme. — *Les Fiches pontificales de Monsignor Montagnini*. Paris, 1908. — Extraits intéressants des papiers d'un diplomate pontifical imprudent et des documents qui se rapportent à son rôle en France, de 1904 à 1907.

GAFFRE (L'abbé). — *Le Christ et l'Église dans la question sociale (Conférences données au Brésil)*. Paris, 1912. — Bon spécimen de la vulgarisation « socialiste » de l'Église.

GAY (J.). — *Le mouvement démocratique et les catholiques français de 1830 à 1880*. Paris, 1911. — Petit résumé, d'esprit catholique, mais très historique de ton et de fonds.

GÉNIN. — *Les Jésuites : Les Jésuites et l'Université*. Paris, 1844. — Pamphlet célèbre ; très nourri de faits, il reste encore suggestif.

GOUTHE-SOULARD. — *Mon procès, mes avocats*. Paris, 1891. — Fort utile pour se représenter la mentalité du haut clergé à la veille du « ralliement ».

GUIGNEBERT (Ch.). — *L'évolution des dogmes*. Paris, 1910.

GUIRAUD (J.). — *Séparation : La Séparation et les élections*. Paris, 1906. — Livre violent et tout unilatéral ; donne le point de vue d'un universitaire clérical.

HOUTIN (A.). — *La question biblique chez les catholiques de France au XIX° siècle* [1]. Paris, 1902.
— *La question biblique au XX° siècle* [1]. Paris, 1903.

— *L'Américanisme.* Paris, 1903.

— *Modernisme : Histoire du modernisme catholique.* Paris, 1913.

— *La crise du clergé.* Paris, 1907.

— *Le Père Hyacinthe dans l'Église romaine.* Paris, 1920. — L'ensemble de ces ouvrages, bourrés de faits et de textes, très vivants et très précis, constitue le plus riche répertoire qui soit touchant l'histoire intérieure de l'Église de France au xixe siècle et celle de l'esprit catholique.

Houx (H. des). — *Souvenirs d'un journaliste à Rome.* Paris, 1886. — Détails et impressions utiles sur le monde romain du temps.

Hüber. — *Les Jésuites.* Traduction Marchand. Paris, 1875, 2 vol.

Hunskins. — *Séparation : La Séparation de l'Église et de l'État en France.* Paris, 1910. — Œuvre impartiale et claire d'un Américain ; abondante bibliographie.

Julien (E.). — *Civisme et catholicisme.* Paris, 1911. — Pamphlet catholique assez significatif.

Brière (Y. de la). — *Luttes de l'Église et Luttes de la Patrie.* Trois recueils de chroniques publiées d'abord dans les *Études* ; le premier est de 1913, les deux suivants de 1916. Deux autres ont paru depuis en 1920 et 1921. Les deux premiers s'intitulent : *Luttes présentes de l'Église.* — L'auteur est un Jésuite instruit et habile ; il y a beaucoup à apprendre en sa compagnie.

Lanzac de Laborie (de). — *Falloux.* Paris, 1912. — Courte biographie, suivie de quelques lettres,

Latreille (C.). — *L'opposition religieuse au Concordat, de 1792 à 1803.* Paris, 1910.

LAVAQUERY (E.) (L'abbé). — *Le cardinal de Boisgelin (1732-1804)*. Paris, 1920, 2 vol.

E. LAVELEYE (de). — *Le socialisme contemporain*². Paris, 1894.

LE ROY (E.). — *Dogme et critique* ². Paris, 1907. — Livre capital sur la position *philosophique* du *modernisme* au regard des dogmes.

LÉVY-SCHNEIDER (L.). — *L'application du Concordat par un prélat d'ancien régime : Mgr Champion de Cicé (1802-1810)*. Paris, 1921. — Cet ouvrage et celui de l'abbé Lavaquery donnent le dernier état de la science historique sur la question des rapports de l'Église et de l'État à la fin de l'Ancien régime, durant la Révolution et durant la première partie de l'Empire. On trouvera des aperçus et des compléments fort utiles dans M. Giraud, *Essai sur l'histoire religieuse de la Sarthe de 1789 à l'an IV*. Paris, 1920.

LOISY (A.). — *L'Évangile et l'Église*². Bellevue, 1904.

—   *Autour d'un petit livre* ². Paris, 1903.

—   *Simples réflexions sur le décret du Saint-Office* LAMENTABILI SANE EXITU *et l'encyclique* PASCENDI DOMINICI GREGIS. Ceffonds, 1908.
— Trois livres essentiels touchant la position *historique* du *modernisme* à l'égard du romanisme.

—   *Choses passées*. Paris, 1913. — Important pour la connaissance du monde ecclésiastique intellectuel.

—   *La Religion*. Paris, 1916. — Très bel essai d'interprétation et d'adaptation modernes du sentiment religieux.

MALON (B.). — *Précis historique, théorique et pratique de socialisme*. Paris, 1892.

MATER (A.). — *L'Église catholique, sa constitution, son administration.* Paris, 1906. — Répertoire commode et copieux.

— *Politique : La Politique religieuse de la République française.* Paris, 1909. — Ouvrage de vulgarisation bien informé.

— *Textes : Les textes de la politique française en matière ecclésiastique.* Paris, 1909. — Documents capitaux se rapportant à la loi de 1905 et à son exécution.

MATHIEZ (A.). — *La Révolution et l'Église.* Paris, 1910.

— *Rome et le clergé français sous la Constituante.* Paris, 1911. — Important sur la rupture entre l'Église et la Révolution.

MAUMUS (V.) (Le R. P.). — *Crise religieuse : La crise religieuse et les leçons de l'histoire.* Paris, 1902. — L'auteur est libéral et fort intelligent. Il passe pour avoir été l'ami de Waldeck-Rousseau.

NARFON (J. de). — *Séparation : La Séparation de l'Église et de l'État. Origines, étapes, bilan.* Paris, 1904. — Libéral catholique, très bien informé et très raisonnable.

NAUDET (L'Abbé). — *Pourquoi les catholiques ont perdu la bataille.* Paris, 1904. — Aperçus utiles.

PARFAIT (P.). — *L'arsenal de la dévotion.* Paris, 1876.

— *Le dossier des pèlerinages.* Paris, 1877. — Livres de bataille et d'un anticléricalisme désuet, mais nourris de faits nombreux et qu'il faut connaître ; quelques précautions critiques à prendre pour les utiliser.

PERNOT. — *Politique : La politique de Pie X (1906-1910).* Paris, 1910. — Quinze études un peu superficielles sur les points importants de cette politique, entre les dates indiquées.

PIOT (R.). — *Les dessous de l'affaire Le Nordez.* Paris, 1905. — Détails sur la polémique dont Mgr Le Nordez a été l'objet ; caricatures et chansons de ses séminaristes contre lui. Contribution intéressante à l'étude du fanatisme ecclésiastique à la veille de la Séparation.

POULPIQUET (A. DE) (Le R. P.). — *L'objet intégral de l'apologétique* [1]. Paris, 1912.

QUINET (E.). — *Ultramontanisme : L'ultramontanisme ou l'Église romaine et la société moderne.* Paris, 1844.

RENAN (E.). — *L'avenir de la science.* Paris, 1890. — Composé en 1848 et témoignage précieux sur le « scientisme » de la jeunesse instruite de ce temps. A rapprocher du *Cours de philosophie positive* d'Aug. Comte (1847).

RIFAUX (D.). — *Conditions du retour : Les conditions du retour au catholicisme.* Paris, 1917. — Important recueil d'opinions catholiques libérales sur la crise de la foi.

ROCAFORT (J.). — *Mes campagnes catholiques (1900-1910)* [2]. — *Autour des directions de Pie X (1909-1912)* [2]. — *Les résistances à la politique religieuse de Pie X.* Paris, 1920. — L'auteur est un universitaire ; les trois livres sont essentiels pour étudier les réactions produites par la politique de Pie X dans les divers milieux catholiques de France et pour comprendre la scission qui s'est produite dans le parti catholique après la Séparation.

SÉAILLES (G.). — *Les affirmations de la conscience moderne* [1]. Paris, 1906.

Sentiment religieux : Le sentiment religieux

à l'heure actuelle. *Entretiens et discussions.* Paris, 1919. — Le livre est utile en ce qu'il remue beaucoup d'idées contradictoires ; il le serait bien davantage si les interlocuteurs représentaient toujours à *l'extrême* les idées qu'ils affrontent.

SABATIER (P.). — *Lettre ouverte au cardinal Gibbons, à propos de son manifeste sur la Séparation des Églises et de l'État en France.* Paris, 1907. — Petit écrit excellent, très bienveillant au catholicisme, mais plein de franchise et très nourri.

TAINE (H.). — *Les origines de la France contemporaine,* 11 vol. dans l'édition in-12. Cf. l'Index (1906).

TISSIER (Mgr). — Voir : *Vie catholique.*

TYRRELL (G.) (Le R. P.). — *De Charybde à Scylla.* Vals, 1907.

— *Suis-je catholique ? Examen de conscience d'un moderniste.* Paris, 1908.

— *Le christianisme à la croisée des chemins.* Paris, 1911. — Trois livres essentiels touchant l'esprit du *modernisme* et sa position *mystique* en face du romanisme.

Vie catholique : La vie catholique dans la France contemporaine. Publication du comité catholique de propagande française à l'étranger. Paris, 1918. — Le volume contient, avec une préface de Mgr Baudrillart, sept études inégales, et surtout inégalement importantes pour nous, sur *la vie religieuse* (Mgr Tissier), *la famille* (E. Lamy), *le mouvement social* (Joly), *les sciences religieuses* (R.P. de Granmaison), *la philosophie* (G. Michelet), *la littérature* (Strowski), *l'art* (H. Cochin).

VUILLAUD (P.). — *La crise organique de l'Église de France*. Paris, 1910. — Œuvre d'un laïque catholique, d'esprit ouvert.

WEILL (G.). — *Histoire du catholicisme libéral en France*. Paris, 1909. — Très bon exposé d'ensemble.

TABLE DES MATIÈRES

21

IMP. CH. COLIN — MAYENNE (FRANCE). 4.22

9 782329 205571